全媒体环境下
高校思政教育创新研究

寇 进 著

延邊大學出版社

图书在版编目（CIP）数据

全媒体环境下高校思政教育创新研究 / 寇进著. --

延吉 ： 延边大学出版社，2021.6

ISBN 978-7-230-01492-2

Ⅰ．①全… Ⅱ．①寇… Ⅲ．①高等学校－思想政治教

育－研究－中国 Ⅳ．①G641

中国版本图书馆CIP数据核字(2021)第130944号

全媒体环境下高校思政教育创新研究

著　　者：寇　进
责任编辑：张艳春
封面设计：王　朋
出版发行：延边大学出版社
社　　址：吉林省延吉市公园路977号　　邮编：133002
网　　址：http://www.ydcbs.com
E-mail:ydcbs@ydcbs.com
电　　话：0433-2732435　　　　　　传真：0433-2732434
发行部电话：0433-2733056
印　　刷：北京市迪鑫印刷厂
开　　本：787毫米×1092 毫米　　1/16
印　　张：9.75
字　　数：225千字
版　　次：2022年3月第1版
印　　次：2022年3月第1次印刷
ISBN 978-7-230-01492-2

定价：58.00元

前　言

随着互联网信息技术、数字技术、移动通信技术的快速发展，全媒体的应用愈加广泛。由于全媒体技术在信息收集、信息内容与形式、信息传播渠道等方面的重大变革，社会大众在获取和交流信息时的思维模式、语言特点、行为方式和心理意识等方面也发生了极大改变。大学生是使用全媒体技术最为广泛、最为活跃的群体，分析全媒体应用对大学生的影响，探索全媒体技术环境下的大学生思政教育新途径、新方法，是全面提升高校思政教育的有效性，促进大学生实现自我发展的必然要求。

全媒体使大学生获取信息的方式发生了改变。首先，全媒体信息发布更加快捷、多元。大学生获得第一手信息的时间大大缩短，信息的呈现方式也从传统媒体的单面性向多角度、多侧面转变，更能调动起青年学生获取信息的兴趣。其次，信息形式更加综合、多样。图片、文字、视频等全媒体综合表现形式改变了传统媒体较为单一的形式，使静态的信息能够通过多元的表现形式以动态的方式传播。受此影响，大学生利用全媒体技术获取信息时的潜在意识和角色也发生了改变：获取信息由定格式的被动接受，转变为动态式的主动搜索；大学生既是信息的受众，同时也是信息的传播者。获取信息与传播信息的渠道也由单向、两点传播向多边、散状传播转变。

全媒体环境下，信息传播量加大，信息传播速度加快，同时，全媒体时代具有开放性、共存性的特点，诸多信息良莠不齐，对高校思政教育工作提出了全新的要求。作为高校思政教育工作的对象，在校大学生具有敏感性、多发性的特点。因此，在全媒体环境下如何创新思政教育模式，成为摆在每一名教育工作者面前的课题。本书综合分析当前形势以及高校思政工作的新要求，从全媒体对高校思想政治教育的影响、思想政治教育的资源整合、思政教师队伍建设和思想政治教育机制创新等方面入手，尝试探讨了如何开展新时代全媒体环境下的高校思政教育工作。

目 录

第一章　全媒体环境下高校思政教育概述

第一节　思政教育概述

一、思政教育的本质

思政教育（全称为"思想政治教育"）是社会或社会群体用一定的思想观念、政治观点、道德规范，对其成员施加有目的、有计划、有组织的影响，使他们形成符合一定社会要求的思想品德的社会实践活动。

一门学科的价值定位及其发展，从哲学意义上而言，必然是一定思维方式的反映，而教学理念、教学策略的选择直接受制或依赖于思维方式。纵观人类思维发展的历史，先后经历了古代本体论、近代科学世界观、现代"生成论"三种思维方式的嬗变，学术界也将它们归结为"预成论"与"生成论"，它们都是相应时代精神的精华。在现代哲学、建构主义等理论的影响下，教学观也相应地经历了从传统教学"预成论"逐步走向"生成论"的变革，对当代思政教育产生了深远影响。在高校，思想政治理论课（以下简称"思政课"）作为塑造大学生精神品质的一门学科，只有在反映时代精神的哲学理论指导下构建，教学过程遵循人的成长与发展规律，即人之生成规律，将社会生活、时代变迁与人文精神融入高校思政课教学，才能获得强大的生命力，实现其育人的价值功能。

（一）教学"预成论"的认识论基础与主要特征

哲学上对"人"的认知经历了从"预成论"向"生成论"思维方式的转变。"预成论"思维可以追溯到柏拉图的本质论，也叫本质主义思维。"预成论"认为事物"是一种先设定对象的本质，然后用此种本质来解释对象的存在和发展的思维模式"。在认识上，"预成论"将事物分为表面现象与内在本质，现象是本质的外在表现，具有易变性、不确定性；本质是事物的内在规定，具有客观性、普遍性和恒定性等特征。"预成论"认为事物的产生和发展是有规律可循的，事物的发展过程实际上就是其规律的演绎，规律的客观性为事物的发展预设了确定的路径与结果；在实践上，它表现为运用已经形成的对事物本质和规律的认识，控制或干预事物朝着预设发展轨道实现预期目标。这种思维方法反映在教学领域，形成了"预成"教学观或教学"预成论"。教学"预成论"以对事物发展的规律性认识为基础，认为教学理论研究的主要任务在于探究教学活动的本质，并根据恒定不变的教学本质去寻求普遍适用的教学规律和原则，以此指导教学实践遵循客观规律和预先设计的程序和步骤，最终实现预成的教学结果。教学活动成功与否，关键在于对规律的把握和遵循程度。这种过于追求和重视教学规律性的做法，虽然也使学生掌握了一定的知识，却阻碍了他们对信息辨别、筛选和创造的能力的生成。这一教学观在我国教育中长期占据着主导地位。其主要特点可归纳为：

1. 强调教学过程的确定性、规律性、可控性

教学"预成论"以对物的思维方式来理解和把握人，将教学对象作为被动的客体，认为教育活动既然是一种有目的、有意识的实践活动，那它就是有规律的、可控的。教师的主观能动性表现为严格地遵照规律进行教学，重视对教学活动的精密安排和刚性设计，使复杂的教学过程成为一种强制的、程式化的线性序列，学生的发展路径和变化状态似乎是一目了然的，可以按照教育者的意志进行培养和塑造。无视学生的主体地位、能动性和个性发展需要，容易导致教学形式的刻板和学生思维的僵化，使教学对象在教学活动中失去人的主体价值。

2. 将教学价值定位为"知识灌输"，缺乏人格和个性的养成

教师作为知识的拥有者，是教学过程的组织者、支配者，为了把自己所掌握的知识全部传授给学生，教师借助主导地位的权威和已有的教学经验，制定出一套驾驭教学的规则，单方面控制着整个教学过程。这种教学不是为了培育学生对自己生活意义的反思和价值追求，而是为了接受既有的科学知识，"学习的目的就是接受"，因此教师所寻求的最优化教学方法必须能"充分提高知识、技能掌握的效率"。教师关注的是目标与结果、认同与掌握、效率与控制、可预测性与精确性，忽视了学生的主体地位，认为学生的学习过程就是将预定内容被动转化为知识的线性累积，学生只要掌握了预设的教学内容，便达到了预定的教学目标，排斥了预设之外的、反映学生个性与创造性的生成性目标。评判教学效果主要以单位时间内教师传输和学生接受的知识量为标准，并以分数高低来衡量学生获得知识量的多少，因而教学就成为一种行为控制和等级划分，这与教育所追求的个性自由和民主精神背道而驰。诚然，知识的学习与传授是教学的主要任务，但并非其全部功能。教学的意义在于使学生获得学习的能力，增强其不断学习的愿望和主动探究、创造新知识的动力。教学的终极追求在于培养学生健全的人格和良好的品质，培养学生和教师感受并创造幸福生活的能力，而不仅仅是占有知识。

3. 教学目标与学生发展之间呈现因果线性关系

在教学"预成论"视域下，知识、能力的简单累积与学生的整体发展之间具有正比的函数关系。教学目标和结果在教学活动实施之前可以理性设定，教学过程不过是预设的程序和步骤的再现，因而丰富的教学情境被简化为可以人为控制和精确推导的线性连接，试图用简单的线性思维来指导复杂的教学实践，使多维度、多层次、动态发展和开放的复杂教学系统，简化为封闭、机械的教学流程，丧失了教学过程的意义拓展和价值衍生。

（二）教学"生成论"对教学"预成论"的扬弃与超越

生成教学观的提出，主要基于现代教学的局限与困境。随着现代社会中人性价值的张扬，现代教学因其现实功利性而陷入现实与理想、实践与理论等诸多矛盾之中。这一点在我国的教学实践中表现得尤为明显：课程教学忽视教学对象作为人的主体性，教学内容远离教学对象的现实生活，教学活动在预定的、同一的认知主义轨道上循环重复，愈益呈现出抑制智慧、束缚个性等弊端，阻碍人性张扬与自由成长。正是这些弊端催生了生成教学理论与实践。生成教学观从建构主义、经验主义以及怀特海的过程哲学等观点出发，吸收自然科学中不确定性、非线性原理，尊重教师与学生，尤其是学生的主体性与创造性，关怀人的现实生活的诉求，重视教学活动的过程、关系、创造、个性和非理性等特点，强调学习的自主建构和教学的动态生成，实现了对教学"预成论"中被动接受及静态预设的扬弃与超越，为教学从传授知识的"工具价值"转向关注学生全面发展的"人文价值"提供了理论支撑与保障。

1. 人的生成性为教学"生成论"提供了内在动力和现实依据

思维方式变迁的内在根据是基于人的生活世界的改变及对"人"的理解。人的进化是一个漫长的生成过程，每个人在生命的起点预先获得了成为人的遗传基因，即人的生物学本质，这是个体生成和发展的前提。马克思主义人学理论认为，人的生命是一个生生不息、不断生成的过程，处于现实社会生活中的个人"不是处在某种虚幻的离群索居和固定不变状态中的人，而是处在现实的、可以通过经验观察到的、在一定条件下进行活动的发展过程中的人"。马克思说："在社会主义的人看来，整个所谓世界历史不外是人通过人的劳动而诞生的过程，是自然界对人来说的生成过程。"人的生成性为人的创造性和自由发展提供了多种可能性，只有从动态、生成的角度解读人，才能理解和把握人的差异性和丰富性。马克思主义关于"现实的人""人的本质""人的自由全面发展"等理论，揭示了人的生命是一个生成和发展的过程，对人的认识实现了从"预成论"转向"生成论"的思维方式的变革，使"生成论"成为现代哲学的主导思维方式。作为思维方式的"生成论"，反映的是事物及其本质是在发展过程中生成的。在生成论的视野中，一切都是生成的，都处于永恒的变化过程之中，不再存在一个预定的本质。"生成论"是一种崇尚整合的思维方式，反对用非此即彼或绝对对立的思维来看待和处理各种复杂的关系问题。"生成论"并非全盘否定"预成论"思维，而是意识到"预成论"思维对事物的认识具有局限性和片面性：当它强调事物发展的本质和规律时，往往忽视事物现象和非本质因素；当它强调人的理性行为时，常常忽视人的非理性行为。相对于"预成论"思维，"生成论"思维更注重事物发展的过程性、差异性、关联性和创造性。实际上，在事物的具体发展过程中，经常会发生超乎预设的结果或歧态，从而为事物的多元化发展留下广阔的空间。

2. 教学"生成论"中现代哲学和建构主义学习理论的融入

哲学作为时代精神的精华，其思维方式必然体现在其他理论体系中。教学"生成论"是在对传统教学"预成论"的不断反思中发展起来的，其融入了马克思主义关于"现实的人""人的本质""人的自由全面发展"的人学理论以及建构主义学习理论、体验教育等教育思想，把人看作是一个不断生成的存在，是随时代进步和社会变迁而发展的，认为人不是等待解释的预成性存在，而是通过个体的生命经历、感受和体验而不断生成的存在。

20世纪德国著名哲学家卡尔·雅斯贝尔斯提出了"教育即生成"的论断，指出"教育是人的灵魂的教育，而非理智知识和认识的堆积"。他说："如果教育只是计划内的事件，看不到人之精神生成的可能，那么教育就将变成训练机器人，而人经过教育也仅仅学会功能性的算计而无法看见超越之境。"教育"生成论"意味着教育不能改变人生来具有的本质，不能强迫人成为什么样的人，只能根据人生来固有的本性和发展潜力来提升人的精神境界。美国心理学家梅林·威特罗克于20世纪70年代提出了"生成论"学习理论，其在承认教师的指导作用的前提下，从心理学角度阐释了学生在学习过程中的主体地位以及与环境的相互作用。他认为学习活动并不是人脑被动接收外界输入的信息，而是学习主体在已有知识经验的基础上，有选择地关注、构建对输入信息的解释，并从中做出推论。这一过程就是学习主体原有的认知结构与从外部环境接收的信息相互作用、主动建构信息意义的生成过程。这一建构主义学习理论，为教学"生成论"提供了直接的心理学依据。

3. 生成性教学强调知识对于培养人的精神的内在价值

生成性教学以学生发展为本、强调知识对培育人类整体精神和个体精神的内在价值，认为知识传授与获得的根本价值在于通过知识可以成就人的智慧。承认知识对教学自身和学生发展的重要性，认为知识是人们认识世界的工具和人类认识世界的经验结晶，否定知识在教学中的价值，就有可能使教学不能养成人们在心灵层面自我反思的习惯，不能提升精神追求超越的境界，不能发展一种宽广而适切的视野来形成对人类生活的整体认识。

知识的根本作用和终极目的在于：学生通过学习知识获得可持续发展的能力，从而实现精神的超越与人的全面发展。"预成论"教学观颠倒了作为认识主体的人和知识的关系，使知识成了教学的目的，而不是人发展的工具和可能途径，结果必将忽视知识对于人的精神培育的内在价值。传递知识虽然是教学必不可少的功能，但不是被动、消极地复制知识，而是师生在特定教学环境中主动、积极地对知识进行改造与建构。教学"生成论"认为，教师通过单向传递、硬性灌输和学生被动接受、机械记忆，很难获得真正意义上的个体知识，学生的学习活动相对于"简单接受"和"机械记忆"而言，将学习的认知活动视作个体主动参与和自主建构的"生成"过程，更符合学习的本义。个体不仅是知识意义的解释者，也是文化知识的创造者，这是对教学"预成论"知识观的重要补充和修正。

4. 教学目标的价值不在于定位而在于"定向"

在"生成论"教学观视域下，教学本质上是教师与学生之间互动、合作，对信息意义进行建构的过程。相对于预设性目标而言，生成性目标不再是僵化、固定的，而是只提供路标式的方向指引，即明确教学过程中师生行为的性质和方向，具有一定的随机性和灵活性，一定程度上包含了师生共同建构的"不确定性"。教学过程各个环节所建构的意义不是呈线性、序列、累积的特征，而是由教学主体、教学内容、教学方法以及教学环境等诸多因素构成复杂系统，系统内部各因素彼此协同、相互渗透与融合，由此决定了教学目标不可能完全符合教学"预成论"所设想的一因一果、非此即彼的认知策略，而是呈现一因多果或多因一果、多因多果等非线性交错"网络"。因此，教学过程除了关注预设性因素以外，更要注重教学情境、内容、策略等诸多因素与环节的生成性。"生成"是人的认知结构的基本功能，"生成论"教学的核心是强调发展和创造。这一过程及其结果，唯有主体的创造性在教学实践中得以充分发挥才能实现，这就意味着教学目标是难以全部预见的，这种不可预见性蕴含着教学"生成"与创造的可能性。只有超越"预成性"教学目标，确立关注人发展的"生成性"教学目标，才能发挥教学的功能与价值，在真正意义上实现人的发展。

（三）"生成论"教学观在高校思政课教学中的表现形式与实践途径

反思我国高校思政课教学存在的难题与所处的困境，根本原因就在于对"人"的理解囿于"预成论"这一传统思维方式，对人的抽象化理解必然导致与人的生活世界隔离，教学内容抽象化、纯理论化、空谈化，使传统"预成论"教学与学生个体发展之间存在着内在的冲突与矛盾，既不能解除学生思想上的困惑，也不能解决学生的实际问题，削弱了思政教育客观存在的、满足个人自身发展需要的功能和价值，因而难以做到"深入人心、触及灵魂、引起共鸣"。为此，必须突破传统"预成论"思维方式的局限，从"生成论"思维角度切入人的生存状态，把作为抽象的外在研究对象的"人"还原成现实世界具有独特个性和多样性需求的人，实现高校思政课教学由单纯强调"理论灌输"的工具价值转向对人文价值的关注，从"人的全面发展"的价值角度来衡量思政教育的实效性，才能实现思政教育的现代转型。

1. 高校思政课的价值导向功能在"预成"与"生成"的辩证统一中实现

高校思政课教学作为一种培养人的活动，与其他学科一样，要求教师在遵循人的认知发展规律的前提下，对教学过程进行严密规划、科学预期和符合规范的设计，这样可以在一定程度上避免教育过程的散漫性和随意性，这正是教师主导地位的体现。合理的生成总是在目标导向之内进行的，如果生成偏离了目标导向，生成性成为一种随意自发的活动，那就无益于学生学科素养的培养，也就违背了生成的基本特质与精神，失去了生成性的教学价值。同时，作为塑造人的"灵魂"的思政课教学，其根本目的和价值使命不仅仅体现在社会主义意识形态的灌输上，还体现在对人的主体精神和价值取向的引领上，从这一意义上说，思政课教学过程就是转化和生成的活动过程。转化和生成包括接受、理解、内化和外化等具体活动形式。教师借助现代化教学手段创设特定的教学情境，通过一系列教育方法的实施，不仅要培养和提升受教育者的知识水平、思维能力，更要重视对受教育者情感、意志、兴趣、需要和信念等个性素质与价值判断的引导，激发学生的创造潜力，从而实现将社会主义道德规范内化为学生个体的道德信念，外化为学生的品德行为，将教学内容转化为学生的人生智慧，将人类文化成果转化为学生文化素质的终极教学目标，使人性更加丰富和完善。正如美国教育家约翰·杜威所言:"教育的过程是一个不断改组、不断改造和不断转化的过程。"这是一个复杂的人格塑造的过程,既有教师引导下的转化,也有非指导的学生自主建构的生成,是"预设中生成"与"生成中预设"的辩证统一。如果前者还具有一定的预设性和规范性,那么,后者则表现出强烈的自主性和动态的发展性,虽然短期内难见显性成效,却也体现了思政课教学的真正价值和根本目的。

2. 结果与目标之间的非线性关系体现了思政课教学过程的创造性

人们的思想道德不是现在的、固定的、一成不变的和等待解释的"预成性"存在,而是由主体、活动、关系和过程等多种因素构成并处于不断变化的生成性存在,这决定了思政课教学是一个多维度、多层次的动态发展和开放的复杂系统,其教学过程是多种因素交互作用的、充满无法预知变数的非线性序列,呈现出显著的动态性和发展性。教师有目的、有意识的教学活动只是为学生的身心发展提供预设方向的引导,并非必然导致教学结果按预定的轨道实现。"生成"的核心是强调发展和创造,教学过程中的具体事件、教学情境、教学手段与方法、学生的个性化认识和反应等相关联的各个环节,都会直接引发教学结果的变化,只要容许这种变化存在,教育结果与教育计划存在差异或不一致就是必然的、合理的。这是一种潜在的教学创造。为此,教师在教学中除了重视思政课教学的预设性目标之外,还要关注其生成性目标。如果没有过程中动态生成的结果和价值,思政教育便丧失了创造力,只剩下杂乱无章的知识堆积。教育过程的创造性意味着对生成的目标、规范以及流程的超越与拓展,这更有利于教学的自然开展和学生良好个性品质及创造性思维能力的发展。教学过程既具有预设的确定性、客观性、普遍性和共同性,也具有生成的不确定性、主观性、特殊性和差异性,这一双重属性决定了实际的教学效果并不一定是预设的教学目标的真实再现,而是师生之间通过信息交流、情感沟通、思想交融而"生成"的创造性、发展性结果,充分显示了学生个体在参与教学过程中的主体地位与作用。

3. 将教学内容融入生活世界是实现高校思政课价值导向功能的实践途径

对于现代哲学而言,世界不再是与人无关的外在实体,而是对人具有价值和意义的生活世界。杜威的"教育即生活"和陶行知的"生活即教育",就是试图使教育实践以教育主体为出发点,以现实生活为依托,实现教育向生活世界回归。这与"以人为本"的现代教育理念相契合,体现了从更为深层的意义上去揭示高校思政课对于个体成长、人文关怀其价值和功能发展的作用,奠定了现代思政教育思维方式转换的理论基石,为新时期高校思政课的改革和创新指明了方向。

高校思政课的教学对象是有思想、有情感、有精神需求的"现实的人"。学生的思想政治素质是根植于现实生活的,生活世界是教学的现实基础,其教学内容、原则和教学方式理应是对现实问题的客观反映。在经济全球化和社会转型时期,社会生活和人们的思想观念发生了深刻变革,市场经济的平等、法制、竞争、效率与开放,要求每个人的自由、平等和权利都得到社会尊重,增强了人的自主性和独立性。追求利益最大化是市场经济的运行法则和动力,人们的关系主要表现为经济利益关系,经济价值观及功利化倾向广泛而深入地渗透到社会的各个层面和领域,大学生价值取向不可避免地存在多元化、功利化、矛盾化趋势。为此,高校思政课教育内容不能局限于理论化、抽象化,应该用发展和变化的眼光把握思政教育所承载的社会意识和社会责任,根据社会发展和教育对象的特点把握教育内容的发展性与时代性。一方面,回归于"现实的人",承认和肯定人物质追求的合理性。"人们奋斗所争取的一切,都与他们的利益有关",马克思的这一论断精辟地揭示了物质需求是人内在的本质需求,是人生存与发展的基础,满足人的正当需求是不可剥夺的权利。另一方面,关注利益与道德的冲突,将正视人的利益和提升人的境界结合起来,以社会主义核心价值观引领大学生的价值追求和道德精神走向。高校思政课教育内容"回归生活世界",并不是简单等同于回归日常生活,满足学生日常生活的需要,使其教育内容"庸俗化",削弱思政课在政治方向和人的精神境界方面的导向功能;而是要立足于市场经济的内在要求,正视现实生活中的矛盾和学生最关心的实际问题,将大学生的思政教育融入关心、帮助和为学生服务的教学实践中,在遵循学科的目标导向与必要的理论内容前提下,以大学生全面发展为目标,坚持以人为本,贴近实际、贴近生活、贴近学生,努力提高思政教育的针对性、实效性和吸引力、感染力,以学生已有的经验和社会生活为基础,把体现中国特色社会主义发展需求的思想观念、道德规范与学生的日常生活紧密联系起来,引导大学生正确处理"利"与"义"、物质追求与精神提升的关系,探寻实现人生价值的正确途径。这是对大学生长远发展的一种终极关怀,也是高校思政课教育实效性的最终体现。

二、思政教育的功能

关于高校思政课教学的重要论述,对高校思政课教学的发展和创新具有重要价值,主要包括进一步确立和巩固高校思政课的教学地位,进一步充实和凝练高校思政课的教学内容,进一步归纳和整合高校思政课的教学方法,进一步强调和关注高校思政课的教师素质。这些重要论述是进一步深化高校思政教学发展与改革的科学指南及根本遵循。

在全国宣传思想政治工作会议、全国高校思想政治工作会议、全国教育大会等一系列重要会议内容中,多次涉及高校思政教育问题,且观点鲜明、内涵丰富、说理透彻,为高校思政课教学的创新发展提供了实践指导。特别是 2019 年 3 月 18 日习近平主持召开的学校思想政治理论课教师座谈会,突出强调了将思政课作为高校立德树人的关键课程,要从根本上落实党的教育方针,解决好培养什么人、怎样培养人、为谁培养人的根本问题,充分体现了我国新时期新阶段对高校思政课的重要地位和关键内容的重要论断。纵观这些论述,它们的重要价值主要体现在以下几个方面:

(一)进一步确立和巩固高校思政课的教学地位

在新的社会历史背景下,面对世情、国情、党情的深刻变化,我国社会发展已进入新的历史时期,社会主要矛盾也发生了深刻转变,人们的思想问题层出不穷,思政教育的地位和作用日益凸显出来，而高校作为人才培养和倡导主流价值观念的主阵地，高校思政课教学设置尤为突出。其中最根本的就是要全面贯彻落实党的教育方针，深刻地揭示高校思政课对培养社会主义建设者、接班人的重要性，也要诠释高校思政课教学的关键任务和重要目标。

思政课作为实现高校立德树人这一根本目标的关键性课程，也是新时代背景下铸魂育人的重要课程。当前，多种社会思潮、思想文化纷繁复杂，互联网飞速发展，这些都不断冲击和解构马克思主义的指导地位，同时也影响着青年学生价值观的确立，因此，必须立足中华民族的千秋伟业和中国特色社会主义事业的长远发展，理直气壮地办好思政课，坚持马克思主义理论的指导地位，坚持社会主义核心价值观，弘扬社会主义先进文化，引导学生增强"四个自信"意识，激励学生把爱国情、强国志自觉融入建设社会主义现代化强国的实践之中，为中国梦的实现注入青春活力。这有利于从更加宏观、更加长远、更加广阔的视角认识思政课教学的地位和作用，并使之成为具有中国特色社会主义的骨干课程。

（二）进一步充实和凝练高校思政课的教学内容

在高校思政课教学过程中，教学内容对思政课教学效果起着至关重要的作用。2019年 3 月 18 日，习近平在学校思想政治理论课教师座谈会上强调："推动思想政治理论课改革创新，要不断增强思政课的思想性、理论性和亲和力、针对性。要坚持政治性和学理性相统一，以透彻的学理分析回应学生，以彻底的思想理论说服学生，用真理的强大力量引导学生。要坚持价值性和知识性相统一，寓价值观引导于知识传授之中。要坚持建设性和批判性相统一，传导主流意识形态，直面各种错误观点和思潮。要坚持理论性和实践性相统一，用科学理论培养人，重视思政课的实践性，把思政小课堂同社会大课堂结合起来，教育引导学生立鸿鹄志，做奋斗者。"

1. 思政课教学内容要以马克思主义理论为指导思想和理论基础

一段时间以来，因外部社会环境的影响，部分党员同志及任课教师放松了对马克思主义理论的学习，也放松了对青年学生的马克思主义理论内容的教育，导致部分青年学生思想上出现困惑及混淆，而改善这些现象的重要途径，就是不断加强马克思主义理论教育，通过不断学习和掌握马克思主义的立场、观点、理论及方法，引导青年学生将课堂教学内容融入现实生活。党的思政教育取得成功的关键是坚持不懈地传播马克思主义理论，抓好马克思主义理论教育，为学生成长奠定科学的思想基础。在丰富和发展高校思政课教学内容的同时，要始终坚持以马克思主义和马克思主义中国化的理论成果为导向，确保其在内容体系中的核心地位和导向性作用。在教学实践中，要想把马克思主义理论作为高校思政课教学的重要内容，就必须强化马克思主义对青年学生三观的影响。

2. 思政课教学内容要以社会主义核心价值观为重要支撑

2014 年 5 月 4 日，习近平在北京大学师生座谈会上强调："核心价值观，承载着一个民族、一个国家的精神追求，体现着一个社会评判是非曲直的价值标准。"随着各国经济和文化实力的竞争愈演愈烈，国家间意识形态激烈碰撞，西方意识形态和价值观念流入中国，对我国主流意识形态构成威胁；此外，全球化浪潮的强烈冲击，市场经济发展面临的困境，互联网时代的价值挑战，以及多元文化交织引发的学生价值选择的困惑也使得社会主义核心价值观的作用日益凸显。因此，为了迎接这些挑战和解决学生的困惑，高校思政课必须加强社会主义核心价值观教育：要用社会主义核心价值观教育学生，引导他们扣好人生的第一粒扣子；要把社会主义核心价值观作为思政课教学的红线和主线，不仅要夯实和创新高校思政课的教学内容，同时也要深化大学生思政教育的理论建构，使其内化于心、外化于行，成为学生衡量自我社会行为的标准，在学生内心形成坚定的理想信仰，从而推动整个社会精神文明水准的提高。

3. 思政课教学内容必须具有时代性、针对性和亲和力

2017年9月29日，习近平在十八届中央政治局第四十三次集体学习时指出："发展21世纪马克思主义、当代中国马克思主义，必须立足中国、放眼世界，保持与时俱进的理论品格，深刻认识马克思主义的时代意义和现实意义，锲而不舍推进马克思主义中国化、时代化、大众化，使马克思主义放射出更加灿烂的真理光芒。"与时俱进是马克思主义理论的重要品质，随着改革的不断深入和社会实践的发展，要求思政课教学内容必须与时代发展紧密相连，要将马克思主义中国化的最新成果融入思政课教学内容，以使教学内容体现时代主题，展现时代精神，并构建一整套真正反映新时代思政课最新研究成果的教材体系；要用马克思主义中国化的最新理论成果诠释社会热点和痛点，回答学生关心关注的理论难点和社会焦点等问题，激发学生的时代责任感和与时俱进的精神，以使思政课教学既彰显思想性又体现时代性，既突出严肃性又展现活泼性，从而培养有时代担当的社会新人。

（三）进一步归纳和整合高校思政课的教学方法

教学方法是高校思政课常谈常新的问题，思政课教学必须遵循思想政治工作规律、教书育人规律、学生成长规律，才能实现因事而化、因时而进、因势而新的目标。

1. 道德文化熏陶法

在教学实践中，教育者可深入挖掘优秀传统文化，引经据典，合理运用《论语》《道德经》以及优秀典籍著作丰富思政课内容，还可以利用古代先贤圣人事迹，借助漫画、歌剧、话剧和戏曲等多样的文化形式，以及互联网、移动媒体等人们喜闻乐见的方式丰富思政课教学方法和形式，达到以文化人、以文育人的教育效果。思政课教学应扎根传统文化和历史发展脉络，从传统的道德文化中寻找答案，从而使青年学生见贤思齐，受到道德文化潜移默化的熏陶和感染。同时应善于把弘扬优秀传统文化与创新发展现实文化有机统一起来，紧密结合，努力实现在继承中发展，在发展中继承的重要目标。

2. 读书学习法与实践教育法相结合

读书学习法能够帮助受教育对象掌握先进的理论与思想，接受理论思想的熏陶与洗礼；实践教育法则可以使受教育者把先进的理论思想，转化为实践行动及物质力量，从而提高

受教育者的教育水平和文化自信。首先，教育者应当在思政课教学过程中，激发受教育者的读书积极性，使其感受到读书的乐趣，并通过读书分享会等实践方式，分享读书心得，推荐优秀读物，让青年学生在读书学习的过程中掌握社会发展规律、社会发展动态以及党的政策方针和相关内容。其次，思政课教学方法还需要把握实践教学的重要地位。一切学习都不是为学而学，学习的目的全在于应用。学习要做到"内化于心、外化于行"，在实践中求真知、悟真谛。

3. 显性教育与隐性教育相结合的方法

显性教育和隐性教育在思政课教学过程中的重要性是极其明显的。显性教育方式多呈现外显性、直接性、组织性和计划性等特点，隐性教育方式多呈现间接性、隐蔽性和灵活性等特点。思政课教学应该从改革创新的角度出发，挖掘其他课程和教学方式中蕴含的思政教育资源，将主渠道教学与其他日常思政教育相结合，使"思政课程"和"课程思政"相一致，课堂内外、线上线下相融合，形成合力教育教学的良好局面。同时，在教学过程中，思政课教学需通过战略性的布局和规划以及具体的教学设计，切实提高隐性教育的"比例"，让学生在"无意识"中接受教育。高校应把立德树人作为中心环节，利用好课堂教学的主渠道，不断创新思政课教学，提升思政教育的亲和力、针对性，从而更好地满足学生成长的发展需求与期待。

（四）进一步强调和关注高校思政课的教师素质

2019 年 3 月 18 日，习近平在学校思想政治理论课教师座谈会上强调，办好思想政治理论课关键在教师，关键在发挥教师的积极性、主动性、创造性。用"可信、可敬、可靠，乐为、敢为、有为"肯定了思政课教师队伍，又提出了思政课教师"政治要强""情怀要深""思维要新""视野要广""自律要严""人格要正"的六点要求。当前，尤其要重点关注思政课教师以下三个方面的素质：

1. 守正

科学推进马克思主义理论教育，真正让高校思政课教学"实"起来。高校思政课作为大学生掌握和学习马克思主义理论的主要渠道，以及落实立德树人的核心课程，始终聚焦认知、能力和情感三维育人目标。高校思政课教师要坚持推进马克思主义理论教育的主导思想，全面贯彻党的教育方针，传播马克思主义科学理论，做好马克思主义教育工作。做好这一切的前提就是教师自己要真学、真懂、真信、真用马克思主义。同时，广大思政课教师在教学工作中，还要以马克思主义理论研究和建设工程统编教材为基本方针，根据学生的不同特点，以个性化的风格，引导学生从理论学术层面去探究教材中的系列问题，通过批判性和建设性的学术思维锻炼，引导学生认同教材中的重点判断与命题，进而使学生从更深层的理论内涵中把握教材内容，从而达到对理论体系的系统建构。教师要敢于和擅于打破框架、汇聚新意、挖掘亮点，运用更接地气、更贴近学生的方式来传授马克思主义理论知识，对于历史虚无主义、极端个人主义、文化复古主义等错误观点、错误思潮、思政课教师必须深刻剖析和批判，引导学生坚定理想信念，确立正确的价值观念。

2. 创新

思政课教学要坚持"八个相统一"，不断增强思政课的思想性、理论性、针对性和亲和力。为此，思政课教师要按照创新发展的总要求，了解学生的所思所想，运用辩证唯物主义和历史唯物主义的思想，创新课堂教学。教师应当准确把握学生的思想共鸣点、情感出发点、理论渴望点、学习困惑点，推进教学方法和教学方式的双重创新。思政课教师要充分利用现代教学方式，综合运用研究式、辩论式、实践式等教学方法，把历史观、价值观、国情观、现实观等有机融合到课堂教学实践中，积极调动广大学生学习思政课的兴趣和热情。教师要善于运用互联网和大数据等网络手段，丰富线上线下教育渠道和教育载体，将传统教育方式同信息技术高度融合，构建触手可及的网络教育空间，增强思政课堂的时代感和吸引力，使学生真正有所思，有所获。

3. 自强

切实推进思政课教师队伍建设，真正让高校思政课教学"强"起来。要想让思政课强起来，思政课教师自身必须强起来。思政课教师是高校教师队伍中的一支重要力量，是思政课实现教学目标和优化教学效果的人才保障，是马克思主义理论知识的传授者、信仰的引领者，以及思想疑惑的解答者，是党最新理论思想、方针政策的宣讲者，是大学生健康成长的指导者和引路人。

教师队伍的强大和素质的提升对提高思政课教学质量起着至关重要的作用，因此，思政课教师队伍应当具备过硬的马克思主义理论素养，以坚定的政治立场、高尚的师德师风、娴熟的育德能力严格要求自己。各高校也要以新时代的指导思想为引领，打造一支"又红又专"的高校思政课教师队伍，以汇聚一流的人才资源，形成马克思主义理论学科可持续发展的澎湃动力，实现高校思政课教学"强效"目标。

三、思政教育的经验

中国共产党历来重视高校思政教育，中华人民共和国成立以来，在各级领导和教育主管部门以及高等学校的不断努力下，高校思政教育工作取得了卓越的成效，也收获了一些宝贵的经验。

（一）紧密结合马克思主义理论中国化的新发展

高校思政教育长期坚持学习毛泽东著作和开展毛泽东思想教育。用毛泽东思想武装头脑，在毛泽东思想的指引下，广大学生加深了对反对帝国主义、封建主义和官僚资本主义革命斗争的认识，加深了对新民主主义革命与社会主义革命的认识，更加深刻地认识到社会主义制度的来之不易与中国共产党领导人民建立中华人民共和国的卓越贡献，从而更加自觉地团结在党的周围。

党的十一届三中全会以来，以邓小平同志为主要代表的中国共产党人，解放思想，实事求是，实行改革开放，开创了社会主义事业发展的新时期，创立了邓小平理论。邓小平理论是马克思列宁主义基本原理同当代中国实践和时代特征相结合的产物，是马克思主义在中国发展的新阶段。高校思政教育开展邓小平理论教育，推进邓小平理论进课堂、进教材、进学生头脑，使广大学生认清了"什么是社会主义、怎样建设社会主义"，增强了广大学生建设社会主义的信心。

党的十三届四中全会以来，以江泽民同志为主要代表的中国共产党人，积累了治党治国的宝贵经验，形成了"三个代表"重要思想。"三个代表"重要思想是马克思主义理论中国化的新发展，高校积极组织学生认真学习"三个代表"重要思想，引导广大学生深刻认识中国共产党是中国工人阶级的先锋队，是中国人民和中华民族的先锋队，是中国特色社会主义事业的领导核心，只有始终坚持党的领导，才能夺取中国特色社会主义伟大事业的胜利，增强了广大学生对党的信赖。

党的十六大以来，以胡锦涛同志为主要代表的中国共产党人，集中全党智慧，提出了以人为本、全面协调可持续发展的科学发展观。深刻认识和回答了新形势下"实现什么样的发展、怎样发展"等重大问题，是马克思主义关于发展的世界观和方法论的集中体现，是发展中国特色社会主义必须长期坚持的指导思想。

党的十八大以来，以习近平同志为主要代表的中国共产党人，顺应时代发展，创立了习近平新时代中国特色社会主义思想。习近平新时代中国特色社会主义思想，是对马克思列宁主义、毛泽东思想、邓小平理论、"三个代表"重要思想、科学发展观的继承和发展，是马克思主义中国化的最新成果，是党和人民实践经验和集体智慧的结晶，是中国特色社会主义理论体系的重要组成部分，是全党全国人民为实现中华民族伟大复兴而奋斗的行动指南，必须长期坚持并不断发展。习近平新时代中国特色社会主义思想的提出，翻开了马克思主义中国化的新篇章。深入学习习近平新时代中国特色社会主义思想，可以帮助广大学生开阔视野，深化学生对"新时代坚持和发展什么样的中国特色社会主义，怎样坚持和发展中国特色社会主义"的认识。

（二）坚持党的领导，充分发挥党的政治组织优势

当前，坚持党的领导，不断发挥党的政治组织优势，是坚持高校社会主义办学方向的根本所在，同时也是加强和改进思政教育的关键。坚持以党建为核心推进高校思政教育，是我国高校思政教育的独特优势，同时也是我国高校思政教育的基本经验。自中华人民共和国成立以来，党建工作在高校一直处于十分重要的地位。高校的各级党组织和党员在高校思政教育中发挥了独特的影响和作用。

改革开放以来，高等学校的党建工作面临许多新情况。改革开放和社会主义市场经济的发展，社会生活和思想观念的深刻变化，以及国际局势的变化，给高校党组织和党员带来了种种影响，对党的建设也提出了新的课题和更高的要求。为此，高校在学生思想政治工作中坚持以党建为核心，在党建中坚持以思想建设为核心，在思想建设中坚持以理想信

念为核心，不断加强党建工作。在新世纪新阶段，面对经济全球化和价值多元化的冲击，面对宗教等各种势力的渗透，高校更应以保持共产党员先进性教育为契机，不断增强在学生中发展党员的紧迫感和责任感；以支部建设为根本，形成支部建设推动党员发展的长效工作机制；以增强党员先进性为重点，全面提高党员的素质，加大在学生中发展党员的力度，努力实现高校党建工作的新突破。

（三）坚持社会主义办学方向

高等学校培养的人才是否具有坚定、正确的政治方向，是否愿意为人民服务、为社会主义服务，是关系我国社会主义现代化事业的前途和命运的问题。高等学校的办学方向，最重要的是要解决办什么性质的大学、如何办大学，培养什么人、如何培养人的问题。而高校思政教育直接关系培养什么人的问题、全面贯彻落实党的教育方针的问题。中华人民共和国成立以来，我国高校思政教育最为宝贵的经验，就是坚持把正确的政治方向放在首位。

1.坚持党的基本路线不动摇，不断排除"左"和"右"的干扰

中华人民共和国成立伊始，我国的高等教育进入从新民主主义教育到社会主义教育的历史性转变进程，高校思政教育在总结、继承和发扬老解放区学校教育的传统以及吸收、借鉴苏联的教育经验的基础上，确立了新民主主义的教育方针和高校思政教育的目标、任务和内容等。毫无疑问，当时高校思政教育得以重新确立，靠的是中国共产党人的创造性发挥，靠的是《中国人民政治协商会议共同纲领》对文化教育政策的正确定位。当时高校思政教育的主要任务就是清除国民党的影响，增强马克思主义在大学生中的影响力。同时，结合当时的社会政治运动，在实践中加强对大学生的思政教育，如通过组织他们参加土地改革、抗美援朝、"三反""五反"等活动，进行集中的思想改造。

十年社会主义建设时期，高校思政教育在党和政府的正确领导下，进行了许多有益的探索。这一时期的高校思政教育致力于为国家培养德智体美劳全面发展的社会主义建设人才。毛泽东要求青年学生在思想上要有所进步，政治上也要有所进步，要求他们学习马克思主义，学习时事政治。在1957年召开的八届三中全会上，毛泽东提出了"又红又专"的口号。他指出："政治和业务是对立统一的，政治是主要的，是第一位的，一定要反对不问政治的倾向；但是，专搞政治，不懂技术，不懂业务，也不行。""我们各行各业的干部都要努力精通技术和业务，使自己成为内行，又红又专。"

邓小平十分重视教育，早在1954年政务院讨论教育工作时，他就指出："办好学校、培养干部，才是最基本的建设。"1978年4月，邓小平在全国教育工作会议上指出："学校应该永远把坚定正确的政治方向放在第一位。""这并不排斥学习科学文化。相反，政治觉悟越是高，为革命学习科学文化就应该越加自觉，越加刻苦。"邓小平的讲话充分肯定和反复强调了思想政治工作在学校教育中的重要地位，也充分表明了在高校思政教育中坚持正确的政治方向的重要性，为高校思政教育的全面开展指明了方向。

2. 坚持社会主义的思想道德体系，不断创新内容体系和方式方法

中华人民共和国成立以来，我国的高校思政教育始终坚持社会主义的思想道德体系，坚持培养大学生的集体主义精神，不断从巩固社会主义政权的思想基础，培养和造就社会主义事业的合格建设者和可靠接班人的高度来进行认识和定位。在思政课程建设中，以系统化地开设马克思主义基本原理课程为重点，要求学生掌握马克思主义的世界观和方法论，并且把中国革命和中国建设的伟大实践，把毛泽东思想、邓小平理论、"三个代表"重要思想、科学发展观、习近平新时代中国特色社会主义思想等中国化的马克思主义作为重要的课程内容，与时俱进，不断改进内容体系和创新方式方法，从而帮助广大学生树立起正确的世界观、人生观和价值观。

3. 坚持育人为本、德育为先，处理好德育和智育的关系

高等学校的根本任务是培养德智体美劳全面发展的社会主义事业的建设者和接班人。要完成好这一根本任务，就要坚持"育人为本、德育为先"的重要方针。中华人民共和国成立以来，高校始终坚持通过提高学生的思想道德素质，带动和促进学生全面素质的发展。同时，在大学人才培养的各个具体环节中，高校始终坚持德育标准不放松。特别是在人才评价环节，始终以"德"作为最重要的一个方面，在推荐工作、就业中，在广大高校和各级党团组织及专职思想政治工作队伍对大学生品德的考核中发挥了应有的作用，把牢了人才的出口关。同时，在教育中，坚持做到整体育德、全面育人、全员育人、全程育人，不断增强教育的合力，提高教育的实效，促进了一代代大学生全面发展和健康成长。

（四）围绕党和国家的中心工作来开展高校思政教育工作

坚持围绕中心工作开展高校思政教育，是我国高校思政教育工作的又一基本经验。改革开放特别是党的十三届四中全会以来，党中央坚持"两手抓、两手都要硬"的方针，切实加强和改进了对高校思政教育工作的领导。各地区各部门和高校通过认真贯彻落实中央要求，加强和改进思政教育工作，在培养高素质人才、维护学校和社会稳定等方面发挥了重要作用。高校思政教育必须与国家和社会的需要及中心工作紧密结合，才能有广阔的空间和舞台。可以说，自中华人民共和国成立以来，我国的高校思政教育在每一个重要历史时期，都紧紧围绕中心工作，服从和服务于中心工作，稳扎稳打，经过艰苦卓绝的努力，推动了社会进步，促进了高等教育发展，在培养人才、服务建设和改革等方面做出了突出的贡献。

在社会主义改造时期，中华人民共和国面临着建立新政权和维护社会政治稳定的难题，高等教育也百废待兴。高校思政教育工作紧紧围绕中心工作，创造性地建立起新的学校思政教育工作体系，配合党和国家的工作方针，积极开展社会政治运动，使大学生在思想政治方面经受了考验，锻炼了才干。在十年社会主义建设时期，高校思政教育工作与火热的社会主义建设紧密相连，大学生通过参加生产劳动、投入社会实践、接受社会教育等，直接参与到党和国家所确立的中心工作的伟大实践中，成为又红又专的人才，其中许多人成

为社会的栋梁。

改革开放以后，国家的工作重心转移到以经济建设为中心上来，整个社会生活开始步入正轨。这个历史性的转变要求高校思政教育工作也迅速地进行相应的转变。它使高校思政教育工作逐步转向以人才培养为中心，即高校思政教育工作必须服务服从于经济建设这个中心工作，必须服务服从于高等教育的改革和发展以及人才培养等高校的中心工作。具体来说，这个转轨和转型，一是要求思想政治工作在服务经济建设中凸显自己的价值，为经济建设培养社会所需要的人才；二是要求在学校教育层面，使高校思政教育服从和服务于学校的中心工作，服务于人才培养、科学研究等中心工作，使高校思政教育与学校的中心工作密切配合，把思政教育渗透于教学、科研等人才培养的各个环节。

当前，各级高校以"中国梦"精神为指导，致力于推动高等教育改革发展。加强和改进思政教育工作，最根本的是要坚持和巩固马克思主义在我国意识形态领域中的指导地位。要实现这一目标，必须了解思政教育发展的新特点和新方法，从实际出发把思政教育工作做深做细，才能提高思政教育的实效性。对于高等学校而言，人才培养、科学研究和社会服务等是其中心工作，高校思政教育必须紧紧围绕这些工作尤其是人才培养这个中心开展工作，才能体现其独特价值。在具体的高校思政教育实践中，高等学校要密切结合各校实际，结合当代大学生的思想实际，努力通过各种途径和渠道，不断提升大学生的思想道德素养，不断增强大学生的全面素质，使高校思政教育为其成长成才服务。高校思政教育只有通过社会实践、文体活动、校园文化建设、就业指导和心理咨询等多种手段，围绕人才素质结构的方方面面下功夫，始终抓住人才培养的中心工作不放松，才能在培养人才中找准定位，全程育人，实现价值。

（五）坚持结合大学生思想的新变化

中华人民共和国成立以来的高校思政教育的历史发展表明，只有紧密结合大学生思想的新变化来开展教育，才能实现教育目标。20世纪50年代初期，党和国家刚从旧社会制度中接管了高等学校，当时大学生的思想还不同程度地存在着与新社会制度不适应的情况。针对这一情况，国家着手在全国大学生中开展了思想改造学习运动，以帮助大学生认清社会主义制度的优越性，把他们切实引导到社会主义道路上来。20世纪80年代中后期，受改革开放环境的影响，大学生对大量涌入的国外社会思潮认识不清，对国内各方面的改革举措理解不透，存在思想困惑。为此，高校开展了反对资产阶级自由化教育，开展了坚持四项基本原则，正确处理改革、发展、稳定关系问题的教育，为大学生拨开了思想迷雾，使其以良好的精神状态投入学习之中，维护了高校的稳定。进入21世纪以来，随着社会经济的快速发展，大学生面临着较大的就业压力。同时，由于大学生大多是独生子女且大量时间都在学校中度过，社会生活经历较少，依赖心理强，他们在面临挫折时容易出现心理问题。针对大学生的这一变化，党和国家明确指出高校要开展大学生心理健康教育，教育部成立了全国普通高等学校学生心理健康教育专家指导委员会，教育部办公厅印发了

《普通高等学校大学生心理健康教育工作实施纲要（试行）》（教社政厅〔2002〕3号），明确要求辅导员做大学生的知心朋友和人生导师。实践表明，高校思政教育只有坚持以人为本、贴近实际、贴近生活、贴近学生，才能不断增强思政教育的针对性、实效性和吸引力、感染力。

（六）充分发挥创新精神

高校思政教育工作强调要充分发扬民主，广开言路，平等待人，实行疏导的工作方针，因势利导，以理服人。当前思政教育的局面大为改观，教育者和受教育者的关系得到了矫正，思政教育发挥关心人、理解人、支持人的作用，在实践中收到了越来越明显的效果。在新时期，针对信息社会的发展和网络的普及，高校普遍建立了思政教育的"红色网站"，不断加强网络引导和网上思政教育力度。除此之外，高校思政教育的模式、体制、内容、方法和载体等也随着时代的发展而不断进行着改革变化。

第二节　全媒体环境下高校思政教育的媒体建设

一、全媒体环境形成的原因及特征

（一）全媒体环境形成的原因

当前，全媒体发展态势锐不可当，其中传统媒体积极主动地引入、借鉴与融合，更是促进了全媒体环境的形成。新旧媒体取长补短、相互渗透、兼容并蓄、共同发展，化竞争为合作，成为未来全媒体环境发展的主旋律。

1.丰富多样的个性需求是全媒体环境形成的动力

随着社会的不断发展，人们的物质生活日益丰富，同时也更加追求精神世界的满足。探索未知世界、了解未知领域是人类的自然需求。在单一的传播媒体条件下，人类只能依靠视觉、听觉等单一感官获取外界信息，随着科技的发展和通信设备的不断更新，人们对信息全方位、多角度的传播形态的需求无疑为各种媒体不断融合形成全媒体环境提供了空间和动力。受众的"碎片化"，表明受众的需求心理变得更加丰富、多元，渴望获取更及时、更多角度、更多听觉和视觉满足的媒体体验，由此决定了媒介产品的多样性。在人类获取信息的过程中，限制信息传播活动的主要因素是时间和空间，因此，任何传播媒介的发展，首先是对时间或空间限制的突破，而全媒体无疑实现了这样的突破。同时，全媒体将文字、图片、声音、视频等各种媒体表现手段融合起来，这些功能真正的核心就是重新审视和满足用户的体验，并在此基础上实现"大众平台"的建设。传播面更广的是传统媒体，但精准度高是全媒体的特点。全媒体动静结合、全时在线、深浅互补、即时传输、实时终端、交互联动的特点，在某种程度上会消解传统意义上媒体的严肃性和专属感，但可以强化传媒关于信息流通传达的本质功能。在此基础上，全媒体所展现的功能更加丰富，形式更加多元，能满足不同个性需求的受众群体。

2. 传统媒体的锐意改革是形成全媒体环境的基础

任何一种媒介形式都因某一群体的特定关注而存在，当某一媒介形式提供信息的方式和信息的内容无法再打动关注的群体时，这种媒介形式将退出历史舞台。同时，借助兴起的新技术，媒介形式也会主动引导群体转型以保证持久的关注。借助数字技术，全媒体在传播信息、知识上的优势让传统媒体望尘莫及，同时也给传统媒体带来将要失去群体关注的巨大压力。但传统媒体日积月累的品牌效应却是全媒体无法相比的，也就是说既成的群体特定关注程度不会一时间消亡，并且传统媒体并没有因群体关注度优势而止步不前，因为社会发展到今天，只有差异化、特色化的内容才能真正掌控行业话语权和主导权，才能保障群体的持续关注。因此，传统媒体进军全媒体领域并进行锐意改革，在保留传统媒体资源的同时，融合全媒体手段重新转型，引导受众共同转变关注方式，把失去的受众重新集结了起来。与此同时，有着华丽外表的全媒体也需要填充更加丰富的信息，因为新鲜感过后的失落是全媒体失去关注的最大原因。在媒体融合的整体推进过程中，传统媒体针对表现形式进行了补充以改进无法吸引群体关注的缺陷，融合全媒体形式提供了更多的资源整合、平台互动、后台保障等功能，提升了品牌的持久影响度和对受众的吸引程度；而全媒体则扬长避短、优势互补，把短期的新鲜感变成习惯性，不断整合信息内容和创新信息传播形式，这无疑使受众从信息的获取形式到信息的具体内容等方面都得到了满足。因此可以说，传统媒体的转型推动了媒体间的融合并为全媒体环境的形成提供了基础。

3. 新兴媒体的迅猛发展是全媒体环境形成的条件

全媒体的发展阶段包括"1.0 阶段——论坛""2.0 阶段——博客"和"3.0 阶段——微博"，在这一发展过程中，信息的权威特质被进一步消散，信息流的动向从此改变。人人都可以成为信息的生产者、传递者和消费者。信息提供不再是专门人群的特定工作，信息的单向输送形式变成了交互式的网状传播状态。以微媒体为主要平台的网络载体的迅猛发展，使信息在人群中的传播更加广泛和深入，也使得现实生活中的交往在网络上获得延伸，并超越了现实中的人际交往，现实生活中的陌生人成了隔空喊话的熟人。新浪微博开启了国内的微博潮，是"微时代"到来最早的也是最主要的表现形式，随后微电影、微语录、微服务等微媒体逐渐兴起，使人们更真实地感受到"微时代"的来临。微博用户可以使用电脑或手机登录微博平台，随时随地地发布和分享 140 字以内的文字信息，还可以以图片、视频等形式发布各类信息，实现了实时互动交流。除此之外，腾讯推出的微信———一种新兴的以手机为主要介质的即时通信工具，更是呈现出后来居上的发展态势。目前微信凭借其新颖的界面、跨平台沟通、零资费和私密性等特点，逐渐成为人们日常沟通与工作的必备工具之一。微博、微信、QQ 等微媒体以其快捷方便、信息丰富等特点在各类人群中迅速普及，并在网络空间上形成各种朋友圈，圈内交流以及各朋友圈的信息叠加传送，使得人们可以随时随地地以各种方式记录生活的点滴，第一时间了解社会热点、前沿资讯，还可以自由和便捷地进行交流互动。毫无疑问，新兴媒体的迅猛发展为全媒体环境的形成创造了便利条件，也使全媒体的影响更加细致入微，并因此不断改变着人们的生活。

（二）全媒体环境的综合特征

如前所述，全媒体包括了传统媒体与新兴媒体，因此，全媒体环境的综合特征相较于传统媒体真实、严谨的特征与新兴媒体即时、多元的特征均有所不同。全媒体环境的综合特征，是对传统媒体与新兴媒体的传播环境特征进行有机整合后归纳出的具有共性或促使新旧媒体间构成某种联系的一系列特征。

1. 融合性

全媒体传播注重多种传播手段并行应用。全媒体环境下媒体融合是大势所趋，发展多种媒体有机结合的融合新闻，各种媒体机构发展成真正有利于媒体运作的机构组织，媒体机构寻找新定位，构建适应多媒体需求的产品平台，这一切都离不开网民的互动和参与。全媒体传播具有集成性的特征，它将传播技术、传播内容、传播形式和手段、营销方式等进行全方位的整合，从而形成一个不同的媒体载体新形式，能够实现同步性、多元渠道的信息传递，丰富受众的感官体验，增强互动性。

2. 系统性

全媒体传播的一个具体特点是全面，但面对不同的个体，全媒体传播又有着非常细致化的服务。例如，展示一个楼盘的时候，会分别用不同的媒介展示不同的方位来更好地满足顾客；顾客可以在线观看样板间的三维展示或者参与互动性的在线虚拟装修小游戏等。全媒体一定不是大而全，而是根据需求和其经济性来结合运用各种表现形式和传播渠道。全媒体之所以能够超越跨媒体，就在于它站在更经济的视域下来看待不同媒体形式的综合运用，以求实现"投入资金时间最短—传播效果途径最优—获得收益效果最大"。

3. 开放性

全媒体环境下，信息量大、传播迅速、传播过程双向互动、跨地域跨文化传播、无中心传播和传播语言变异等特点都充分说明了全媒体环境的开放性，其要实现的就是"所有人对所有人"的传播。要实现这一目标，一方面，需要更契合的表现形式和更加人性化的操作，以便更好地适应当下受众的碎片化阅读习惯，针对受众个体提供更好的服务；另一方面，需要全媒体内容更加数字化、相应的渠道更加网络化，以适应当下的生活潮流。

4. 自发性

全媒体环境下，传播主体和传播受众的角色定位进一步模糊化。伴随着媒体的发展，信息的发布者可以成为信息的反馈者，而信息的反馈者可以成为新的信息发布者，传播媒体再也不是单纯的传播媒介，而是成了信息传播的一种渠道。互联网 Web 2.0 时代的到来，从技术上推动了"全媒体"的发展，使受众能够选择自己感兴趣的内容，而不再完全依赖媒体推送的新闻。论坛、博客、微博、微信的兴起，培养了公众的主体意识，并提供了便捷的信息发布平台，使得公众也能够享有信息发布和分享的渠道，能够发出自己的声音并且使自己的声音被更多的人听到，打破了媒体对新闻信息的建构和垄断，传播者和受众的界限开始变得模糊，公众既是信息的接收者，也是信息的发布者。

5. 延展性

随着技术的发展和媒介形态的更新换代，媒体的概念被逐渐扩大，不单是指传统意义上的报社、通讯社、广播、电视等形式，还将计算机、通信等领域的内容融入其中。从争论互联网是不是第四媒体，到短短几年后探讨手机是否可以作为第五媒体，虽然至今没有定论，但网民的大幅度增加和手机的快速普及，都使得互联网和手机成为用户接收信息的重要平台，对媒体原有的标准无疑形成冲击。而笔记本电脑、平板电脑、智能手表等多种新型移动接收终端的出现，进一步改变了媒体的运作流程和信息呈现方式，在技术应用上更加模糊了媒体的标准，延伸了媒体的触及范围。

二、全媒体环境下的高校媒体载体建设

（一）全媒体环境下的高校媒体载体概述

高校的媒体载体作为向学校师生传递信息的媒体形式，与一般的社会媒体载体具有相同的特征。从媒体形式上来看，同样主动或被动地与一切社会媒体形式保持一致，与社会媒体高度融合。全媒体环境下，高校的媒体载体不断与时俱进，因其承担着校园文化建设以及师生思政教育工作等职能，从而具有较为鲜明的校园特色。除了校报、校园广播、校园电视和公告栏等传统媒体依旧发挥作用之外，高校也在不断加强全媒体建设。当前，校园网络平台建设，微博、微信等公共平台建设日益成为高校媒体载体建设的重要组成部分。校园内部传统媒体与全媒体不断融合，形成对高校思政教育工作产生深刻影响的全媒体环境，与此同时，也与社会媒体一起形成了全方位的全媒体的传播环境。

高校校园内的传统媒体较为单一，现在还在使用的主要包括公告栏、报纸、校园杂志、广播台和电视台等。校内报纸是典型的传统纸质媒体，在高校中普遍流行，是传统校园媒体最重要的部分，是非营利性质的媒体。但随着学生阅读习惯的变化，传统报纸的阅读人群正在缩小。综合来看，校园杂志也应归属为传统校园媒体的重要部分，是使用人数仅次于校园报纸的传统媒体。高校学生的课余时间相对丰富，书刊在大学生中有一定的市场。研究显示，杂志读者中女生居多，且多数女生对时尚、娱乐、生活等杂志具有较浓厚的兴趣。因此，当前较多杂志社瞄准了高校女生的阅读需求，纷纷推出相关杂志产品，这也从某种角度解释了如《读者》一类的文学性杂志阅读人数有所减少的原因。一个好的现象是，大学生对与自己专业相关杂志的使用情况明显高于其他杂志。当前高校中，随着网络全媒体的快速发展，传统的校园广播受到较大冲击，其播音范围及场所受到很大限制。校园广播的使用场所主要集中在教学楼，用于平时英语听力训练以及英语听力考试的播放。故总体来看，传统的校园广播已日趋没落，已经从过去的主要信息传播工具沦落到几乎要被淘汰的境地。

以网络为代表的全媒体则在高校校园内发展迅速。其具体表现如下：

首先，传统媒体开始向全媒体演变，即广播、报纸的网络化。以网络为代表的全媒体表现形式多样。全媒体结合文字、声音、视频和画面等，使信息传播方式更为多样化，满足了受众的个性化需求。全媒体区别于传统媒体的最大特点在于其互动性。在网络环境中，评论功能使即时反馈的流程更加顺畅，传播过程实现了由单向到双向的信息流动。目前，几乎所有的社会化报纸都实现了报纸上网的目标，网站建设也都已经初具规模，并且很多媒体都能娴熟地运用社交网络、微博，手机报等更是成为各大纸媒争抢的阵地。

其次，全媒体各个阶段的发展成果都在高校校园媒体中留下了深刻印记。一般认为Web 1.0 时代以免费浏览网页为标志，信息可以通过互联网实现"编辑—用户"单向传递；Web 2.0 概念目前尚未得到公认，但被提及较多的，一般认为以 blog、SNS、wiki、Twitter、YouTube 等为代表，是可以为用户创造交流平台的网络模式，重点体现网民的"线上互动"。互联网以快速便捷、信息量大、功能多、休闲娱乐等优势，成为使用人数最多的媒体之一。网络作为一个交流和沟通的平台，大学生可以从中获取很多资源，互联网是他们关注世界最主要的窗口。Web 1.0 的主要产品——高校的校园网，主要用于各级信息传播，对学生信息查询起着非常重要的作用，目前仍使用人数众多；而早些年在各大高校风靡一时的 BBS，作为高校校园中曾经最流行的 Web 2.0 时代的代表产物，随着时代的变迁，目前发展现状不容乐观，甚至出现了"名存实亡"的状况。

最后，后 Web 2.0 时代全媒体兴起。近年来，即时通信软件开始逐步兴起，用户终端逐步便携化（智能手机开始普及）。随着经济的发展，人们生活水平的提高，大学生使用手机已经成为普遍现象，几乎"全员配备"，甚至有的学生有多部手机。近年来兴起的"5G热"，加之智能手机日益普遍化，手机中短信、通话等传统功能逐渐淡化，手机网络的使用成为热门。时至今日，最流行、最普遍的即时通信工具当数微信，其功能不断强大，已有逐渐取代其他媒介之势。以中国农业大学为例，微信的公众号已成为凝聚学生的主要工具。其校园官方微信公众号以吸引学生为手段、以教育学生为目的，根据学生的作息习惯设置新消息推送时间，根据学生的阅读习惯设计并推送内容。近年来，微信公众号如雨后春笋般涌现，内容也比较庞杂，因此如何统一管理各类公众号，成为摆在高校思政教育工作管理者面前的重要课题。

（二）高校全媒体载体对思政教育的宏观作用

1. 全媒体载体对高校思政教育的宏观正面作用

全媒体环境下，全媒体蓬勃发展，信息不断更新、传播，使得思政教育内容更加丰富。大学生不但可以通过网站和手机端观看视频，及时获取重要新闻信息，而且可以在互联网上随时随地查阅想要查询和使用的文献、资料等，这既有利于大学生获取知识信息、完善知识结构，不断涌现的各种不同的思想观念发生碰撞，也在一定程度上培养了大学生对同一问题进行多角度思考的能力，有利于增强其知识的广度和深度。同时，全媒体环境下思政教育方式更为丰富，有利于提高高校思政教育教学和管理工作的效率。利用各种媒体，可以收集到更为丰富的教育教学素材案例，使得思政教育教学更有内容，更能被学生接受和认可。此外，传统的思政教育主要是以讨论、课堂讲授、社会实践等面对面的方式为主，有明显的时空局限性。在全媒体环境下，实现了施教者与受众的实时交流和信息反馈，思政教育不再受时空的限制，不但可以在最短的时间内将教育内容传递给受众，而且可以与学生进行各种形式的互动与交流，在彼此加深了解、增进感情的过程中，用正确的世界观、人生观和价值观影响和引导他们。

2. 全媒体载体对高校思政教育的宏观负面作用

全媒体环境的诱惑性、隐蔽性、虚拟性和难以预见性，不但会给大学生的心理和道德意识带来双重挑战，而且也会对旧有的思政教育工作模式形成冲击，在一定程度上对教育的实效性造成不利影响。全媒体容易使部分大学生习惯于用"看"和"听"的方式来对世界进行感知，而不去思考和追问其背后的本质和内涵。全媒体环境下信息丰富而多元，充斥着各种社会思潮，其中不乏一些消极的、错误的思潮及违反公序良德的不良信息，较容易被涉世未深的大学生所接受，易对他们的价值取向产生消极影响。虽然这些思潮是在虚拟环境中传播和发生的，但往往会起到"以虚带实"的不良作用。另外，随着聚集规模的不断扩大和信息技术的快速发展，各种大学生自建组织在全媒体中开始不断涌现，并逐渐成为广大学生集中活动和聚集的平台。由于大学生处在价值观形成阶段，自制力也比较低，当被这些自建组织不当引导示范或是受到不良动机鼓动时，就容易产生错误的思想甚至形成扭曲的人格，从而给社会带来意想不到的危害，不利于思政教育工作的顺利开展和大学生的身心健康发展。

（三）高校全媒体载体对思政教育的微观作用

1. 全媒体载体对高校思政教育的微观正面作用

思政教育通常以课堂教学为主，而在全媒体环境下，全媒体技术的交流方式更加灵活，可以为教学活动提供更大的空间。手机媒体、网络媒体都具有灵活性、快捷性的特点，作为新颖的高校思政教育的载体工具，能够更加便捷地发布有效信息，并在相对较短的时间内，通过文字、音频、视频等更多的形式进行信息反馈，起到促进与巩固教育的作用。这种教学模式，不仅能使学生更有效地获取教学信息，同时也促进了施教者和受教者的实时互动。通过手机、网络等全媒体载体，大学生可以不受时间、空间等条件约束，随时随地地获取所需信息和知识，从而大大提高了思政教育的时效性。

教育工作者可以通过全媒体，有效地获取学生信息，从而更有针对性地开展思政教育工作。做好大学生的思政教育工作，首先要做的就是熟悉和了解大学生，真正到学生中去。大学生是具有自身独特特性的群体，其独立意识和批判精神已经开始形成，他们不再单单是被动的受教者，同时也是拥有独立思想的自我教育者。只有深入了解当代大学生思想的成长与发展过程，才能实事求是地开展思政教育工作。全媒体的兴起和发展为高校思政教育工作创造了条件，很多大学生在遇到困难和困惑的时候，经常会选择全媒体来表达自己的观点，并希望从中得到关心和呵护。依靠全媒体有效地获取学生的求助信息，可以更有的放矢地研究高校思政教育工作中存在的问题，从而有针对性地对大学生进行引导和教育。由于全媒体创造了一个独立的空间，所有人都可以隐藏自己的信息去畅所欲言，避免了面对面交流可能带来的尴尬，从而实现了无顾虑的交流与互动。与此同时，教育工作者可以通过全媒体渠道，对大学生的言论进行管理，或利用网络聊天等方式将教育内容快速地传递给大学生，及时帮助他们解决困惑。因此，思政教育工作者可以利用全媒体进行更有针对性的教育，从而提高思政教育工作的有效性。

全媒体使得大学生的知识体系不断完善，知识面不断扩展。面对传统的教育模式，学生们接触的知识一般是有限的，学生的知识结构也是封闭式的、效用比较低下的。而在网络技术和信息化快速发展的今天，学生们可以借助网络认识大千世界，接受不同思想文化的熏陶，更好地去弥补专业知识的不足，并通过不断开阔视野，来提高自己的修养与能力。微博、微信等新型的媒体形式拓宽了大学生了解时事和新闻的渠道，使其能够随时随地地了解世界各地发生的事情，了解相关专业领域最前沿的知识，从而拓展自己的知识范围，并通过实时的交流和互动形成自己独特的看法，培养自身的自主创新能力。全媒体环境下高校思政教育的工作形式得以不断丰富，这更有利于开展针对性的教育，更能使教师准确地把握学生的心理状态，大大提高了思政工作的实施效率。全媒体也拓宽了大学生的教育平台，使教学形式更加多样，教学内容涵盖面更为广泛。例如，借助全媒体技术手段，教育教学方式更加灵活多变：通过投影仪、音频、视频等载体能够让学生更快地理解和掌握课堂知识；通过网络课堂可以活跃学生的思维，增加师生之间的互动，使课堂氛围更加平等亲和。

2.全媒体载体对高校思政教育的微观负面作用

全媒体具有虚拟化和超形象化的特点，大学生会用看、听的方式来感知世界，却放弃了追问事物的本质。而全媒体环境下信息是非常丰富的，其中也包括很多错误的、不良的社会思潮，这些思潮如果被大学生所接受，很容易对他们的价值观产生消极的影响：一方面，这些思潮在虚拟空间传播，往往会产生虚拟效果大于实际效果的影响；另一方面，全媒体的虚拟性易造成大学生的人格障碍和心理偏差。例如，微博、微信等都是以匿名的方式进行交流和互动的，极大地提高了学生的自主性和创造性，使其能畅所欲言，抒发自己的看法，形成自己的观点。但大学生的心智还不够成熟，价值观正处于形成阶段，在虚拟世界和现实世界的角色转换中易迷失方向，或者易沉迷于虚拟世界而造成现实世界的人际关系疏离，久而久之，易产生心理疾病或认知偏差而造成严重的后果。此外，网络信息的丰富多彩和网络空间的虚幻美好等，对大学生存在着较大的诱惑，一些学生甚至沉迷其中，网瘾症、网络依赖症、手机依赖症等全媒体症状成为突出问题。这些都给高校思政教育工作者增加了工作难度，带来了挑战。

三、高校全媒体载体在高校思政教育中的角色和作用

全媒体作为近年来兴起的一种传播形态，以其多平台、多落点、多形态的传播形式，全面改变了信息的生产与接收方式。作为在校大学生，全媒体的传播环境使其信息需求处于饱和状态，正确运用全媒体辨识并合理接收信息的能力亟待提高，这赋予了高校思政教育新内涵和新使命。在全媒体的作用下，当前思政教育的大环境变得越来越复杂，教师队伍的素质参差不齐，传统的思政教育已经不能满足当前的教学要求，好的思政教育平台越来越少。因此，高校的思政教育工作不能停留在原地，要不断地加以改进，要正确认识全媒体环境对思政教育工作的影响和作用，从而在既往工作的基础上进行总结、传承并不断创新，以实现大学生自我教育能力的提升。

（一）全媒体在思政教育中的功能定位

在全媒体环境下，高校思政教育和全媒体的联系更为直接。因为全传媒具有渠道多、覆盖面广和感观性强等诸多优点，在社会环境中能够渗透到社会的方方面面，从而进一步增强了高校思政教育的影响力，扩大了思政教育的覆盖面。全媒体产生之前，传统媒体主要是报刊、电视和广播等，其传播方式是单向的，这个时期主要通过课堂对大学生进行单向传播教育，通过报刊、广播和电视等由官方提出话题进而引起全社会的广泛关注和讨论，如关于真理标准问题的讨论等。21世纪互联网的普及和全媒体时代的到来，消息、观点等不再是单中心传播，而是多中心传播，信息传播呈现出几何序列级的爆炸式增长。大学生所处的校园媒介环境因全媒体的兴起而发生了明显的变化，网络文化给大学生提供了十分便利的信息交流渠道，全媒体给大众传播创造了更好的传播机会，实现了信息的即时瞬间传播。由于人人都可以成为信息源，都可以自行生产和传播信息，媒体传播内容纷繁芜杂、泥沙俱下，不良信息也会得以迅速扩散，高校思政教育效力呈现被弱化的趋势。在这种情况下，对全媒体的功能定位要有明确的认识，才能正确、有效地运用各种媒体尤其是全媒体在高校思政教育中的教育载体、舆论引导、信息推送等功能，从而掌握高校思政教育话语主导权，传递正能量，培养学生的理性思维，引导他们树立正确的世界观、人生观和价值观，培育合格的中国特色社会主义建设者和接班人。

（二）全媒体在思政教育中的角色定位

思政教育作为一种对象性的活动，从属性上来说，思政教育工作者是"客体性"主体，受教育者是"主体性"客体。思政教育工作者的"客体性"在相当程度上决定了其要尊重思政教育"主体性"客体的变化。全媒体的交互性彻底改变了传统信息传播的单向性，对高校思政教育工作的主体和客体都产生了深远的影响：大学生作为全媒体积极、忠实的使用者，呈现出与传统媒体环境下不同的特点；主客体之间的互动活动除了面对面的方式之外，还可以借助一定的媒介平台来实现；通过全媒体渠道，不但可以对大学生的言论进行管理，还可以利用网络聊天等方式将教育内容及时传递给学生；网络环境中的评论功能使

即时反馈的流程更加顺畅，可以及时地了解到学生们的需求，从而更加有针对性地帮助他们解决困惑或问题。思政教育载体的形式随着微博、微信等微平台的发展，也更加多样化和具有时代性，为高校思政教育工作创造了便利的条件，便于提高思政教育工作的有效性。但是，由于全媒体具有很强的时效性和信息的不确定性，教育工作者很难对信息一一把关，因此，在将全媒体作为工具来服务于思政教育教学活动的过程中，既要充分发挥全媒体的平台、工具等优势，也要积极采取措施，规避由于信息冗杂难辨等带来的消极影响。

（三）全媒体在思政教育中的应用趋势

1. 全媒体与日常高校思政教育工作紧密结合

传统媒体与新兴媒体的界限不断弱化，这就意味着传统媒体依然发挥着作用，不容忽视，而全媒体作为开展高校思政教育的新平台、新手段和新媒介，也要得到重视。高校思政教育的先导性、长期性和现实性，决定了发挥、利用全媒体的作用，就要深深扎根于日常高校思政教育实践的土壤。一方面，如果脱离日常高校思政教育，一味依靠、夸大全媒体的作用，高校思政教育就成了无源之水、无本之木，全媒体载体也只会是空有其表、言之无物，难以发挥作用；另一方面，如果只忙于日常高校思政教育，忽视对全媒体的把握和利用，也难以进一步提升日常高校思政教育的针对性和实效性。

2. 全媒体与高校思政教育工作创新紧密结合

全媒体为高校思政工作带来了机遇和挑战。首先，高校思政教育工作的方法应进行创新，实现工作方法人性化、具体化、多样化和时尚化；其次，高校思政教育工作的途径也应进行创新，包括通识课程途径、校园媒体途径、社会媒体途径、网络媒体途径等的创新；再次，高校要创新思政教育工作评价机制，实现线上评价与线下评价相结合的评价机制，将过程评价作为主要的评价内容，创新自我评价以及相互评价相联系的评价机制；最后，高校还要创新思政教育工作运行机制，构建学校与家庭的联系机制、学校与社会的联动机制以及高校内部的合力机制。

3. 全媒体与高校思政教育综合平台建设紧密结合

利用全媒体开展高校思政教育工作，不能单打一，要将全媒体的各种媒介加以分析比较、整合利用，建立起立体化的思政教育工作网络体系。例如：微信、QQ、微博具有较强的即时性，适合发布就业信息、事务提醒；人人网、QQ空间等网络社群具有很强的互动性，适合开展社会热点、校园事件的民主讨论；博客具有很强的鉴赏性和品读性，适合针对学生普遍关心的问题和典型案例开展分析、解读和引导等。总之，要在分析比较的基础上，各取所长，将全媒体各种媒介的积极作用最大化，形成优势互补、相辅相成的全媒体载体合力，努力打造一个全方位、多维度、纵深发展的思政教育综合平台，为高校思政教育夯实技术基础，努力实现高校思政教育科学性、规律性的进一步提升。

将全媒体应用于高校的思政教育活动是一个创新，没有现成的经验和模式可以照搬。在今后的实践中，可以着重围绕思政教育公众号建设、微博教育平台建设两方面开展探索实践。如在思政教育公众号的建设上，可以在思政教育工作者撰写推文的基础上，开展精彩推文评选活动，制作精彩推文文摘，使更多的大学生超越班级、专业和学院的限制，实现推文阅读受众群体的网状化；在微博平台教育上，可以鼓励思政教育工作者和大学生围绕重大纪念日、爱国主义教育事件等，开展原创爱校教育、爱国教育、感恩教育、诚信教育和科普宣传短文大赛等，使学生从读者变成作者，增强其主体意识和主人翁责任感和使命感。全媒体环境下开展思政工作，还要充分利用全媒体作为新型人际交往手段、快捷的政治参与渠道以及有效教育载体的功能，有计划地开展大学生网络文明教育、网络安全教育、网络法治教育和网络礼仪教育，教育大学生从"不做网虫、不做黑客、不毁信誉、不侵权和不轻信"做起，不断提升大学生的网络素养，引导其与全社会一道共同营造清朗网络空间。

第二章　全媒体环境对高校思政教育的影响分析

全媒体环境下，高校思政教育面临着前所未有的新情况和新问题：一方面，全媒体使得思政教育的社会环境、文化环境变得更加复杂，工作对象、模式、队伍受到冲击，大学生的生活、学习、心理和价值观都面临着重大影响和严峻挑战；另一方面，由于全媒体技术在信息收集、信息内容与形式、信息传播渠道等方面的重大变革，全媒体作为高校思政教育的一种新形式，对大学生的思政素质、价值取向和道德观念的形成产生了积极的影响，给高校思政教育带来了难得机遇。因此，认真研究和分析全媒体环境对高校思政教育的影响，是做好全媒体环境下高校思政教育工作的首要环节。

第一节　全媒体环境对高校思政教育环境的影响

高校思政教育环境是由社会环境、文化环境和技术环境构成的。在推进高校思政教育的过程中，社会环境起着制约作用，文化环境起着补充作用，技术环境起着支撑作用，三者都直接影响着思政教育的顺利进行。与以往相比，全媒体环境下高校思政教育的社会环境、文化环境和技术环境已经或正在发生着重大变化。

一、全媒体环境对高校思政教育社会环境的影响

全媒体技术对社会变迁的影响主要表现在两个方面：一是基于信息技术而形成的新型社会形态，亦即网络化社会；二是由互联网架构的网络空间或虚拟世界，亦称虚拟社会或赛博社会。基于全媒体的社会环境，高校思政教育主要发生了以下变化：

（一）社会空间"无屏障"

在全媒体环境下，由于媒体接近权的实现，不仅使人的感知范围和能力空前提升，更使个体的传播能力和沟通能力得到加强。人们对世界的认识不再依赖单一、单向的信息来源，往往是在多渠道中通过沟通和辨别来完成。因此，高校思政教育原有的"点对面""封闭式"的单向传播得以改变，全媒体的即时互动性不仅使信息传播"时间无屏障""资讯无屏障"，更重要的是使得社会空间"无屏障"。如今人们利用全媒体已经做到了随时随地

与人对话、交流，在有关平台公开发表自己对有关事物的意见和建议，有时还展现出更强大的舆论力量。高校思政教育工作者的作用日趋减弱，呈现出传播内容的极大开放性，受众的主体地位得到极大的彰显和提升。与此同时，全媒体给信息真伪性的甄别带来很大困难，使得大学生容易受到虚假信息及不良信息的误导，增加了高校思想教育工作的难度。

（二）社会舆论同化迹象严重

全媒体技术所带来的是传播内容全球化、意识形态全球化，但是，这种全球化并非双向的，而是单向的。在如此单向传播的社会环境下，媒体舆论的格局发生了重大变化，即中心与边缘是否对称，在海量信息特别是重大问题如国际相关事务问题面前，大学生的观点或价值取向，往往是相似的甚至是被舆论同化的，这种状况给高校思政教育带来了空前的难度。究其原因：一方面，由于大学生生活在全媒体环境之中，他们的日常生活及其学习活动处处与全媒体有关，会有意或无意地受到垄断媒介的舆论控制；另一方面，西方发达国家的既有优势控制着全媒体的资源和技术，将其触角伸向全球各个角落，试图使全球舆论传播摆脱主权国家的烙印。以美国为例，美国控制着信息与网络的基础资源，从互联网诞生至今，美国控制着 1 台主根服务器和 9 台副根服务器，而根域名服务器是架构互联网所必需的基础设施。美国拥有全球访问量最大的搜索引擎 Google、视频网站 YouTube、微信平台 Twitter 和社交空间 Facebook，美国的 Intel 垄断着全球电脑芯片，IBM 推行着"智慧地球"，Microsoft 掌控着电脑操作系统，ICANN 掌控着全球域名地址，Apple 主导着平板电脑。美国的网络空间霸权遍布国际互联网的每一个领域、每一个角落，在如此社会环境下，社会舆论被同化已成为一种必然。

（三）社会负面信息呈膨胀趋势

全媒体作为当代社会的一个开放系统，拓展了大学生获取信息的渠道，使大学生接触的信息面更宽，接触的不同观点更多，但获取的信息也会因此太多太滥，且鱼龙混杂，使得高校思政教育的环境变得更加复杂。首先是多元的大众传媒形态，超时空、数字化的虚拟世界，光怪陆离、泥沙俱下的传媒信息，对于世界观、人生观和价值观正在形成之中的青年大学生来说，难以分辨，因而不可避免地带来诸多负面影响。其次是全媒体具有与生俱来的渗透性，是一个不以人的意志为转移的客观存在。据悉，全球互联网的全部网页中使用英语的占 81%，使用其他语种的加起来不足 20%；国际互联网上访问量居前的 100个网站中，有 94 个在美国境内。这表明，以美国为首的西方发达国家凭借其资金与技术的优势，占据了互联网信息资源的绝对控制权，极其方便其进行意识形态方面的渗透。由于缺乏必要的技术手段和监控机制，社会负面信息对高校思政教育所产生的冲击也是不可避免的。

二、全媒体环境对高校思政教育文化环境的影响

（一）文化环境的变化

1. 网络语言盛行

全媒体的发展，带来了新型的思想交流方式，改变了人们的行为习惯和表达方式。网络发展催生了一种独特的话语体系——网络语言。网络语言是当今高校文化环境一个极为重要的特征。网络语言是伴随着全媒体的发展而兴起的一种有别于传统平面媒介的语言形式。它以简洁生动的表达方式，一出现就得到了大学生们的偏爱，传播极快。目前被广泛使用的网络语言，在形式上有如下几种：

（1）符号化语言

在电脑上输出文字时，习惯上会带有相关的符号语言。例如，(￣ˇ￣)（微笑的象形）；(╦╥)（哭泣的象形）；(￣ヘ￣)（撇嘴的象形）等。

（2）数字化语言

运用数字及其谐音可以更好地表达自己的想法。例如，55（呜呜的谐音，表示哭的声音）；88（拜拜，英语单词 Bye-bye 的谐音）；520（我爱你的谐音）等。

（3）字母化语言

类似于数字的运用，字母也有表情达意的功效。例如，BF（boyfriend 的缩写，即男朋友）；IC（I see 的缩写，即我知道了）；BTW（By the way 的缩写，即顺便说一句）等。

网络语言在内容上有如下表现：一是新词新意层出不穷。像网络新词酱紫（这样子）、表（不要）、杯具（悲剧）等，它们是同音替代或合音替代；一些旧词有了新的意思，可爱（可怜没人爱）、天生丽质（调侃自己或讽刺他人）。二是使用超越常规的语法。网络语言已经不再拘泥于传统的词语构成语法，各种汉字、数字、英语或简写混杂在一起，怎么方便怎么用，语序也不受限，倒装句时有出现。例如，"……先""……都""……的说"等，千奇百怪。三是口语化的表达。网络交际语言用于网上交流，在表达上更偏向口语化、通俗化、事件化和时事化。

2. 文化消费呈多维性和选择性

文化消费是一种直接影响人的精神、思想、心理、情感以及价值观、人生观的为人类所特有的社会文化现象。全媒体扩大了文化消费的内涵。随着信息产业的发展，媒体消费不单是一种文化产品载体，或者一种文化消费品，媒体消费已经融入人们的日常生活，逐步成为一种消费习惯和消费行为。当以电视为核心媒体的消费文化，利用难以计数的符号和形象流动生产出无休止的现实模拟的时候，消费者往往失去对现实的把握，人们在消费过程中逐步地迷失在"符号"的海洋里。20 世纪末至 21 世纪初，以互联网为核心媒体的信息消费，利用便捷的信息传播通道和手段将信息传播的时空差别降到最低。生活在如此文化环境中的大学生，媒体消费已成为他们日常生活中的一种基本消费，在信息的获取上

投入时间和资金已经成为一种基本的、习惯性的消费。与以往的文化消费不同，全媒体文化消费呈现出新的特点：个性化特征更加明显，受众的自主选择性能够得以更加充分的发挥；互动性加强，信息传递从单向走向双向、多向互动交流；受众参与性增强，将受众从被动的接受者变成主动的参与者；更加便捷的全媒体扭转了文化消费的时空限制，文化消费可以更多地通过全媒体随时随地地发生；异地形象可视的文化消费活动、异域文化产品资源共享、远程文化消费操控等新的行为模式，成为由新兴媒体引领的文化消费亮点。

3. 青年亚文化已成为高校文化环境的重要形态

在高校文化环境中，青年亚文化一直与主流文化相伴相生。全媒体为青年亚文化提供了成长的温床，同时也促成了一种新的文化形态，即全媒体环境下青年亚文化。这种亚文化有别于传统的表达方式，它是大学生群体在张扬个性、宣泄情绪的同时，特别显示出的一种对主流文化、精英文化的抵抗和解构。近几年来，在高校流行的网络游戏、网络文学、网络音乐和网络恶搞等，已成为高校大学生所追求的与主流文化、精英文化有偏离性差异的文化形式。

网络游戏：英文名称为 Online Game，又称"在线游戏"，简称"网游"，是指玩家必须通过互联网连接来进行的多人在线游戏。一般指由多名玩家通过计算机网络在虚拟的环境下对人物角色及场景按照一定的规则进行操作以达到娱乐和互动目的的游戏产品集合。大学生亚文化群体借助于这种游戏形式，既舒缓了压力，表达了个性，同时也使他们对现实社会的挫败感和失落感都在网络游戏过程中得到了发泄。

网络文学：是指新近产生的，以互联网为展示平台和传播媒介的，借助超文本链接和多媒体演绎等手段来表现的文学作品、类文学文本以及含有一部分文学成分的网络艺术形式。网络文学与青年亚文化存在着内在的姻亲关系。借助强大的网络媒介，网络文学具有多样性、互动性和巨大的自由性，因而成为大学生亚文化群体表达思想和情感的最便捷的工具，成为青年亚文化的一个表达空间。

网络音乐：是指音乐作品通过互联网、移动通信网等各种有线和无线方式进行传播，其主要特点是形成了数字化音乐产品的制作、传播和消费模式。网络音乐主要由两个部分组成：一是通过互联网提供的在电脑终端下载或者播放的互联网在线音乐；二是无线网络运营商通过无线增值服务提供的在手机终端播放的无线音乐，又被称为移动音乐。网络音乐既能够表现大学生亚文化群体对自我思想的表达和对社会现实的讽刺与揭露，同时也能够充分体现他们对人生、社会、爱情和生活等方面的理想与追求，因而成为大学生亚文化的一种强有力的表达方式。

网络恶搞：是一种借助全媒体，为建立集体认同感而采用符号的新风格化方式来挑战现实社会的手段。胡戈的《一个馒头引发的血案》恶搞陈凯歌的电影《无极》，把中国互联网视频恶搞带入了鼎盛时期，如今恶搞之风越刮越烈，五花八门的恶搞视频铺天盖地而来。除了视频，还有图片恶搞、声音恶搞、软件恶搞等。网络恶搞所具有的张扬个性、颠覆经典、反讽社会和解构传统的特点，已成为大学生亚文化群体抵抗主流文化的标志。

全媒体环境下青年亚文化对社会文化的发展有着独特的文化价值和社会价值。就文化价值来说，青年亚文化促成了文化传播方式的改变，使其从"单向"向"互动式"方向发展，充分体现了尊重文化自由平等的表达权利，使"个性文化"成为流行的主题，引领着社会文化朝着探寻真实的生命体验出发；就社会价值来说，青年亚文化已成为青年群体特有的生活态度和生活方式的依托，它不仅有利于从意识想象层面解决代际冲突，而且可以从虚拟空间开始逐渐影响现实的社会生活；从社会交往方式的发展来看，青年亚文化作为一种新的生活方式，它打破了传统的社会交往模式，极大地丰富了社会生活交往的内容，预示着新的社会交往模式的产生与发展。

（二）对文化环境的负面影响

1.高校思政教育失去了文化辅助

长期以来，高校思政教育一直是由主流文化、精英文化辅助的，使得思政教育工作能够得以延续。现在高校的文化环境已经发生了重大变化，在网络语言、亚文化氛围中，传统的思政教育失去文化辅助已成必然。全媒体时代高校思政教育的有效开展，离不开与之相伴的文化辅助，否则，就会使教育演变成单纯说教，失去知识性和趣味性，从而影响思政教育的效果，并难以实现社会道德的有效传递。

2.高校思政教育工作者的权威遭到挑战

在全媒体环境下，文化环境在很大程度上调整了"受教育者"与"教育者"的关系，教育者与受教育者之间的地位是平等的，教育者可以把正确的世界观、人生观、价值观有机地融入网络的各种形式当中，但是不能强迫受教育者接受某种思想观点。按照以往传统的知识传承习惯，青少年一代在成长过程中，主要是从他们的父母、老师那里获取知识和信息的，父母和老师的知识权威形象是不可动摇的。全媒体时代动摇了这一传统的知识传承习惯。随着全媒体文化技术含量急剧增加，技术文化已经超越了传统人文文化而成为社会文化存在的主要支撑，这使富有创新意识且易于接受新事物的年轻一代成为新文化的拥有者，也就是说，他们能够从父母、老师以外获取更多的知识和信息，这是他们在与父母、老师的互动中获得"反哺"能力或"话语权力"的最重要的途径。这种文化反哺现象，既是一种文化加速发展的表现，同时也是一种代与代之间道德传递发生阻碍的必然体现，由于青年一代在构建其道德观时主体性强盛而继承性不足，因而严重影响了传统道德文化的整体传承。

3.社会道德标准被游戏化了

在全媒体环境下，高校的文化环境所发生的异化现象还体现在：校园的一切事物似乎都可以被娱乐化、轻松化、戏剧化，社会道德也不例外。比如，现在一些大学生遇到亟待救助的事件时，往往抱着"事不关己，高高挂起"的消极心理，甚至有的人还会在网络上加以嘲笑，有无道德的信守似乎无关紧要；而社会倡导的"雷锋精神"和多年教育中本已接受的价值理念，更是成为一些大学生调侃的谈资。社会道德标准被游戏化，社会道德陷入价值观念尚未确立就遭受消解的窘境。面对如此的文化环境，关注和重建社会道德责任感，重塑社会公德和民众私德，使中华民族道德的优良传统薪火传承，已成为全媒体环境下高校思政教育亟须解决的问题。

三、全媒体环境对高校思政教育技术环境的影响

（一）技术环境的变化

全媒体的广泛应用，给高校思政教育的技术环境带来许多变化，并突出地反映在以下三个方面：

1. 信息传播海量化

一般来说，传统媒体信息量小、信息面向窄、信息途径相对单一，而全媒体依托高科技形成了一个覆盖面广泛、涉及领域全面的网状体系，不仅承载、传播了海量信息，而且信息更新的速度远远超过传统媒体。在全媒体环境下，只要教育者拥有电脑、手机、平板电脑等相应的全媒体终端，就可以通过互联网自由地获取大量的信息资源。一般认为，动态更新的消息、数字资源极为丰富的数据库，是全媒体传播最有价值的两种信息资源。比如，搜狐、新浪等门户网站每天 24 小时可以滚动上万条消息，可做到重大事件即时报道。又如，登录中国知网搜索，可以检索到各个领域的知识资源和研究成果。网络上海量的信息为教育者提供了极为丰富的知识资源，使教育者足不出户就可了解自己所研究领域的最新知识，也为自己获得相关材料进行备课、教学提供了方便。信息传播海量化的技术环境，使高校思政教育实现了根本性跨越和对传统思政教育环境的彻底颠覆：大学生可以凭借全媒体随时随地获取所需的知识和信息，极大地提高了思政教育信息的传播效率；高校思政教育工作者借助全媒体技术，可以通过声音、文字、图像等丰富多彩的表现形式，生动地表达思政教育内容，并在最短的时间内将思政教育信息传递给受教育者，而且不会受到制度、体制和其他烦琐程序的制约，从而增强了思政教育的及时性和辐射力，进一步拓展了思政教育空间。

2. 人际关系虚拟化

全媒体环境下，由于全媒体技术的广泛运用，现实生活中的每一个人既可以成为一个传播载体或是消息源，也可以成为一个受众，传播者和受众的角色大多是虚拟的，信息交流的双方均是用未知的符号代替，因而使得全媒体信息变得复杂多变，人际关系极具虚拟性。这种虚拟化虽然大大削弱了门户对消息的控制，但对加强高校思政教育无疑是个机遇：它有利于大学生将内心深处的孤独、苦闷、迷惘等情绪真实地倾诉出来；有利于教育双方通过微博、论坛、网络聊天等形式"毫无顾忌"地进行真实心态的交流，发表自己的意见，真正实现畅所欲言。高校思政教育工作者通过全媒体把握大学生最真实的想法，针对他们所暴露出的一些思想、学习和生活中的问题组织讨论，这样就会收到传统思政教育方式不可比拟的效果，达到疏通、引导和教育的目的。

3. 教育平台多样化

传统的高校思政教育平台主要以课堂教育为主，教育手段也比较单一。全媒体技术为高校思政教育工作者搭建了全新的平台，提供了通道上的便利。从传播路径上来说，全媒体实现了从单角度、单维度向多角度、多维度的转变；从传播内容上来说，实现了从静态、单一的形式向动态、多样的形式转变。全媒体使信息的发布和传递更加自由，信息的接受与运用更加方便，从而彻底打破了传统思政教育载体的时空、速度限制，使得信息耗散与反馈失真的弊病得到了克服。在全媒体环境下，熟练掌握全媒体技术的高校思政教育工作者，可以通过全媒体的多种技术，集文字、声音、图像和数据等为一体，形成集成性、同步性、交互性和形象性的教育新通路，使高校思政教育更加生动活泼、富于艺术性且更具亲和力。可以说，全媒体为高校思政教育创造了最佳的技术环境，不仅带来了工作场合与对象、教育方式与手段以及信息获取与传播的突破性改善，使传统的思政教育平台由单一化变为多样化和立体化，而且极大地提高了思想教育信息的传播速度，增强了高校思政工作的生动性与感染力。

（二）对技术环境的消极影响

全媒体在为高校思政教育创造良好技术环境的同时，也带来了一些消极影响，主要包括：

1. 海量化信息带来的副作用

全媒体环境下，海量化信息铺天盖地地传播，在给受众带来比以往任何时候都能更加迅速、便捷地获取信息的便利的同时，也极容易造成受众在面对海量信息时的眼花缭乱和茫然失措。尤其是对那些涉世未深的大学生而言，面对海量信息里所裹挟的腐朽思想、消极观点，往往被动接受多于主动思考，容易受到诱惑和产生盲从，以至于影响他们道德信念、价值观念的建构，与高校思政课所传授的社会主义核心价值体系产生冲突，抵消部分教学效果，稀释了思政教育的浓度。

2. 虚拟化关系带来的副作用

全媒体时代，在全媒体所营造的技术环境下，高校现有的思政教育模式受到挑战。真实世界和虚拟世界的界限变得模糊，在某种程度上造成了"虚拟时空"的存在，高校大学生往往会不知不觉地受到"虚拟时空"的影响并被动接受，容易失去理性和自我。由于人际关系虚拟化，人的身份可以变成一串字符，任何人都可以不受约束，随意使用不同的名字、性别、年龄与人交流而不会被人觉察，久而久之造成了一种疏离与隔阂，带来人与人之间关系的微妙改变。同时，由于网络上缺少现实中的道德和法律约束，极易造成人们是非观念的混淆，诱惑人们去尝试在现实世界里不敢付诸行动的"行为"。目前，高校思政教育自身改革的进展远远跟不上全媒体技术的发展步伐，在教育理念、教育政策、教育目的等方面缺乏前瞻性研究和前沿认知。

3.多样化平台带来的副作用

全媒体技术的应用，使得教育平台多样化，但同时也增加了网络管理的难度。以手机上网为例，现在高校学生是应用网络和手机上网的主要人群。近几年来，手机网络发展迅速，手机与互联网的互动更具有隐蔽性和不可预见性，对网络监管部门来说，信息溯源以及鉴别信息真实性的难度进一步加大。这大大增加了大学生思政教育舆论导向的控制难度，使得国家、社会和学校对思政教育舆论的引导难度空前加剧，舆论引导在高校思政教育中的作用被明显弱化。

第二节　全媒体环境对高校大学生的影响

全媒体在给高校思政教育环境带来影响的同时，也给高校大学生的生活、学习、心理和价值观带来了重大影响。

一、全媒体环境对大学生生活的影响

（一）生活方式的改变

在日常生活中，沉迷于 QQ、微博、网络论坛、社区空间等全媒体形态，"离得开父母和朋友，却离不开网络或手机"，已成为当代部分大学生比较普遍的现象。对全媒体的依赖，极大地减少了大学生的现实生活和与人交往的时间，使之产生了这样一种生存状态：在网络虚拟世界里，他们兴致勃勃、浪漫幽默，不停地转换角色，善于和陌生人打交道；在现实生活中，他们却沉默寡言、性格孤僻，躲避甚至害怕与他人进行感情的交流。这种虚拟的生活方式，容易导致大学生行为或思想逐渐固定化，产生讨厌生活、逃避现实、丧失自我等问题，长久下去，还会引发一系列心理疾病。

（二）人际关系的冷漠

全媒体环境下，人际关系出现了奇怪的现象：一方面，网络虚拟世界拉近了人与人之间的距离，为人际交往带来便捷；另一方面，现实生活中人与人之间的心理距离却越来越远。在当代大学生中人与人之间的感情联络、思想交流和嘘寒问暖不再是通过面对面的直接接触来体现了，而主要是由各种全媒体形式来代劳。这种生活方式，缺少了人情味和真情实感，久而久之，很容易造成人际情感弱化，进而导致人际关系的冷淡。这一现象还表现在与父母一辈的关系上，随着代际共同话题的不断减少，对问题理解的差异也越来越大，代际隔阂日甚，代际关系也发生了异化，对父母、长辈的尊重和孝敬观念也变得淡薄。此外，全媒体上的"个人空间"虽然满足了大学生个性化的心理需求，有助于提升个人自信心，但与此同时也缩小了在现实世界里与他人交往的空间，容易滋生排他心理。

二、全媒体环境对大学生学习的影响

据武汉大学青年传媒（集团）开展的全媒体技术对大学生影响力的调查，全媒体技术对大学生的学习方式方法有着良好的影响，特别是对知识积累的影响态势明显。不少学生通过运用全媒体技术来达到辅助学习的目的，比如使用电脑和网络查询资料的占 71.2% 之多，用于完成作业的占 46.2%。数据显示，有 66.5% 的大学生认为全媒体技术对他们的学习有很大或较大帮助。与没有全媒体技术相比，现在大学生们通过全媒体能够及时了解和掌握所学专业领域的最前沿的知识和信息，对深化课本知识，拓展自己的知识面，确实起到了很好的帮助作用。尤其是现在许多高校教师借助计算机或者在线的网络教学使得课堂或者学习进程变得更加生动形象，改变了传统教学中学生只能依靠书本和老师传授的学习模式，对高校的现行教学模式改革起到了积极的促进作用。

与此同时，全媒体对大学生的学习所带来的副作用也是明显的。一是全媒体知识和信息的传播往往是零散和不系统的，由于缺乏教师的专业指导，容易导致大学生对问题的认识和理解不得要领、一知半解。尤其是全媒体搜索引擎的便捷，在帮助大学生学习的同时，也容易使他们滋长惰性，养成依赖全媒体来完成作业的习惯，以致学习研究能力下降，不利于其学术功底的培养。二是大学生的世界观还处于形成期，由于其知识、经验、思维认知的局限性，他们对许多问题的认识和理解还不太成熟，面对全媒体带来的海量信息，看问题往往容易极端、片面，缺乏必要的鉴别力，这对他们思维能力和辨别能力的提高有一定的阻碍作用。三是由于缺乏必要的课堂交流与社会接触，仅仅是通过全媒体进行学习，因而既不利于大学生创新能力的提高，也不利于大学生综合素质的提升。

三、全媒体环境对大学生心理的影响

（一）对心理的积极影响

1. 有利于大学生不断丰富自身内涵

全媒体以其广阔的空间，丰富的信息资源，向大学生展示了一个全新的世界，为大学生个性的发展创造了自由的空间。它不仅满足了大学生对新生事物的好奇心，激发了他们的想象力、创造力和求知欲，而且活跃和拓展了他们的思维，促进了其心智潜能的开发。

2. 有利于促进大学生的心理健康

全媒体为大学生适时地转移、倾诉和宣泄自己的不良情绪提供了机会和场所。通过此种方式，他们可以排解被压抑的不良情绪，获得一定的心理自疗效果，让他们从日常的精神紧张状态中解脱出来，有利于促进他们的身心健康。

3. 有利于大学生更好地实现自我

全媒体传播信息的互联性和"无屏障性"，有助于大学生了解世界，形成全球性的思维。由此，全球性思维视角已不再是少数精英的专利，普通大学生也能够拥有，这有助于大学生更好地实现自我价值。

（二）对心理的消极影响

1. 容易使大学生无从选择，出现焦虑不安、精神疲惫的心理问题

全媒体所传播的信息，既海量，又多彩，往往使涉世未深的大学生目不暇接，他们的心理长时间浸泡在杂乱的信息中，其兴奋点和注意力也被信息的奇、新、异所吸引，并随着信息的飘浮不定时而兴奋、时而迷惘、时而激动、时而颓伤，情绪起伏不定、变化万千。由于大学生心理不太稳定，当他们面对太多的信息时，许多人常常会陷入无所适从、束手无策的状态；当海量信息远远超出他们个人处理和利用信息的能力时，又常常表现出无所选择、焦虑不安甚至精神疲惫的状态。这些都是出现心理问题的一种征兆。

2. 容易使大学生缺少面对面的人际交往，产生孤僻、冷漠的心理问题

"网络孤独症""人际信任危机"等症候，是当前大学生群体中高发的心理疾病。导致这种心理疾病产生的原因有以下几点：一是现在的大学生大都是独生子女，从小就生活在父母和长辈呵护、缺少与同龄人交流的环境中，他们比较自恋、我行我素，加上在学校与老师、同学的交流又不是十分顺畅，因此他们比较孤独，渴望交友，希望受到重视；二是网络给大学生带来精彩世界的同时，也让他们陷入更加封闭的虚拟环境，使得原本就缺乏人与人之间交流的状况更加恶化；三是长期生活在网络环境中，加剧了大学生对网络的依赖心理，加之许多人又把握不好"线上生活"和"线下生活"的界限，因此造成了与现实生活的沟通障碍。这种心理疾病，不仅严重影响了大学生面对面的人际交往，由此产生的信任危机更有可能会引起大学生群体在现实生活中的无所适从。这是对全媒体环境下高校思政教育工作的又一挑战。

3. 容易使大学生责任感弱化，滋生多元的自主选择的心理问题

全媒体的开放性与高度互动性，为信息的传播者和接受者构筑了一架平等的沟通桥梁，给使用全媒体的大学生提供了极大的自由度。大学生处于即将完成社会化过程的准备阶段，其自我意识日渐凸显。全媒体中信息传播的非线性使得大学生可以根据自己的需要搜索信息。但同时，也应看到全媒体所营造的虚拟世界存在着严重的弊端。一是虚拟世界的自由性，容易导致部分大学生的个人主义倾向被强化。在虚拟世界里，人们可以放纵自己，说任何话、做什么事都无人管束，甚至还可以滥用自己的权利，把全媒体作为追求个人自由和宣泄个人不良情绪的场所。这种多元的自主选择的心理问题，将会强化大学生的个人主义倾向。二是虚拟世界的隐蔽性，容易导致部分大学生责任感弱化。网络打破了国家和地域的限制，不仅如此，连同社会角色、社会阶层、性别、年龄、相貌等都成了身外之物，出现了角色认同的危机。由于虚拟世界的隐蔽性，大学生可以完全隐去真实的社会身份，而根据自己的兴趣、爱好来扮演不同的社会角色去与他人交往。这种自由性和隐蔽性，会使一些意志薄弱的大学生放纵自己的行为，忘掉自己的社会角色和社会地位，淡漠道德要求和社会责任感。

四、全媒体环境对大学生价值观的影响

全媒体就像一把"双刃剑",对大学生价值观的形成与发展既有积极有益的一面,也有消极有害的一面。

(一)对价值观的积极影响

1. 培养了"网络民主"意识

"网络民主"是全媒体环境下的产物,是政治民主化的内在要求与网络技术普及融合的结果。美国学者马克·斯劳卡最早提出了"网络民主"一词,将网络与民主联系起来加以研究,肇始了全媒体环境下对民主形式的新探讨。作为民主的一种全新形式,在网络空间里人们没有现实世界中的贵贱、尊卑、种族之分,人与人不再有身份、地位的羁绊和制度、纪律的约束,相互之间的表达机会趋向平等,每个人都享有平等的话语权,都有坚持和保留自己观点的权利。这种"网络民主"形式,不仅有利于畅通政治参与的渠道,而且也扩展了民主监督的对象和范围,创造了全新的网络监督模式。现在越来越多的大学生热衷于接受和实践"网络民主",在揭露"涉腐、涉富、涉权"三类事件中,他们积极参与、伸张正义,引发了一波又一波舆论焦点讨论和社会热议浪潮。在这一过程中,"网络民主"不仅为大学生发声提供了更多的机会和渠道,也极大地提升了他们的民主意识。

2. 增强了主体意识

全媒体既为大学生群体提供了一个开放的、自由的、虚拟的话语空间,也为其提供了个性化的表达方式。大学生在全媒体环境中有了做主人的感觉,每个人随时都可以以一种虚拟的身份用自己喜欢的方式就关注的政治事件表达自己的思想,发表自己的看法。在全媒体出现之前,人们对各种问题也会有自己的不同认识和议论,只不过那时没有可供发声的平台和渠道,让许多好的建议湮灭在萌芽状态。现在,大学生们可以通过微博、论坛、QQ、微信等工具,对自己感兴趣的各种话题发表看法,提出建议,充分表达和张扬自我。在参政议政的过程中,大学生们获得了现实生活中不容易得到的自信和满足,使其自我意识不断完善,主体意识也不断增强。

3. 强化了开放意识

全媒体拉近了人们地域之间的距离,使"地球村"变为现实。在全媒体环境下,今天人们思考的问题,已经不再仅仅囿于自己所在的地域。地球上许多问题都是相互关联的,如人口问题、资源问题、环境和生态问题等,它需要人们形成一种国际意识,树立一种全球观念,通过全人类的共同努力来加以解决。大学生是最易于接受新思想、新观念的群体,而全媒体恰恰又有助于拓展大学生的国际视野,促进他们的全球化价值观的形成。同时,借助全媒体所搭建的双向或多向交流的开放平台,大学生在了解世界文化,展示自己思想的同时,也能进一步强化自己的开放意识。

（二）对价值观的消极影响

1. 价值取向多元化

全媒体环境下，全媒体技术激发了各种文化的交流与发展，使其呈现出前所未有的活力，并以极快的速度实现了"零时间"交流和传播。在诸多文化中也不乏西方腐朽的价值观念和社会思潮等，使我国主流、传统价值观念受到不同程度的冲击和挑战。一些原来被人们普遍接受的价值观念被视为陈旧，在实践中屡屡受挫；而另一些原来难以接受的甚至是被普遍否认的价值观念却被冠以"普世价值观"而备受推崇，并开始引导人们的价值取向。就大学生而言，价值取向是他们对价值追求、评价、选择的一种倾向性态度和行为选择。但由于大学生还没有形成稳定的价值观，对一些价值观念缺乏理性的判断能力，年轻人天生的好奇心，往往牵引他们盲目追从，不明就里地加以选择，或者左右摇摆，不知所措。网络世界呈现出双重或多元价值标准并存的状况，无形中削弱了社会主义意识形态的控制力，容易造成大学生价值选择迷惘和价值取向紊乱，使得大学生价值取向多元化。

2. 道德情操滑坡

对国内外已经发现的信息犯罪案件的统计显示，目前网络中出现的"黑客行为"和"情感欺骗"等犯罪案件，犯罪年龄在 18 ~ 40 岁之间的占 80% 左右，平均年龄只有 23 岁，其中有一些是高校大学生所为，反映出部分大学生其道德情操的严重滑坡。究其原因，有现实生活中思政教育弱化的问题，也有大学生的自身修养问题，但最主要的诱发因素来自以下两个方面：首先是由于全媒体所具有的隐蔽性，极易导致一些大学生片面认为网络是个相对自由的"民主"场所，无论赞成什么还是反对什么都可以不用承担任何道德或法律责任。从客观上来说，全媒体具有数字化和虚拟化的特点，确实难以对大学生在全媒体环境中的行为或言论逐一监控。正是由于存在这种"真空"现象，同时又缺少了"他人在场"，使得一些大学生得以放纵自己，显露出人性中恶的一面，从而产生种种不道德的行为。其次由于全媒体还是一个新生事物，目前在全媒体以及虚拟空间方面的立法尚不完善，中国社会科学院课题组进行的相关调查显示，目前计算机犯罪大约只有 1% 会被发现，而且这1% 中又只有 4% 会被指控。加上现实社会的道德规范又难以约束人们在虚拟空间中的行为，故而导致青年大学生道德判断力削弱，道德行为庸俗，这已成为一个亟待解决的现实问题。

3. 价值取向自我化

全媒体为大学生群体提供了个性化的表达方式，使大学生的主体性有所增强，能动性得以发挥，自我价值得到体现，但同时也带来了消极影响：一方面，由于全媒体交互机制激发了大学生的主体意识，使大学生产生了强烈的自我表现欲望，导致他们的个体意识极度膨胀，个人主义价值取向凸显，过分追求个人的绝对自由；另一方面，由于全媒体对利益激励、竞争等一系列市场经济机制的过多宣传，导致了物质价值追求与精神价值追求之间的失衡，助长了大学生的浮躁心理，使其价值观念自我化，人生理想庸俗化，行为取向无政府化。目前，在大学生群体中，关心集体利益，关注国家前途命运的少了，而追求奢侈享乐，关注自身价值实现的却越来越多，长此以往势必会使大学生的价值取向出现重个人轻群体、重功利轻道德、重时尚轻传统、重索取轻奉献的不良倾向。

4.民族认同感弱化

全媒体的发展促进了世界各民族之间的交往和了解，不同民族的文化形态、思想观念在网络上或交融或冲突，但英语的主导地位及欧美文化在全媒体中的垄断地位，极易消解其他民族的优秀文化，模糊人们对自己民族身份的认同，并最终淡化乃至磨灭其心灵深处的民族文化烙印。中国社会科学院课题组的调查研究发现："互联网在强化了青年地球村村民意识的同时，弱化了他们的民族意识。一方面，新人类的身上本来就带有很强的国际化色彩，而互联网的使用跨越了时空的界限，增强了他们作为地球村村民的意识，这有利于他们在日益一体化的世界中生存。另一方面，与这种一体化意识相伴的是种族、民族意识的弱化，民族认同感减弱，民族身份逐渐消解，在某种意义上不利于爱国主义思想的形成。"互联网的这种不平衡发展使得我国的社会主义核心价值观受到排挤和冲击，对我国民族文化的传承构成了严重的威胁。当前，在大学生群体中不少人出现了思想上的混乱，陷入迷惘境地，还有一些人的人生观、价值观发生倾斜，盲目崇信西方民主价值观，淡化本民族文化的烙印，进而弱化对本民族的认同感，给我国当代大学生社会主义核心价值观的形成和确立蒙上了阴影。

第三节　全媒体环境对高校思政教育工作者的影响

如同全媒体环境给高校大学生的学习、生活、心理等带来影响一样，全媒体对高校思政教育工作者的影响，主要反映在工作、主导地位以及教学模式三方面。

一、全媒体环境对高校思政教育工作者工作的影响

（一）对工作的积极影响

1.为高校思政教育工作搭建了新平台

教育主客体之间相互联系沟通，是思政教育工作者实现育人目标的首要前提。在传统思政教育环境中，教育主体对客体思想状况的把握，主要是通过座谈会、个别谈话、班级骨干汇报等途径来完成，受各种条件和因素的制约，往往情况不太真实或者把握不住问题的关键点，因而难以达到理想的思政教育效果。全媒体在为大学生提供学习和交流的新工具和新平台的同时，也为思政教育工作者开通了更多地了解大学生思想状况的渠道。在虚拟世界里，大学生们可以无拘无束地敞开心扉，表达自己的喜怒哀乐，方便高校思政教育工作者全面掌握其心理状况。高校思政教育工作者可以根据大学生的各种心理需求，及时

地进行先进思想文化的传播引导和正确的世界观、人生观、价值观教育。可以说，全媒体为高校思政教育工作者搭建了更加广阔的思政教育平台。

2. 提高了高校思政教育工作的时效性

传统思政教育主要是通过思政课、传统媒体等形式来实现的，信息传播的范围、速度都是有限的。全媒体凭借全天候、全时空、全方位的优势，不仅传播速度快，而且具有极强的时效性。在全媒体环境下，人们足不出户，便可以获悉世界各地的政治、经济、文化、科技和体育等各种信息，同时也可以把自己制作的信息发布到世界的各个角落。全媒体载体深受大学生的偏爱，是他们了解世界、关注时事的主要渠道和信息承载工具。全媒体能够及时、迅速地提供大量的信息，作为高校思政教育的一种新型载体，对思政教育工作者来说，无疑也提高了他们工作的时效性，使他们能够更加便利地获取丰富的教学资源，能够突破传统教学时空限制和其他烦琐程序的制约，更加便利地传播思想文化，更加及时地开展思政引导和教育。

3. 增强了高校思政教育工作的实效性

所谓思政教育的实效性，是指实际的功效或实践的效果，表现为思政教育预期目标与结果之间的张力关系，也就是实践活动结果对于目的是否实现及其实现程度，亦即实际效果问题。具体来说，大学生思政教育实效性表现在两个方面：一是思政教育的内在效果，就是要求思政教育能够顺利地内化为大学生个体的思想道德素质，具体针对的是大学生个体的发展和人格的完善；二是思政教育的外在效果，就是要求通过思政教育提升大学生的思想道德素质，使之以良好的行为举止影响社会，营造良好的社会氛围，推动社会全面进步，具体针对的是社会的整体效果。思政教育的内在效果和外在效果，是相辅相成的，但要取得最佳效果，内化最为关键。从全媒体信息容量大、资源丰富、传播迅速、交互性强、覆盖面广和形式多元等优势来看，全媒体为促进思政教育实现内在效果提供了机遇。全媒体丰富的共享资源，为高校思政教育工作者开展工作提供了充足的资源；全媒体的快捷性，为高校思政教育工作者大规模、主动、快速地传播正确的思想、理论和政策提供了方便，避免了信息传递过程中的衰减和失真；全媒体主体的平等性，可以促进大学生主动参与对话交流，实现了教育者与学生双方的随时互动交流，使教育者和学生之间的互动更广泛、更深入；全媒体传输的超媒体性，扩大了思政教育的覆盖面，将思政教育的课堂延伸到学生学习、生活的各个场所，促进了思政教育的社会化，使思政教育的实效性得到了极大增强。

4. 强化了高校思政教育工作的渗透性

隐性教育是相对于显性教育而言的。所谓隐性教育，是指在宏观主导下通过隐蔽的、无计划的、间接的、内隐的社会活动使受教育者不知不觉地受到影响的教育过程。高校思政教育工作者在实践中常常感到，公开的、显性的思政教育，往往难以达到预期的效果；而采用隐性教育，通过"潜移默化""润物无声"的方式，更能够对受教育者的思想、观念、价值、道德、态度和情感等产生影响。全媒体所具有的隐秘性、虚拟化的特征，为高校思政教育工作者开展隐性渗透教育提供了可能。高校思政教育工作者可以借助于全媒体技术，利用微博、网络论坛、网络聊天等形式，潜移默化地对大学生进行思想教育，以取得思政教育的实际效果。

（二）对工作的消极影响

1. 全媒体传播的"无屏障性"增加了高校思政教育工作的复杂性

全媒体给高校思政教育工作带来了空前的复杂性。首先，海量信息所承载的鱼龙混杂的"资讯"快速地进入大学生的视野，对于涉世不深、阅历尚浅而又对网络具有极大依赖性的大学生而言，很容易使其黑白不分、自我迷失。要帮助大学生分清是非、走出迷茫，非一日之功，这无形中增加了思政教育工作者的工作难度。其次，全媒体传播的"无屏障性"，增加了高校对校园网管控的难度。现在网上经常出现假新闻，随意散布各种谣言、人肉个人隐私等现象更是屡禁不止。虽然监管部门也采取了各种手段加以制止，但碎片化的有害信息依然大行其道。这些不良网络信息对大学生极具诱惑力，使他们自觉或不自觉地充当起"传声筒"和"扩音器"，对不良信息的蔓延起到了推波助澜的作用。另外，全媒体传播方式的隐秘性，为引发各种病态人格和网络犯罪提供了温床。一些大学生在虚拟空间里，为所欲为，宣泄不满，随意攻击社会、学校乃至身边的人和事，从而催生"网络愤青""网络暴力"，加大了高校思政教育工作者的工作引导难度。

2. 全媒体技术的"易更新性"考验了高校思政教育工作的创新性

全媒体是高科技，技术更新快速，尤其是新的应用方式层出不穷，对高校思政教育工作者提出了创新性要求。由于高校思政教育工作者比较熟悉传统的思政教育方式方法，对全媒体的运行机制不了解，对全媒体的话语表达不适应，对全媒体的运用不熟练，在这种情况下，他们在工作中出现主导性缺失、教育效果不太理想的情况也就在所难免。但高校思政教育工作已进入全媒体时代，积极应对全媒体的新挑战，充分发挥思政教育网络传播的吸引力和导向性，是大势所趋、时代所需，作为教育者唯有及时调整心态，创新方法理念，才能更好地利用全媒体开展大学生思政教育工作。

3. 全媒体的"匿名性"对高校思政教育工作的针对性提出了更高的要求

全媒体的"匿名性"，既有利于大学生在网上敞开心扉、吐露真情，为高校思政教育工作者把握大学生的思想脉搏提供便利；同时，又由于是匿名表达思想、宣泄情绪，使思政教育工作者无法锁定特定对象，也就无法有针对性地开展思政教育工作。因此，如何使高校思政教育从内容到方式都具有更强的针对性，以适应全媒体发展的要求，已成为高校思政教育工作者亟待解决的新课题。

4. 全媒体的"无序性"增大了高校思政教育工作的难度

全媒体极大地突出了公民个体在传播中的主体地位。全媒体环境下，全媒体用户不再是单向地接收信息，而是其自身就是可以自主生产传播内容并传递信息的"全媒体"。美国皮尤中心发布的一项调查表明：有32%的美国青少年曾经有过被人在网络散布谣言，未经允许公布私人电子邮件，收到威胁性信息，未经允许上传令人难堪的照片等被欺凌和骚扰的经历。全媒体传播一定程度上的"无序性"，大大增加了现代社会的风险性，并业已成为社会风险因素的重要来源。全媒体的"无序性"，诱发了一些学生在虚拟网络中的不道德行为，对学生的身心健康造成了很大的负面影响。由于全媒体技术背景下的社会是一个难以用规范来制约的社会，这种无序性不仅增加了高校思政教育的管理难度，同时也给高校思政教育工作的开展带来了困难。

二、全媒体环境对高校思政教育工作者主导地位的影响

（一）对主导地位的积极影响

1. 有利于高校思政教育工作者掌握工作的主导性

传统的高校思政教育，从表面上看，高校思政教育工作者始终掌握着工作的主导性，但实际上由于无法真实把握大学生的思想动态和真情实感，加上思政教育的形式又比较单一，思政教育很难收到良好效果。全媒体环境下，全媒体为高校思政教育工作者掌握工作的主导性增添了助力：一是全媒体的交互性，使思政教育工作者能够掌握大学生的思想动态，及时了解他们关注的热点，这为思政教育工作者更好地发挥主导性创造了条件，尤其是对大学生中出现的倾向性问题，能够及时有效地加以引导、处理，将问题消灭在萌芽状态；二是全媒体信息资源丰富，许多新潮语言层出不穷，经过思政教育工作者的加工处理，能够很快转化为思政教育教材，成为思政教育工作者掌握话语权的重要资源；三是全媒体形态多样，有助于思政教育工作者发挥创造性，将集翔实的文字材料、优美的音乐旋律和精美的图形图像于一体的教育内容，引入大学生思政教育中，使大学生更乐于接受。

2. 有利于高校思政教育工作者增强工作的互动性

思政教育能否成为一个互动的系统，实现主客体之间的互动与交流，是思政教育取得实效的关键。传统思政教育时期，教育主体与客体之间不平等，两者之间存在对立与隔阂，不能做到互动与交流。全媒体环境下，网络的虚拟性和匿名性使得思政教育工作者不再居高临下，而是以平等的姿态与大学生互动交流，建立起一种新型的主客体关系。这种新型关系的建立，有利于营造教育者与教育对象之间的和谐环境，有利于他们和谐相处、相互尊重、互动交流，有利于尊重和维护高校思政教育工作者的主导地位，也有利于在比较宽松的全媒体环境中对大学生进行潜移默化的教育，从而增强了高校思政教育的渗透性和实效性。

3. 有利于高校思政教育工作者实现工作的高效性

长期以来，高校思政教育主要是通过课堂教学并辅以座谈、讨论、谈心和社会实践等形式来开展的。这种传统的思政教育形式，在社会日益快节奏发展的今天，越来越显得效率低下，不能适应全媒体环境下高校思政教育的需要。全媒体所展现出的快捷、灵活的优势，有助于改进高校思政教育效率低下的现状。高校思政教育工作者运用全媒体，能够使正面

的声音摆脱时空限制而迅速传播；能够及时了解社会热点新闻，使教育者及时掌握教育对象的最新思想动态，进而发现问题，解决问题；能够更为方便和快捷地发布更具个性化的信息，在最短的时间里把教育内容迅速传递给受教育者，使思想教育更直接、更深入。通过全媒体，大学生改变了在规定的时间到规定的场所接受教育的学习方式，他们可以在任何地方、任何时间获取及接受所需的知识和教育，从而实现了高校思政教育工作的高效性。

（二）对主导地位的消极影响

1. 消解了高校思政教育主导地位的权威性

全媒体环境下，全媒体为高校思政教育主客体之间平等相处搭建了平台，但同时也造成了两方面的问题。一方面，教育主体由于受到自身全媒体素质、行政事务和工作时间等的限制，面对海量信息，他们所看到的信息，大学生也会看到，他们没有来得及看到的，可能大学生已经知道了，信息的获取往往落后于教育客体。由此，高校思政教育工作者深感其主导地位的权威性正在面临着教育客体的质疑与挑战。另一方面，由于教育客体的信息接触面日益广泛，在网络所传播的各种不同观点影响下，他们对信息的理解更加多维和主动，他们不再像以往那样被动地接受教育者的灌输和安排，而是更乐于根据自身的是非观念和判断标准，选择自己认为正确的东西。在这种情况下，传统的思政教育过程中教育者的信息优势正在逐步减弱，特别是当前一线的思政教育工作者并没能深刻理解全媒体技术条件下思政教育呈现出的新特征和规律，因而很难有效地利用全媒体来开展思政教育，使得教育者在大学生思想成长过程中主导地位的权威性受到了强烈的冲击。

2. 侵扰了高校思政教育主导教育的思想性

当前，高校思政教育工作者中出现了这样两种情况：一种是有些思政教育工作者由于思想保守、观念陈旧，抵触全媒体，他们的教育方式和教育内容越来越不被大学生所接受，有的甚至被大学生评为"不受欢迎的教师"；另一种是有些思政教育工作者由对全媒体不适应转而一味迎合大学生的思想观点，更有甚者其社会主义信念发生动摇，对网上宣扬的西方资本主义的价值观念津津乐道。这两种情况都是有害的，对全媒体环境下高校思政教育的顺利开展构成了前所未有的冲击。它不仅降低了思政教育工作者在大学生心目中的权威性，而且也严重侵扰了高校思政教育主导教育的思想性。

3. 弱化了高校思政教育主导方式的有效性

传统的高校思政教育主导方式主要以课堂教学为主，辅以专题讲座、小组讨论或参观访问等面对面的交流。这种主导方式亲切、自然，使教育者能够在现场及时感受到受教育者其情绪、思想等的真实变化，充分体现思政教育的"在场有效性"。全媒体的出现弱化了这种"在场有效性"，在一定程度上改变了大学生的认知方式和自我表达方式。全媒体技术的开放性和交互性使社会对个人思想行为的制约机制发生了显著变化，增加了教育制约的难度，加上管理经验不足，各种合法或不合法、健康或不健康的信息进入大学生的视野，不少信息直接对大学生的精神世界造成了消极负面的影响。这种快速侵入、立竿见影的负面影响对主要靠长期坚持、反复灌输、潜移默化发挥作用的传统思政教育无疑是一个严峻挑战，不仅弱化了高校思政教育主导方式的"在场有效性"，而且给高校思政教育的效果带来许多不确定性。

三、全媒体环境对高校思政教育工作者教育模式的影响

（一）对教育模式的积极影响

1. 拓展了高校思政教育工作者的教育内容

传统思政教育时期，由于受到主客观条件的限制，思政教育的信息知识储备量、教育覆盖面等相对较小，影响了高校思政教育的效果。全媒体环境下，高校思政教育工作者的教育内容得到了极大拓展。这种拓展，主要反映在四个方面：一是全媒体技术超大信息量的特点，使思政教育的内容变得更加丰富而全面，同时也使思政教育工作者在实施教育时更加具有可选择性和客观性；二是全媒体的广泛运用使得全球性信息资源共享变为可能，得以解决传统思政教育的信息知识储备量小、教育覆盖面窄等问题；三是全媒体信息的快速更迭，有助于高校思政教育工作者在短时间内完成思政教育内容的收集、筛选工作，选择那些时代性强、教育意义大的思政教育内容，从而大大提高思政教育工作的时效性，体现思政教育工作的时代要求；四是全媒体技术的多样性，使原本比较枯燥、抽象的教育内容，变得立体化、动态化、超时空化，思政教育内容通过集声、色、光、画等为一体的全媒体技术演绎出来，使抽象变得形象、枯燥变得活泼，大大增加了思政教育的吸引力和实际效果。

2. 更新了高校思政教育工作者的教育方式

全媒体的广泛运用，极大地改变了传统思政工作的教育方式，它带来了四个"转向"：一是转向开放式教育。由于全媒体技术的广泛使用，改变了以往的封闭式教育方式，使得大学生接受教育的渠道变得更多元、更直接、更具体，因而转向开放式教育成为可能。二是转向启发式教育。全媒体环境下，高校思政教育已经不适合采用灌输式教育方式，故而教育方式更新为以学生为主体、教师为客体，以启发诱导的方式来引导大学生的思想进步。三是转向双向互动式教育。全媒体使得教育主客体之间真正实现了双向互动交流，教育者在进行施教的同时，自己也在接受着教育，因而从单向被动式教育向双向互动式教育转变成为可能。四是转向服务式教育。全媒体技术的运用，使得传统的以"老师说，学生做"为主的教育方式失去了其优势。由于思政教育工作者在思政教育中所起的作用更多的只是一种引导和指引，即通过引导和指引将强制性的信息灌输变为信息的选择利用和服务，从而大大提高了思想"灌输"的实效性。

3. 丰富了高校思政教育工作者的教育手段

高校思政教育工作者在实践中深深感到，与全媒体技术相比，传统思政教育的手段比较单一，效果难以彰显，越来越不适应时代发展的需求。全媒体丰富了高校思政教育工作

者的教育手段，如网络论坛、微博、QQ、微信等工具，运用在高校思政教育工作中，可以拓宽大学生思政教育的途径，并成为全媒体时代开展思政教育工作的新手段。例如，充分利用目前校园流行的"QQ群"，高校思政教育工作者可以将思想教育的内容渗透到班级"QQ群"中交流，使班级在网络中也能呈现出交互性信息活动场所的属性；又如，通过运用"网络论坛"，高校思政教育工作者可以克服课堂教学的时间限制，打破传统意义上的班级概念，借助网络论坛来传递信息、交流学习、聊天谈心，从而富有成效地推动高校思政教育工作的开展。

（二）对教育模式的消极影响

1. 全媒体的发展使高校现有的思政教育模式受到挑战

全媒体技术的迅速发展，把人们由现实世界带入虚拟世界，在这个虚拟世界中，实体的现实与创造的现实已经融合在一起，人们的认知方式也随之发生了根本性的变化。在这个大背景下，高校思政教育面临着全新的挑战。一方面，由于这种认知方式容易使大学生受到虚拟世界的左右，自觉或不自觉地受到"虚拟时空"这一存在形式的强制性影响并被动性接受，从而失去理性和自我。如何创造一种全新的教育模式，来承载全媒体环境下高校思政教育的任务，是对高校思政教育工作者的一个新考验。另一方面，对高校思政教育工作者来说，他们所依赖的原有教育制度环境已严重滞后，尤其是在教育理念、教育政策和教育目标等方面缺乏前瞻性的理论与实践研究，远远跟不上全媒体技术的发展步伐。因此，改革现有思政教育模式，以适应全媒体环境下高校思政教育的发展需要，已成为高校思政教育工作者义不容辞的职责。

2. 全媒体的发展使高校现有的思政教育引导功能受到挑战

全媒体广泛应用之前，实施社会价值整合的主渠道和载体，一直是政府主导的新闻媒体。但是，随着全媒体的崛起，新闻媒体主导社会价值传播的局面开始被打破：全媒体正在逐步成为现代社会价值传播的重要渠道。但是，全媒体开放性、匿名性、虚拟性的特点，使得全媒体自身传播的价值也是多元的，既传播先进的、正确的价值观，同时也夹杂着很多黑白颠倒的、损害社会主义核心价值观的东西，这不仅导致了大学生价值观的异变，而且无形中也加大了高校思政教育引导的难度。在高校思政教育改革的过渡时期，随着新闻媒体社会价值传播的主导地位日渐弱化，高校现有的思政教育引导功能将会受到越来越大的挑战。

3. 全媒体的发展使高校现有的思政教育内容受到挑战

高校思政教育的主体内容是思政教育工作者按照教育部制定的培养要求，通过"灌输式"和"诱导式"的方式使受教育者"被教育"。高校思政教育的内容，不仅体现了思政教育的性质，而且是完成思政教育目标与任务的重要保证。这种模式所形成的教育内容，它的最大优势是能够与教育目标始终保持一致性与趋同性，其短处是容易导致教育内容的相对静态化和平面化，尤其是忽视了学生的个性及内在需求。全媒体环境下，大学生的信息接收途径更加广泛，主流文化与非主流文化，他们都能够从全媒体上快速获取；由于受到多元文化的影响，他们追求畅所欲言的表达方式和无拘无束的言论自由，开始对被动接受既定道德规范和合乎规范性的习惯产生反叛。由此可见，随着传统媒介"把关人"理论的颠覆，全媒体以其传播快捷性、表达交互性、内容随意性、言论自由性，对当前高校思政教育的主体内容提出了新挑战。如何既能利用全媒体技术对高校思政教育内容进行创新，又能保持思政教育内容符合教育部制定的培养要求，是高校思政教育工作者必须着力研究的一个新课题。

4. 全媒体的发展使高校现有的思政教育方式方法受到挑战

所谓思政教育方法，是指进行思政教育时，在马克思主义世界观的指导下，塑造人们灵魂、丰富人们精神生活和调动人们积极性，实现培养目标的过程中所应用的各种手段、办法和程序的总和。传统的思政教育主张教育者对受教育者实施言传身教，是一种单向教育模式，学生处于被动接受的地位，缺乏互动性。这种思政教育方法的优点是针对性强、反馈及时，有利于大学生接受正面思想，实现思政教育的目标；缺点是教育的作用对象、作用次数都是有限制的，脱离了特定的环境或氛围，教育内容对受教育者的教育和感染作用难以持久。全媒体的应用，推动了高校思政教育工作方法的革新，它不仅使原有的传播方式从单向传输改变为双向互动交流，增强了思政教育的吸引力；而且还突破了教育内容发挥作用的人数、次数限制，极大地增强了思政教育的实效性。但对高校思政教育工作者来说，如何在实践中推动传统方法与新技术的结合，还处于探索阶段。从某些高校思政教育网站的冷清可以看出：对全媒体优势把握的不准确，往往造成思政教育方法的低效；同样，传统方法与新兴技术结合不当，也不可能很好地发挥全媒体的比较优势。如何主动学习并运用好全媒体技术，将传统的思想教育方法现代化，是对高校现有的思政教育方式方法提出的新挑战。

第三章　全媒体环境下高校思政教育研究

第一节　全媒体环境下高校思政教育的现状

调查表明，中国的媒介生态格局已发生了显著变化。全媒体环境下各类媒体不断融合并得到迅速发展，信息交换的速度不断加快、程度不断加深、广度不断拓宽，使高校传统思政教育主体丧失了部分信息优势，固有的教育方式方法失灵，话语权被削弱，这对高校有效开展思政教育工作提出了严峻的挑战。

一、思政教育工作难度提升

全媒体环境下，信息传播呈现出迅速便捷、信息内容碎片化、观点多元化以及高度自由和随意等特点，这给信息分辨和判断能力尚不够健全的高校学生带来了极大冲击，对他们人生观、世界观、价值观的形成和塑造造成了较大影响。我国当前正处于向信息社会过渡的加速转型期，网络空间里各种信息纷繁芜杂、良莠不齐，思想观点多元进发、激烈交锋，各种不良的社会思潮通过全媒体技术广泛传播，这些都在无形中消解了高校思政教育思想引导的功能，加之西方国家借助于全媒体平台，以更加隐蔽多样的手段推送各种信息和灌输利己主义、享乐主义等价值观，试图颠覆我国的主流意识形态和主流价值观。在这种情况下，如果不能及时地加以正确引导和教育，大学生很容易产生认知扭曲和价值偏离，甚至出现政治信仰缺失和意识形态危机。全媒体在价值导向方面影响力的不断增强无疑增加了高校思政教育的难度。

当然，全媒体环境是科学技术不断创新条件下思政教育环境演进的一个特定阶段，它在给思政教育工作带来挑战和负面影响的同时，也在很大程度上为思政教育工作的开展提供了新的条件和机遇。全媒体环境下，思政教育工作的开展变得更加多元化，较好地克服了传统媒体传播环境下思政教育方式相对单调、单向、平面化等问题，使得思政教育工作更加深入、丰富、细化，能够更加有效地解决学生的学习、思想和心理问题。但是，不可忽视的一点是，在达到提升思政教育实效这一目的的过程中，由于学生关注的内容越来越庞杂，而且对信息的价值取向呈现明显的发散性，诸如学生在网站、微信、微博等全媒体上提及的午休时间、食堂饭菜质量、洗澡堂的设施、宿舍空调安装等校园话题，都有可能在各说各话的环境下持续发酵，产生一些意想不到的影响，从而使得引导教育的内容设计等的工作量相应地不断增加。而且，全媒体环境下，由于学生使用的网络平台较多，且并不十分集中，因此很难通过全媒体全面掌握学生的思想行为动态，开展思政教育工作时在所使用的工具层面上很难形成聚焦，需要利用多种媒体去关注学生都在干些什么，工作量相应地也会增大。换句话说，若想根据不同媒体的使用情况来开展相应的思政教育工作，有针对性地形成方案，集中施力，较为费时费力。

二、思政教育工作者的媒介素养有待提升

高校思政教育工作者在大学生成长成才过程中扮演着极其重要的角色，教育主体综合素质的高低直接影响着思政教育的效果。在当今信息技术高度发展的全媒体环境下，高校思政教育工作者作为教育主体的角色定位并没有发生根本性的改变，但其主导地位有所动摇的情况却不容忽视。在传统的思政教育工作理念和教育模式下，教育者所拥有的知识、信息在质和量上都占压倒性的优势，学生们多为单向被动地接受。但在全媒体传播形态下，单一的信息传递方式被打破，传播者与受众具有平等的地位和很强的双向流动性，每个用户都是信息传播者和接收者的集合体。大学生的参与意识和话语权空前增强，他们不但积极地搜索、推送信息，还主动参与到信息创造和传播的过程之中。这种参与的过程激发了大学生的主体价值意识和自我教育意识，使之更趋向于相信自己的独立判断。大学生的思想活动和思维模式不再拘泥于传统，他们对权威不再盲从，而是服从于自己的感觉、认知和观念，从而成为思政教育体系中积极活跃的一部分，并使得思政教育者和受教育对象的相互关系发生了深刻变革。受教育者的参与度、自主性以及独立判断能力均大幅提升，严重冲击了教育者的知识垄断地位，思政教育工作者的主导性话语权逐渐被削弱，在教育者与受教育者之间的互动过程中有时甚至会出现强烈的思想碰撞和冲突。同时，全媒体平台的出现，提供给大学生前所未有的多元化信息和多样化视角，部分大学生存在阅读方式娱乐化和碎片化的现象，并以此来解读各种复杂而深刻的社会问题，传统教育所强调的思想深刻性、逻辑条理性、内容全面性被边缘化，高校思政教育工作者在高校教育中的主导作用和思政教育的权威性在无形中被削弱。

全媒体环境，意味着一个媒介化生存时代的生成，身处其中的人和事都不可能摆脱其带来的影响，乃至"人与媒"之间的关系逐渐成为这个时代中人的社会属性的组成部分。全媒体传播技术的迅速发展，使得思政教育的方法手段更加灵活多样，在客观上拓宽了思政教育的平台和途径，通过文字、图片和视频等多种方式，使得思政教育工作的内容和方式更加丰富多彩，但与此同时，对思政教育主体的媒介素养也提出了更高要求。由于全媒体载体的技术含量较高，高校思政教育工作者除了应该具备过硬的政治素养和道德品质、全面的知识结构和工作能力之外，还需要具备适应全媒体传播和发展要求的媒介素养。只有具备较高的媒介素养，才能更好地适应全媒体带来的挑战，才能担负起对全媒体信息的

解构和建构的重任，才能提高思政教育工作的实效性。

三、思政教育面临的环境变得更加复杂

思政教育环境作为思政教育工作的基本构成要素之一，具有一定的独立性，具有对教育对象的导向和感染功能，以及对教育效果的强化功能。同时，又由于它与其他要素紧密联系在一起，对教育者以及教育内容、教育方法等也都有着很大的影响。从当前的情况来看，学术界对思政教育环境的研究不够，对于全媒体环境下思政教育环境影响大学生思维方式的机理，外部网络等媒体的负面投射，微信及微博的舆论影响，"段子化"的情绪表达方式和全媒体传播实时化、移动化的传播特点和规律等，均在一定程度上缺乏深入的前瞻性研究以及有效的对策研究。

全媒体环境在给思政教育增效带来了诸多便利的同时，也使得思政教育的组织领导工作变得更加复杂。全媒体环境的一个重要特征是全媒体的能量得到了充分释放，然而对于从事思政教育的教师队伍而言，虽说教育者和受教育者这种一对多的关系依然存在，传统的近距离、面对面的工作形式也已相对成熟，但仅仅倚重传统的教育模式已经很难提升其教育效果，而他们对于全媒体的认识和利用还处于适应和探索阶段。全媒体作为一种融合媒体，在网状结构的媒介平台上，每个人既是信息的接收者和消费者，又是信息的创造者和传播者。再加上全媒体具有即时性、裂变式的传播特点，信息的接收和传播过程非常迅捷，而且以微信为代表的传播方式还具有私密性和隐蔽性，以及信息终端难以控制的特点，在一定程度上更是增加了把握学生思想动态的难度。因此，要充分研究和发挥全媒体的优势，研究网络传播规律，合理利用现代的全媒体平台，拓宽工作渠道，创新高校育人机制，突破教育过程的时间和空间限制，才能推动旧有的、封闭的工作模式向新生的、开放的工作模式转变，才能提升教育者和受教育者的互动交流实效。

第二节　全媒体为高校思政教育带来的机遇与挑战

一、全媒体为高校思政教育带来的机遇

全媒体环境下，全媒体的广泛使用给高校思政教育工作主体带来了工作理念和方式的改变，这种变化既有工作方式等客观方面的改变，也有因为思政教育客体的信息偏好以及思想行为变化而产生的主观方面的改变：能够适应，则主客体间容易出现良性互动，实现思政教育工作的有效性和高效性；不能适应则会阻滞甚至出现恶性互动，导致思政教育工作处于困顿状态。基于此，本书课题组针对首都高校思政教育工作人员展开了专项调查，以问卷形式从"个人基本情况""使用全媒体的专项调查""使用各种媒体开展思政相关工

作的综合调查"三个方面着手研究,以期能够较为全面地反映思政教育主体工作理念和方式的变化。

调查显示,当前高校中思政教育工作者从事思政教育的时间较短,大多在5年以下。这与思政教师队伍年轻化现状是一致的,也从一个侧面反映出国家重视思政教育工作,并创造机会,让更多的青年人才加入到思政教育工作的队伍中来。青年人才与大学生的年龄差别相对较小,更容易适应和应对全媒体的快速应用所带来的种种变化,并能够较快地掌握相应技术来提升思政教育工作的实效性。

高校思政教育工作者年轻化这一根本性特点,也在相当程度上影响并决定了思政教育工作中对于全媒体的多样化选择。思政教育工作中使用的全媒体大体上可以分为四类:以网络社区和论坛为代表的传统信息交流平台;以邮箱为代表的传统型信息传播工具;以微博、博客为代表的公开性较强的公共平台,具有传播广、社交浅、关系松的特点;以聊天工具为依托的私密性较强的圈子平台,如QQ、微信等。从调查情况来看,目前高校思政教育工作者登录最多的网络社区是人人网和QQ空间,使用频率最高的媒体工具有电子邮箱、微信和微博,这与思政教育工作的性质和要求密切相关。在此基础上,课题组又进一步对高校思政教育工作者使用微博、微信、人人网和QQ空间进行了专项调查,结果表明:微信的使用者最多,使用频率最高,使用者的比例高达58%,且86%的人习惯于使用手机登录微信,其他全媒体如微博、人人网、QQ等,使用者的比例相对较低。

总体来看,除电视外,传统媒体受关注的程度低于大多数基于网络发展起来的全媒体。全媒体中高校思政教育工作者使用率高的前五种类型分别是:搜索引擎、门户网站、社交网站、网络购物、政府官网/专题信息,而网络广播、网络游戏、网络文学和网络论坛等则使用率相对较低。在校园媒体方面,高校思政教育工作者关注程度高的前三种类型是:学校/学院网站、微博/微信平台、公告栏。相比于大学生在全媒体中关注程度高的前五种类型——搜索引擎、社交网站、网络购物、视频网站和门户网站,高校思政教育工作者与大学生在媒体关注偏好上有所差异。在明确这种差异的情况下,高校思政教育工作者应当主动锁定其要积极利用的教育平台,努力克服自身的惯性思维,把视点放在研究大学生注意力规律上,更多地在学生偏好使用的平台上下功夫,了解学生所关注的内容,把学生需要什么、喜欢什么、关心什么作为工作的着力点,把大学生网民在媒体中反映出来的热点、焦点和难点话题作为解疑释惑的关键点,通过多方面、分层次的正面引导,把互联网变成传递信息、学习讨论和交流思想的前沿阵地。

为进一步了解高校思政教育工作者关注信息的偏好,课题组在调查问卷中列举了十种常见的信息类型,被调研者需从中选择不多于三项的"特别关注/转发"的信息类型。结果显示,各种信息类型选项中,选择人数比例高的前三项分别是:"好友的动态"(占22%),"社会新闻类"(占25%),"观点看法"(占18%);其他如"科技、财经、文化信息""心灵鸡汤类"的选择比例相对较低,一般在7%左右。另外一项关于高校思政教育工作者上网用途方面的调查结果显示:排在前四位的分别是"了解校内外新闻资讯,追踪社会焦点的最新动态""分享个人新鲜事 / 了解亲戚、朋友、学生的最新动态""表达自己对某些事件或问题的看法""寻找与教学或工作相关的资料 / 知识",所占比例分别为31%、24%、14%、13%;其他方面的用途按所占比例由大到小依次排序,分别为"结交新朋友或与别人沟通 / 交流 / 倾诉""阅读小说 / 观看视频""购物"和"玩游戏"。这一结果与高校思政教育工作者网络全媒体关注信息偏好基本一致:高校思政教育工作者在空闲时间上网主要用以了解时事,表达观点,关注动态和查找资料等,而在情感交流及娱乐等方面的需求相对较少。这在一定程度上表明,虽然当前的思政教育工作者年龄偏向年轻化,但心智等相对大学生而言更为成熟,毕竟作为思政教育的主体,思政教育工作者是经过数年的理论培训和实践锻炼,在激烈的竞争中成长起来的,他们在理论修养、政治觉悟、道德品质等方面要强于思政教育客体。当然,也只有如此,思政教育主体才能承担起思政教育的重任,培养出符合时代发展要求的社会主义事业的建设者和接班人。

在工作方式上,一项关于思政教育工作者"使用全媒体与学生交流"的调查显示:35%的微信使用者选择"隔三差五,偶尔交流",30%的微信使用者选择"每天都交流",27%的微信使用者选择"实时在线,随时交流"。可以看出,相较于其他全媒体,如使用微博与学生"每天都交流"和"随时交流"的比例分别为24%和12.5%,使用微信与学生交流明显更加频繁。这主要得益于移动互联网技术的发展,移动终端为师生之间的随时交流提供了条件,手机微信的交流充分体现出全媒体高效便捷的特点。另一项就高校思政教育工作者朋友圈中关注对象的偏好所进行的调查显示:38%的微信使用者其朋友圈中学生的比例是10% ~ 30%,27%的微信使用者其朋友圈中学生占30% ~ 50%,还有27%的微信使用者其朋友圈中学生占50%以上;而对于其他全媒体如微博、人人网、QQ,由于使用这些媒体与学生交流相对较少,相应地,其受到关注或其朋友圈中学生比例亦偏低。例如,20%的微博使用者其学生关注比例低于10%,另有40%的微博使用者其学生关注比例是10% ~ 30%。这说明,在全媒体环境下,越来越多的高校思政教育工作者开始使用全媒体工具与学生进行交流,认为这是走进大学生"圈子",了解学生状态的重要途径。这种全媒体方式呈多样性的特点,同时表现出向移动终端发展的明显趋势。

随着全媒体的广泛运用,现实社会形形色色的信息言论借助全媒体传播,对大学生思想意识形态领域进行着潜移默化的影响和渗透,从根本上冲击和动摇了以往"以课堂为中心、以校园为中心、以书本为中心"的传统思政教育模式。全媒体不仅是工具,更是一个环境,这些变化给思政工作者带来较大的挑战,在顺应时代要求把大学生思政教育阵地向互联网阵地延伸与拓展的过程中,思政教育工作者产生了诸多的困惑,也有种种的不适应,同时还面临着工作量增加和工作难度增大的现实问题。

作为思政教育主体,必须重视优化思政教育环境,并注意发挥主导作用,以及注意发挥全媒体所具有的跨时空传播的即时性、交互性和便捷性的优势。当然,全媒体环境下做好思政教育工作,教育主体的媒介素养也非常重要,思政教育工作者不仅要具有较强的宣传手段,同时还需要具备足够的网络运用能力。比如,立足于现实,利用电子邮箱、论坛以及微博等与学生进行更为深入系统的网络虚拟社会与现实社会行为方式探讨，引导学生正确看待和分析问题；运用 QQ、微信即时回复和解答学生在学习中的疑问，开展谈心活动，以平等对话的姿态赢得大学生的信任和认同；以多媒体技术为支撑，拓展思政教育教学模式，建构以教师为主导，学生为主体的互动式、启发式、讨论式和任务驱动式的新型教学形式，满足当代大学生信息化学习的兴趣和需要，启发和调动大学生的参与意识，使其在充分占有信息资料，深入进行理性思考的基础上行使自由表达权等。

在回答"您认为学校是否有必要开设提高思政教育工作者媒介素养的相关课程"这一问题时，76%的从事高校思政教育工作的被调研者认为"有必要"，14%的被调研者认为"没必要"，余下的10%则认为"无所谓"。说明大部分思政教育工作者已经意识到，全媒体环境下做好思政教育工作不仅要了解思政教育的新特征、新规律，还需要掌握全媒体技术及其操作技巧，才能在日常的工作中利用好全媒体平台对学生进行潜移默化的引导，适时捕捉全媒体平台上的大学生思政动态，发现问题及时予以有效引导。

此外，针对全媒体环境下大学生的特点，教师要考虑如何提升和完善自身的理论水平和知识结构，以往对教师"给学生一碗水，你要有一桶水"的要求，已经无法满足学生的更高需求，教师不仅要有"一桶水"，更要有"一池水"，甚至要有带领学生去寻找"水源"的能力。另外，教师还要考虑学生的接受方式，如何把那"一碗水"倒给学生，乃至让学生心悦诚服地把"水"喝进去，这些都需要教师进一步的创新。

在关于"思政类课程授课方式"问卷调查中，高校思政教育工作者最喜欢的三种授课方式有"深入浅出，讲故事、摆道理""参与式、体验式等课堂互动""形式多样，影音资料丰富"，所占比例分别为35%、25%、21%。关于"全媒体进课堂"，高校思政教育工作者认为学生最感兴趣的方面是"平等互动的师生交流模式""种类丰富的课程参与形式"和"新颖有趣的教师授课方式"，所占比例分别为31%、30%、24%。关于"'以学生为本'的教学理念"这个多选题，调查答案显示，高校思政教育工作者对其内涵的理解包括"在充分研究、了解学生需求的基础上设计课程内容与授课方式""正面深入回答学生提出的各种问题，而不是讲高大上的空洞理论""满足学生成长的共性与长远发展需求，而非一味迎合学生个性需要"以及"师生相互尊重，多利用全媒体工具进行平等交流"，所占比例分别为28%、27%、25%、20%。对于"您身边的专业课教师是否在课堂上对学生进行思政教育"这一问题，46%的被调研者回答"有时"，20%的被调研者回答"很少"，而19%的被调研者回答"经常"。对于"当前思政课最需要改善的方面"，高校思政教育工作者认为是"授课方式"的，其所占比例为39%，另外，也有被调研者认为是"教材内容""教学水平""社会大环境"，所占比例分别为19%、18%、17%。

在全媒体环境下，上好思政课，主体要注意对客体加强接受信息的引导，充分发挥舆论宣传导向作用；要善于通俗地运用马克思主义的立场、观点和方法，理论联系实际，并借助媒介作用，采用多种形式优化教育，深化教育的内涵，增强教育的吸引力。"理性魅力"是思政教育主体非权力影响力的核心和必备"内功"。每一个思政教育工作者都要加强政治理论学习，重视全媒体在思政教育中的作用，在工作中不断总结经验，提高自身素质，以高超的"理性魅力"使客体信服，从而得到客体的认可。

二、全媒体为高校思政教育带来的挑战

全媒体环境所具有的信息流通速度快、信息容量大以及获取信息方便快捷的特点，导致除了传统意义上的思政教育主体之外，出现并存在着诸多的信息源。这些信息源发挥着不同的作用，或肯定、支持，或质疑、反对甚至阻碍思政教育工作的开展。面对全媒体环境下各种媒介终端的快速发展以及随之而来的不同声音的传播和影响，各种竞争和交锋不断增多，思政教育主体的主导性作用呈现弱化倾向。

在传统的思政教育过程中，由于知识的习得或信息的获取需要通过不断的学习或者经年累月的积累以及长久的阅历经验等，教育主体的信息获取早于被教育者，由此始终处于优势地位。然而，互联网时代的到来，逐渐淹没了教育主体的优势地位，部分教育主体不适应这种变化，甚至产生惧怕心理。教育客体不再需要依赖教育主体，而是通过掌握网络技术就可以迅速、直接地获取各种信息资源。而且，这些网络信息非常丰富，取之不尽，用之不竭，大大超过了教育主体的知识信息储备。不但如此，有很多知识信息是教育主体所不曾知晓或闻所未闻的，是其没有掌握的或不可能掌握的。网络的存在，无数倍地拓展了人们的知识信息面。面对浩瀚的知识信息海洋，如同古希腊哲学家芝诺所言的知识大圈和小圈之别一样，客体懂得的知识越多，未知部分也就越多，相应地问题也就越多，使得教育者难以应对，其信息优势迅速减弱。因而，部分教育主体在思政教育过程中经常会面临如下尴尬的情况：教育主体讲授的一些内容或许教育客体早已知道，甚至了解得更为充分和深入；客体所关注或问询的一些内容，一些网络术语或是网络话题是教育主体从未听过的；教育主体在讲授过程中若出现差错或一些理解错误，作为客体的受教育者马上可以通过网络查证予以反驳，如此等等。由于对媒体传播环境的不适应以及对知识信息的驾驭能力相对较弱，部分思政教育主体变得不自信甚至产生了悲观情绪，这种心理上不知不觉的变化，首先从主观上使得教育主体的主导性逐渐弱化。

同时，全媒体环境下的思政教育教学实践，随着信息的丰富，教育主体与教育客体的交流内容也变得异常丰富，在互动交流的过程中，教育主体如果遇到一些经验之外的问题，网络同样是其求助的一个重要途径，其同样需要从网络中获取信息，从而成为网络教育的客体或者被教育者。网络功能的日益强大也在一定程度上改变和强化了教育客体对于各种媒体终端的倚重。随着全媒体环境下互联网技术的应用和发展，人们可以使用昵称、账号、匿名转发器等多重方法进行身份隐匿，每个人都可以不用真实身份进入网络，这种匿名进入使得提供信息的网络主体颇具隐蔽性，每个人不仅是信息的接收者和消费者，还是信息的传播者和创造者。尽管思政教育主体和客体同为网络学习的客体，但后者无论是在成长环境还是在认知需求等方面，俨然是虚拟社区的主体力量和网络文化的生力军。从某些方

面说，教育客体反过来成了教育主体的教师。这也就意味着，网络空间中的施教者极有可能就是原本现实中的教育客体，角色的互换瞬间即可完成。作为教育客体的高校学生不再满足于以往"你讲我听"单向输出的传统教育教学模式，而是希望能够以平等的身份进行双向互动。网络空间交往主体的真实身份被符号所取代，教育双方的角色不再明确，还可以互换，这就使得教育客体可以冲破现实生活中身份的限制，而不再受现实约束的虚拟性容易造成受教育者道德观念弱化、道德行为失范等问题。同时，随着主体意识不断增强，部分受教育者越来越活跃，不断从各方面去审视和质疑思政教育者教育内容的正确性。在网络上，随着高校学生所扮演角色的自我意识的不断增强，他们开始发表自己的想法，彰显自我的个性和价值追求，争夺思政教育的话语权。面对如此"严酷"的现实，教育主体自身需要调整定位，转变观念，认识到教育主体不再是高高在上的具有知识经验优势的一方，而是与教育客体平等的完成教育活动的共同责任人。

此外，思政教育主体的信息管理地位明显被削弱。传统的思政教育中，高校学生作为教育客体所能获取信息的渠道比较有限，通常包括广播、电视等平台。这些平台具有一定的可控性，在相当程度上有利于实现施教者单方的意愿，从事思政教育工作的施教者们依托对信息资源和渠道的控制来审定和调整信息的发布，从而形成自身的话语优势。然而，在全媒体环境下，媒介终端不断涌现，各种信息铺天盖地，面对诸多快捷的传播手段和路径，思政教育主体已很难屏蔽或除去一些不良信息（因为一旦信息出现在网络上，马上就会有人关注并以不同的方式留存和传播，难以制止或者彻底消除），即便是采取措施也有一定的滞后性，传统信息管理的优势已一去不复返。思政教育工作所面临的信息传播环境日趋复杂。信息来源及传播的不可控，再加上传媒因信息技术进步和自身经济利益驱动产生的信息内爆效应和黄色、黑色信息污染，以及西方不良观念思潮等都会或直接或间接地影响受教育者的意识形态观念，甚至对大学生树立正确的价值观产生严重的负面效应。当代大学生适应网络时代的特点，接收信息特别快，而且意识都较为开放，可以相对自由地接收和传播任何观点与思想，其中良莠不齐的泛化主体所传播的思想也会畅通无阻地作用于高校学生的思想价值观念。而且，信息来源海量繁杂，泥沙俱下，大量真假难辨的信息围绕和包裹着大学生，由于经验阅历少，大学生还未能形成稳定成熟的世界观、人生观、价值观，不能够慧眼独具，不能够科学甄别和正确判断，容易受到不良信息或负面信息的影响，偏听偏信，产生迷茫，不知所措，甚至因错误的选择而导致极其严重的后果。

网络的交互性和开放性等特点，影响着高校学生的交际体系以及知识结构。部分高校传统思政教育内容保守固化，教育者主要从国家、社会需要的角度来强调思政教育的重要性，这本身是没有问题的，但是，如果教育教学内容无视当下经济社会现实的深刻变革，缺乏网络虚拟社会与现实社会思想教育的衔接与转化，或者教育教学内容脱离受教育者客观的生活实际和思想实际，脱离信息时代学生的世界观、人生观和价值观的培养要求，只是单纯强调传统政治理论的灌输与说教，则无助于大学生解决现实中生活、学习以及思想上的种种问题，不能够培养大学生分辨是非、理性选择的能力。如果人的价值问题及人格独立性等问题没有得到应有的关注，则容易使教学内容空洞乏味，进而使大学生对思政教育产生排斥、反感的情绪，行为上则表现为尽可能地想办法逃避思政教育，乃至借助全媒体去挖掘娱乐话题，自发地追求精神上的愉悦。这样一来，思政教育的效果就不可避免地趋于弱化。也就是说，当思政教育客体想要习得的内容，教育主体没有讲授或者讲得差强人意，又或者教育主体的传授方式过于陈旧，不能够与现实社会中的人和事结合起来时，教育客体就不喜欢听或者根本听不进去，那么尽管教育主体还在继续讲授着，但受众已是"身在曹营心在汉"的状态：看似认真听讲，实则神游四海；看似专注思考，实则心思游离。思政教育内容及课堂教学一旦偏离了受教育者的需求，脱离了它理应契合的环境，主体和客体双方互动缺乏共识，交流缺乏共同话语，客体就很难理解、接受进而内化教育者的观点或思想，"言者谆谆，听者藐藐"，必然会造成思政教育的无效或形成思政教育负向效应。再加上社会上不良思潮对大学生观念的冲击和引导，加重了受教育者对传统思政教育的反感，受教育者不但不再认可教育者知识传授的内容和方式，甚至出现消极对抗的情绪，转而更加认可乃至推崇网络上的一些内容以及相对自由平等的知识学习方式，这无疑使教育主体原先的优势话语权变成了教育教学中的劣势。

全媒体环境下，思政教育主体所面临的环境已经发生了质的变化，教育主体必须直面现实，不断地提高和充实自己，以维持自身在与教育客体交流过程中的主导地位。如果不能够正确认识当前所处的环境，转变观念并采取相应对策，势必会因为丧失自身的信息优势而削弱自身在思政教育中的权威性，使原先独有的话语权受到更大的冲击。而且，当各种信息不同程度地对大学生产生影响时，如果思政教育工作者不具备"把关"能力或者"把关"能力丧失，那么教育主体的话语权将无从谈起。因此，思政教育主体应该不断提高自身素质，积极提升教育内容、质量，改变教育方式和模式，开创踊跃争夺话语权的新局面，以切实增强高校思政教育的实际效果。

第三节　全媒体环境下大学生媒介素养研究

一、媒介素养的概念研究

媒介素养的内涵尽管在不同的历史时期、社会环境和文化情境中有着不同的表述，但关于媒介素养重要性的观点还是比较默契的。分析和利用媒介信息需要运用各种技术和能力，而与之相联系的教育实质便是引导人们怎样准确掌握与媒介的联系。

20 世纪 90 年代初期，美国的媒介素养研究机构将媒介素养定义为：媒介素养是人们遴选、归纳、总结媒介信息的能力，它还包括生成、生产媒介信息的一系列能力。周东、田春玲的观点是，媒介素养实际上是传统素养的拓展，它涵盖了人类对各种媒介所传达信息的分析能力，自然也包括利用某些信息技术来制造一些媒体信息的技能。提升大学生媒介素养的中心就是有效地推动大学生转变为可以自主、较好地利用媒体，生产媒体产品，对各种信息具有明确分辨力的高素质公民。这和提升社会文化品质以及促进社会信息发展密切相关。

综上所述，媒介素养可以分为三个有机部分：

首先，指导人们正确、有效地利用媒体，对媒体信息进行接收并梳理出其中有价值的信息。

其次，对所获取的有价值的信息进行心理层面的交流，并最终初步确定该信息的价值。

再次，把个人所获取的信息应用到实践中，以达到指导实践的目的。

这个过程就是人类从接收信息到利用信息的全过程，在整个过程的运作中，个人的道德品质逐渐得以塑造并形成。媒介素养的定义具有动态发展性。

美国学者阿特·西瓦布赖特对媒介素养进行了考察，他认为，随着大众传播媒介（如图像、电影、电台、电视和互动媒介）的大量出现，对媒介素养的定义也必须相应地予以扩展。

早期的媒介素养起步的关键就是文本语言的使用和推广，伴随着新兴媒体的诞生，媒介素养也理应从声音等形式向多媒体过渡。特别是在互联网和移动电话等全媒体的广泛应用之后，媒体经历了从只能进行简单的读写到具有丰富的媒体内容和形式的发展过程，这样一来，所有的符号就被赋予了更加形象的意义，这有助于人们参透其中的深刻含义。

全球范围内，媒介素养教育历经了多次的更迭和不同的教育方法，因此媒介素养也是一直在变化的。近年来，移动电话与网络的迅猛发展，使得媒介素养教育又有了新的研究目标。在全媒体环境下，各种媒体的互融性明显增强，媒介素养的融合精神、自由精神和参与意识也变得越来越重要了。

二、全媒体环境下大学生的媒介素养

为了了解全媒体环境下大学生的媒介素养情况，在大学生志愿者的协助下，课题组通过调查问卷的形式，在某高校学生相对集中的区域进行了调查。调查共发放问卷 300 份，回收有效问卷数量为 273 份，其回收率为 91%。该校在校生有两万余人，学科涵盖面十分广泛，学生来自全国各地，部分学科的层次达到了市重点。回收的问卷中，女生为 147 人，占总人数的 53.85%，男生为 126 人，占总人数的 46.15%；大一新生有 40 名（占 14.65%），大二学生为 65 名（占 23.81%），大三学生为 121 名（占 44.32%），大四为 35 名（占 12.82%），研究生为 12 名（占 4.40%）。调查结果具有一定的代表性。

本次调查围绕媒介接触与使用层面、媒介素养层面和校园媒介层面三个方面进行，具体调查数据及结论如下：

首先，搜集相关信息和取得精神上的放松是大学生对媒介功能的定义。调查显示，搜集相关信息和取得精神上的放松成为大学生对媒介功能的定义，持有这两种观点的人分别占到 22.34% 和 36.25%。

使用媒介功能搜集相关信息的男生和女生分别占总数的 43.7% 和 56.3%，求得精神上放松的男、女生各占 63.1%、36.9%；在这两项中，大二、大三的学生所占比例为 63.8%，大一、大四的学生，包括研究生所占比例为 36.2%。通过媒介进行辅助学习的学生占到 15.38%，进行社交的学生占到 9.89%。

其次，网络是符合大学生心理喜好的一种形式。调查表明，网络已经成为大学生最喜爱的媒介形式，利用阅读报刊来获取信息的方式有被"抛弃"的趋势。88.9% 的大学生阅读报刊的时间少于 20 分钟，而有 58.5% 的学生每天上网的时间超过 2 个小时。

再次，媒介工具广泛使用的程度与媒介搜索信息并对其进行判断的功能呈负相关。学生这个群体中约 98.17% 的人拥有至少一种媒介工具，拥有手机的学生比例最高。电脑，不论是台式机还是笔记本其拥有率也能够突破八成，而学生对传统收音机的拥有率是最低的，尚未突破 20%。然而，当对信息是否真实、是否权威这一层面进行调查时，受采访的人均存在不同程度的怀疑。调查中有超过六成的人坦言他们自己并不具备对信息是否真实、是否权威的界定能力。

同时，因为网络上的信息每天增长何止千万，学生走马观花般扫上一眼就结束了，几乎没有人会去深入思考，仅有 15.38% 的人表示当他们搜集到相关的信息时可以做到"主动思考，去伪存真"，34.5% 的学生则表示"全部接受，或者浅尝辄止"。此外，在学生思想中对媒介素养这个概念的认识还比较陌生。依据相关调查，只有 32.2% 的学生能够准确地描述"媒介素养"的内涵；50% 的学生之前可能听过"媒介素养"这个概念，但是对于它的内容以及含义尚不太清楚；另外近二成的人根本就没听说过"媒介素养"。这说明，媒介素养教育还是任重而道远的，鉴于情况比较严峻，对于媒介素养的教育势在必行。

最后，校园官方媒体受到的关注度较低，网络媒介比传统媒介更受关注和好评。调查结果表明，校报学报、学校广播站以及学校的主页，每一期或每天都会浏览或收听的学生的比例分别为 7%、8% 和 4%。校内媒体资金十分充裕，资源非常丰富，相对于其他各种媒介来说具有明显的优势，然而，它们却成了"无学生问津"的媒介，其丰富的资源以及优势根本无法被充分利用，和校园的社交网站、BBS 论坛等媒体工具相比，校园官方媒体在实际中所发挥的效用与预期效果之间的差距是非常大的。

事实上，各高校的校园网都具有非常丰富的学术方面的电子资源，共享这些资源就是为了方便学生进行专业学习以及相关的学术研究，然而却很少有人去关注或者使用。网络这种媒介在大学生的媒介接触范畴中占有极其重要的位置，约有 55.68% 和 50.55% 的学生关注 QQ 群和校园的社交网站。部分调查的结果也充分表明，校园的网络媒介以丰富、生动的内容以及富有创意的表达方式和比较强的时效性，吸引了大量的当代大学生，也同步提升了人们对网络媒介的关注度和好评率。

三、高校思政工作中加强媒介素养教育的意义

（一）抵御大众媒介产生的负面影响

大众媒介是一把"双刃剑"，它在发挥积极作用的同时，给大学生成长带来的各种消极因素和负面影响也凸显出来。主要表现在以下几个方面：

第一，大众媒介造成大学生的价值观偏离和行为失范。

第二，大众媒介使大学生的思维方式单一化，导致消极价值观念侵蚀精神家园。

第三，大众媒介对大学生的心理和社会交往产生冲击。通过应用替代物或符号，大众媒介把面对面传统人际传播转变为人与媒体的交流，这种脱离主体而存在的交流模式导致人际关系和情感的冷漠，甚至造成情感和心理错位。这不仅影响了个体在持续社会化的过程中获得新的价值取向、心理倾向和行为方式，而且容易使个体形成孤独、焦虑、忧郁等不良心态。

第四，大众媒介弱化了思政教育的效果。大众媒介的非中心化和交互性增加了控制和管理思政教育活动的难度。一方面，大众媒介为教育者和教育对象提供了平等享有信息资源的权利，这使他们在文化素质和观念上的差距逐渐缩小，教育者在思政教育中的素质优势和权威性受到挑战，导致其在大学生社会化过程中的"引导"作用和权威性失灵；另一方面，大众媒介的多维传播渠道使教育对象具有不稳定性，这不仅使思政教育中"主体—客体"固定关系弱化，而且降低了反馈信息的真实性，使教育者不易准确地把控思政教育的信息反馈和效果。

面对上述大众媒介给大学生带来的负面影响，应清醒地意识到：这种情况已给学校、社区和家庭带来了诸多隐忧。能否与大众传播媒介科学互动，关系到大学生思想道德的养成、知识的习得，关系到他们身心两方面的健康发展，甚至关系到能否为社会主义建设事业提供合格建设者和可靠接班人的问题。因此，培养和提高大学生的媒介信息判别能力，教导大学生健康使用和利用大众传媒，主动抵御大众传媒的不良影响，就成为教育工作者和传媒工作者必须共同面对和承担的重要任务。而当前首要的工作就是培养大学生的媒介素养，面向大学生开展必要的媒介素养教育。

（二）培养大学生对媒介信息真伪的判断能力

随着网络及媒体的不断发展，大众可以从多渠道接收到各种形式的媒介信息，然而这些信息无一例外都是经过媒体组织、记者及相关部门人为加工过的，其中夹杂着诸多主客观因素，大众只有对信息具备较强的判断能力，才能有效利用信息。

在市场经济的驱动下，媒体迎来了前所未有的挑战，为了求得生存与发展，不乏出现以商业和功利为目的的媒体信息。尤其是全媒体的快速发展，各种媚俗、娱乐化的媒体信息所占比重越来越大，大学生作为仍处于成长转型关键期的特殊群体，在海量的媒体信息面前很难独自做出正确判断，很容易被虚假信息迷惑，从而对其心理健康及价值观的形成

造成负面影响。

高校通过开展媒介素养教育，可以培养和提高大学生对媒介信息真伪的判断能力，从而帮助大学生快速地从大量信息中筛选出对自身成长有利的信息，摒弃那些虚假、炒作信息，并最终实现提高大学生的社会洞察力、指导大学生树立正确的人生观和价值观的目的。

（三）有利于大学生树立正确的价值标准

由于缺乏媒介素养教育，大学生无法系统了解和学习国家关于知识产权、新闻出版、信息管理等领域的法律法规，造成其对信息价值标准的衡量和判断较为模糊。针对目前网络上出现的暴力、色情、虚假信息，大学生也无法树立正确的价值意识，对网络病毒、黑客非但没有做出合理判断，反而从技术层面出发加以称赞。大学生肩负历史使命，是国家未来的希望，能否树立正确的价值标准关系到国家未来的发展和命运。随着网络信息技术的迅猛发展，信息产业面临着政治、经济及社会各个方面的挑战，加强大学生媒介素养教育，培养大学生树立正确的价值标准刻不容缓。通过媒介素养教育使大学生了解媒介的基础知识及相关政策法规，使其认识到暴力、色情、虚假信息的非法性，并从自身做起，严厉打击、排斥此类信息。开展媒介素养教育，一方面可以使大学生树立正确的价值标准，提高大学生的思想素质；另一方面可增强大学生的社会责任感，使得大学生能够积极运用媒介信息去营造健康、向上的社会风尚，在打击虚假信息的同时，创作真实、健康、有利于社会和谐发展的媒介信息，从根本上促进国家精神文明建设。

（四）控制网络成瘾症

近年来，大学生网络成瘾现象非常普遍，控制网瘾也成为高校思政教育工作的主要课题之一。在人们快节奏的工作和学习过程中，网络以其特有的优势已经成为人们必不可少的交流工具。网络媒介的传播方式与途径不同于传统媒体，要想合理利用网络，必须了解和掌握网络媒介的基础知识，否则只能被动地接受网络信息，不能有效地管理和运用网络，导致盲目上网。很多大学生都有过度痴迷于网络的倾向，部分大学生甚至因过度沉迷网络游戏而荒废学业。因此，必须大力发挥媒介素养教育的作用，使大学生系统地学习和掌握媒介信息基础理论知识，了解其传播的途径和技巧，养成理性上网的习惯，有效利用网络进行学习和交流，从而最终改善大学生过度沉迷网络，网络成瘾的局面。

（五）提升高校思政教育的有效性

近年来，随着大众媒体的不断发展，高校逐渐兴起了一种新的教育环境，通过综合运用声音、图文、色彩等方式，创造更为丰富、生动的信息，如现场采访，现场参与等。与此同时，我国"数字校园"建设已经初见成效，众多高校纷纷建立了校园网，校园网运转良好，且深受广大师生喜爱。

但是，必须认识到的是，由于大学生对媒体平台的实际应用能力并不强，这在无形中为大学生利用媒体表达自身观点和看法设置了障碍，使其无法有效接受和利用媒体信息，影响了高校通过媒体传播进行思政教育的有效性。因此，加强大学生媒介素养教育，可以使大学生掌握媒介信息的传播方法和技巧，懂得利用媒体工具正确地表达自己的思想，并能够灵活借助媒体实现自我发展，从而提升高校思政教育水平，提升高校利用各种媒介方式进行思政教育的有效性。

四、大学生媒介素养教育的主要内容和方法

（一）大学生媒介素养教育的主要内容

在当前高校开展媒介素养教育活动的过程中，尚待解决的问题还是比较多的，其中包括建立一套适合大学生文化状况、技能状况、品行状况，适合大学生对媒介渴望的能动性需求的媒介素养教育课程体系。高校媒介素养教育的课程体系教学内容主要包括学科知识、认知知识、情感知识和媒介知识。

1. 媒介素养教育的学科知识

媒介素养教育的学科知识在大学四年中应达到两个层次的目标要求。一是基础性的，以促进大学生媒介素养学习能力的养成为目标。这一目标是全体大学生必须达到的，体现为教学大纲所规定的最基本要求。这一层次的知识目标主要通过完成媒介素养计划规定的基本课程的学习来实现，其所包含的以培养媒介素养基础性学习能力为目标的课程，要用必修课程的形式来保证最基本的教育教学质量。二是发展性的，以发挥大学生的个性特长为目标。有重点地突出某一媒介的具体素养，在这一层面上重点培养大学生媒介素养的发展性和创造性学习能力，这类学科知识体现在提高性、拓展性方面。这一层次的目标需要通过修学不同的选修课程来实现。课程形式上可以有媒介素养的综合性和基础性课程，可以有媒介素养的专门性和技能性课程，可以有媒介素养专项课题的调研性和探究性课程，也可以有社会实践性的动手类课程和活动类课程。

2. 媒介素养的认知知识

媒介素养认知知识的产生是一种社会实践的结果。它建立在个人对媒介事物体验的基础之上，是一种重要的媒介生活技能和适应媒介的能力，也是媒介创造能力的重要方面，是大学生社会化的主要组成部分。其在内容上主要分为两个方面：一是自主的媒介生活技能，培养大学生对媒介生活的自主性，让他们在媒介生活中自主解决困惑和疑难。二是通过媒介认知社会、认知他人和强化人际交往的能力。大学阶段是大学生社会化的最重要的阶段，是人的社会化完成的必经阶段，更是质变阶段。在大学生完成其社会化阶段的这一进程中，除学校教育、家庭影响、人际交往起重要作用外，媒介更是对大学生产生了巨大影响，是媒介促进了他们的成长和成熟。因此，帮助大学生获得认知知识，就需要为其创造自己动手、独立生活的机会，为其提供媒介素养教育的相关条件；使大学生获得媒介素养的认知能力，就需要对其进行媒介知识与媒介技能的教育，使其参与媒介的社会实践活动，以及培养大学生之于媒介使用的自我适应能力。形式上主要有学科学习、探究性学习、社会实践、社会调查、社区服务、技能锻炼、人际交往等。

3. 媒介素养教育的情感知识

与媒介素养情感知识教育目标相对应的是心理、品德和思想等方面的课程安排。其中心理素质教育在媒介素养教育中占据着十分重要的地位。大学生在媒介活动中，其情绪的控制与爆发都会因媒介传播信息的不同而不间断地交替发生，影响着大学生的身心健康、社会实践和日常生活。媒介素养教育中的情绪控制应该列入心理学教育的范畴之中，情绪控制需要心理学方面的知识，需要个人的意志力，更需要对他人、对社会、对自己的正确认知。媒介的自我感知是大学生媒介意识形成的基础条件，它与人的价值认识密切相关。大学生在媒介活动过程中应当树立自己的理想、抱负与信念，在这种心理状态下开展媒介活动，才会促进大学生媒介情绪的正常化和稳定性，才不至于走向心理极端。思政素质是媒介素养教育的又一重要内容，主要包括政治意识、政治情感、科学世界观与方法论等方面的内容。多年来，大学生的思政教育虽然在不断地改革和强化，但离目标要求仍有差距。对大学生媒介素养中的政治意识与政治情感的教育需要掌握一定的政治常识，需要政治社会化的过程，世界观与方法论的学习更需要专门的教育。开展媒介素养情感知识教育的形式包括：一是实践性课程形式。大学生参与到社会实践中，可以是社会调查、社会支教、社会宣传，在社会实践中学习，在学习的过程中同步实现心理、品德和思想方面的多个培养目标，同时还可以实现知识、技能的提升。二是参与性课程形式。媒介素养教师必须充分认识到，大学生对媒介并不是一无所知的，在某些方面，大学生掌握的媒介知识甚至比教师还丰富。因此，媒介素养课程应当让学生参与其中，不是教师教学生，而是师生平等讨论、平等交流、平等互动，这种平等的参与式教学，可以有效地提高媒介素养课程的实效性。

4. 媒介素养教育的媒介知识

媒介知识教育是指对大学生加强媒介素养知识教学，让大学生掌握正确的媒介认知、媒介选择、媒介信息辨析和运用、媒介使用、媒介信息传播等方法。这种教育完全是一种有选择性的客观和主观教育。在媒介素养的知识教育过程中，对媒体知识，即客观性媒体知识教育和主观性接收和发布媒介信息的教育应当是一致的。关于媒介素养的知识教育，浙江传媒学院媒介素养研究所经过三年的实践研究，开发出了"沟通从媒介开始，媒介素养从认知开始""学会在看新闻中了解国家大事""流行文化和偶像崇拜""每个人都是自己生活的编剧""神奇的电视剧制作""奇妙的三维动画影视""来学说话，让自己更可爱""今夜灯光灿烂与天籁之音争相辉映""广告传播的信息，你信吗？""网络，神奇的故事""学会辨析和批评媒介了吗？"等课程。这些课程囊括了平面媒体的报纸、杂志，电子媒体的电视、广播，网络媒体的网络、手机。每门课基本上分为"是什么""容易出现什么""怎么去做"三部分，从每种媒介形态的基本概念和内涵，媒介形态可能对大学生带来的负面影响，以及在防范过程中应当注意什么等方面进行教学，基本上达到了媒介知识教育的目的。

（二）大学生媒介素养教育的主要方法

1. 开展媒介批判教育

媒介是信息集成体，也是开展高校思政工作最生动、最广阔、最现实的平台。传统的思政教育主要强调通过媒介平台传递正确的政治主张和价值观念，传递科学的生活方式等。对于媒介中的不良信息通常直接采取定性、封杀等处理方式。这些方式对新时期高校思政教育的开展起到了积极的促进作用。但是它的缺陷在于，往往只是提供了一种结论诉求，缺乏过程的生动展示和分析，而这种直接以结论诉求为主要内容的呈现方式，一旦处理不当，就容易形成僵化、教条的教育形式，被曲解归类为灌输式的教育类型，而这与新时期青年大学生的性格特点、身心接受特点存在很大的落差，影响教育效果。而媒介批判教育在高校思政教育中的引入，形成了新时期高校思政教育的全新内容体系。

媒介批判教育通过专业化的视角分析，注重过程教育，注重教育的生动性、针对性，让青年大学生在生动活泼的案例教学中陶冶身心，收到了良好的教育效果。但也有部分高校思政教育工作者认为当前青年大学生应该摒弃这种选秀炒作，并对此持全盘否定的态度。而对于一种节目形态抑或文化现象的简单否定，不仅不利于对其形成全面客观的判断，也严重弱化了高校思政教育的科学性、生动性，甚至影响高校思政教育的权威性。将媒介素养教育引入高校思政教育，便可以以专业的视角、全面客观的态度对这种新型文化现象进行分析和评价。

2. 开展媒介诚信教育

诚信是做人的根本，是人类最基本的伦理准则。然而，作为高素质群体的大学生，面对全媒体背景下错综复杂的信息传播、真真假假的信息和网络的虚拟性等，很容易出现失信行为。这些失信行为可能会出现在学习、生活、人际交往和求职择业的过程中，不仅对学生自身的未来发展不利，增加了思政教育工作的难度，还造成了许多不良的社会影响。在大学生使用媒介特别是使用网络过程中的诚信建设是网络思政教育工作的内容和目的，也是网络思政教育工作的手段和方式。

进行网络思政教育的目的就是要不断进行诚信教育，树立诚信意识，提升道德修养水平，建立以诚信为核心的网络道德规范体系。通过树立良好的媒介使用动机教育，可以避免大学生利用媒介发布一些不真实的言论和新闻，进而避免这些虚假信息在网络等媒介环境中的传播，以及其给整个高校思政教育工作带来的不良影响。通过诚信教育，可以增强大学生的道德责任感，帮助大学生树立合理的价值观念，并从根本上维护好媒介空间的正常秩序，让大学生在行使个人"自由"的基础上充分尊重其他参与者的权利。

3. 开展媒介能力教育

在全媒体环境下，媒介时刻围绕着大学生。作为新时期的大学生，不仅需要对媒介有敏锐的感知、明辨是非的精神，还要善于通过媒介汲取养分、接受教育、实现自我提升。当代大学生要学会建设性地使用媒介，熟练地运用媒介，并借此提升自我政治理论素养和道德品质，促进自身健康成长。更要通过媒介运用影响和带动身边的同学，实现高校思政工作在更广阔层面上的覆盖。广大思政教育工作者也要积极通过全媒体背景下的立体化信息平台，不断提升思政教育的实效性。比如传媒院校的戏剧表演专业的大学生，可以充分利用他们的专业优势和特色，结合建国、建党等重大节庆活动，积极排演革命历史题材的话剧等，以展现当代大学生的活力与创造性，更好地表达他们的政治情怀和价值观念，并通过实地舞台表演、校园媒体转播、网络上传等方式拓展这些节目的影响力。此外，思政课与我国社会发展联系密切，必须及时反映社会发展的新要求；而思政课教材的编写有周期限制，因而教材内容往往滞后于社会的发展，因此，必须注意在教学中不断补充新内容。全媒体就为这种补充提供了重要渠道。因为我国社会发展的许多新要求、理论的创新成果，大多会在全媒体传播中得到最快反映。在互联网上，教师可以快速查阅到大量可利用的理论资料和新鲜的案例素材，以弥补教材的不足，充实思政课的内容，提高思政课教学的吸引力和有效性，使教学内容更丰富和具有时代性。

4. 媒介素养教育课堂教学方法

媒介素养教育课堂教学，大体可分为三类。一是按照教材所呈现的内容有顺序地讲授，辅以语言、肢体动作以及板书、PPT 等。PPT 包括了丰富的文字、图片、视频和音像等资料，是高校媒介素养教育必不可少的教学工具。二是教师引导下的学生参与式教学。学生根据教师设计的教学内容，运用自己已有的文化经验，与教师共同完成教学任务。这种课堂中的参与式教学，实质上是"人们参与构建信息时，能够与信息互动，能根据自己已有的知识和经验来注释传媒信息"，中国社会科学院新闻与传播研究所研究员卜卫在论述媒介素养教育时如是说。他认为，参与式方法包括角色扮演、辩论会、情景分析、个案研究、实地采访、模拟报道、媒介监测和新闻报道评奖等，无论采用何种方法，其共同特征都是提问题以及辩论这些问题，并发展对这些问题的想法和实践。参与式教育实践者认为，这种方法更有效、更平等，更能使师生意识到媒介素养教育是以赋权为目标，以参与者的文化经验为基础的互动行为，是一种更实际、更有效的教育方法。三是跨学科的融入式教学。这种方式可以融入政治课（主要是"毛泽东思想和中国特色社会主义理论体系概论"课程），融入相关网络课程和信息课程，融入大学语文课程，融入英语课程，融入相关艺术，特别是广播电视艺术类课程。这些融入式教育的运用为高校的媒介素养教育提供了新思路。

5. 媒介素养教育课外实践教学方法

媒介素养教育课外教学，主要是参与式的培训。这类培训主要是针对不同的大学生群体，如学生干部、党员和入党积极分子、共青团员、大学生志愿者、大学生各社团活动积极分子、学校媒体人员和勤工助学大学生人员等，把媒介素养与他们从事的工作结合起来，从而更有效地提高大学生的学习兴趣，吸引更多的大学生参与到媒介素养教育中。培训内容可以是媒介与专业课融合，媒介与性别，媒介与社会活动，媒介与政党、社团，媒介与大学生中的弱势群体，大学生如何认知媒介、辨析媒介、评判媒介和使用媒介，以及诸如大学生与报纸杂志、大学生与电视广播节目、大学生与手机网络等。

这种参与式的培训，其主题可以概括为以下三个方面：

一是在大学生现有媒介知识的基础上，促进他们媒介感性知识的理性化，帮助他们把碎片化的媒介知识系统化。

二是培养大学生应对全媒体和全媒体信息的能力，使他们明了传统媒体在市场化过程中应坚守的道德底线和节目良知。

三是培训过程中形成的或讨论式、或参与式、或融入式的教育方法，可以推广到社会教育的各个方面，破解中国教育"我说你听"的"填鸭式"顽症。

开启中国教育方法的新大门，能否从高校媒介素养的参与式培训中起步呢？不可否认，这至少是个有益的探索和启示。

第四章 全媒体环境下高校思政教育的资源整合

第一节 全媒体环境下高校思政教育资源整合的基本依据

一、全媒体环境下高校思政教育资源整合的原因

全媒体技术的迅猛发展，为高校思政教育活动提供了广阔的空间，但无形之中也增加了思政教育的价值实现难度。资源整合最直接的意义就是使有限的资源最大限度地满足人们的需要，使资源利用达到最大化。在全媒体环境下，高校思政教育工作要突出资源整合意识，从资源的视角来研究和探讨资源整合对思政教育价值实现的意义。实行高校思政教育的资源整合，主要基于以下几方面原因：

（一）克服全媒体环境下高校思政教育资源自身短板的内在需求

长期以来，高校思政教育资源存在着资源短缺、资源发展不平衡以及资源发展存在差异性"三大短板"。实施资源整合，是解决高校思政教育资源自身短板的有效尝试。

1. 克服资源的短缺

当前，我国高等教育已经进入了大发展时期。大众化教育发展迅猛：一方面是大批中等职业院校升格为高等专科职业院校；另一方面是独立学院的兴起，使得高校数量激增；此外，原有高校不断扩招，促成了庞大的受教育群体。由于高校思政教育资源的增长幅度与受教育群体的增长速度不同步，许多高校的思政教育资源在短时期内变得相对短缺。因此，实行思政教育资源整合不失为解决这一需求矛盾的有效尝试，也有利于促进不同地区思政教育资源的均衡。

2. 克服资源发展的不平衡

高校思政教育资源发展的不平衡，主要表现在两个方面：一是地区性不平衡。由于经济和文化发展的不平衡，不同地区的政府和教育行政主管部门对高等教育的财政经费投入有所不同。经过多年努力，高校的思政教育学科建设取得了较大的成就。目前，全国各高校马克思主义理论与思政教育一级学科学位层次已达到齐备的程度，硕士、博士学位点几

乎遍及全国各大区域，数量多，分布广，自20世纪80年代以来培养了大批的硕士生、博士生。但目前这些研究性资源主要分布在经济较发达的东部和政治文化氛围浓厚的北部地区，雄厚的资金和文化氛围吸引了大批有理论素养和实践经验的思政教育专家、学者相继向该区域聚拢。二是领域性不平衡。在社会领域内，社会思政教育资源主要有网络、影视、新闻、媒体、书刊、博物馆、纪念馆以及各类标志性建筑物等，社区思政教育资源主要有工厂、商店、社区、文化娱乐部门和司法机关等单位和部门，这些思政教育资源内容丰富但缺乏系统性和理论指导作用。高校的思政教育资源虽然较为系统且具有很强的指导性，但缺乏生活气息和吸引力。在不增加或少增加思政教育投入的前提下，实行高校与社会、高校与高校之间的资源整合，可以最大限度地发挥现有高校思政教育资源的作用，提高教育资源的使用效率。同时还有利于高校之间的交流研讨，促进高校与社会间双向互动关系的形成，改善和巩固高校与社会间的相互合作关系，提高办学效益和教育教学质量。

3.克服资源发展的差异性

高等教育的发展类型和层次具有多样性。从院校的生源层次来看，存在着本一批、本二批和本三批院校；从院校的办学性质来看，存在着公办院校、民办院校和独立学院；从院校的办学类型来看，存在着文科类院校、理工科类院校、艺术类院校和综合性大学。各级各类院校在思政教育资源方面存在着较大的差别。现实中，各种高校思政教育资源分散在不同的地区和不同的单位，受时空的限制无法实现有效聚合。资源整合是通过一定的手段和方式，使资源在一定程度和范围内集中。在思政教育资源总量一定的情况下，实施资源整合，也是各级各类高校解决思政教育资源差异性问题的有效尝试。

（二）适应全媒体环境下高校思政教育资源新特点的现实需要

全媒体以其海量的信息、迅捷的传播速度、"多对多"的传播方式、受众范围广以及影响结果显著特点，在高校思政教育中所起的资源性作用正逐渐被认识和重视。全媒体在高校思政教育中地位和作用的显现，赋予了高校思政教育资源新的特点，实施资源整合，是适应全媒体环境下高校思政教育资源新特点的现实需要。

1.适应高校思政教育资源潜在性特点

如同其他资源一样，思政教育资源无论其存在形态、结构，还是其功能和价值，都具有潜在性，必须经过思政教育工作者这一实施主体自觉能动地加以赋值、开发和利用，才能转化成现实的思政教育资源。全媒体环境下，高校校园媒体的教育功能需要经过思政教育工作者自觉主动地开发和整合才能得以实现。

2.适应高校思政教育资源多样性特点

思政教育资源的"客观状态"具有多样性，不同地域、不同时代、不同文化背景下，可供开发和利用的思政教育资源不同。全媒体环境下，知识层面的、活动层面的以及环境与设施层面的高校思政教育资源，在概念和外延上得到了拓展。全媒体所承载的内容信息、文化、思维方式及其自身的知识传递的功能性作用，使得高校思政教育资源得到了极大的丰富，必须加以整合利用，方能有效促进高校思政教育工作。

3. 适应高校思政教育资源动态性特点

思政教育资源是一个与社会资源系统、人的主观价值系统和开发条件等动态适应的子系统，因而不同主体在不同情景下面对可能开发利用的思政教育资源是不同的。全媒体的开放、迅捷、及时和海量化信息承载量，赋予了高校思政教育资源动态的、开放的和较强情景性的特点，因而必须针对具体的时空条件和情景进行开发与利用。

4. 适应高校思政教育资源选择性特点

思政教育资源是客观社会资源经过主体筛选后具有主观性和客观性的资源，其涉及范围广泛，包括制度层面、精神层面和物质层面。全媒体在高校校园的兴盛丰富了高校思政教育的手段和途径，扩大了思政教育资源的选择性，只有不断地适应这一特点要求，才能更好地为高校提供优质的思政教育资源。

（三）加强全媒体环境下高校思政教育资源利用的必然要求

全媒体环境下，加强高校思政教育资源整合是为了合理地利用资源，使高校思政教育具有更强的针对性和实效性。如今的高校思政教育资源整合虽然取得了显著的成效，但是在整合过程中仍然存在着一些不可忽视的问题。因此，必须深化对高校思政教育资源整合的必要性的认识，深刻认识"四个必然要求"。

1. 提高高校思政教育资源使用效率的必然要求

一般来说，教育者在高校思政教育实践中遇到和直接运用的都是高校思政教育个别且具体的资源形态。但是，无论哪种资源形态都不是孤立存在的，而是与其他的资源形态相互依赖、相互支撑，有机结合在一起而形成的一个整体。在高校思政教育资源整合过程中，存在着现有高校思政教育资源的有限性和所需资源的无限性之间的客观矛盾。只有在现有的条件下，充分把握思政教育资源的属性，正确地审视和理解高校思政教育资源之间的内部关系，再进行全面合理的整合与配置，达到资源共享，才能更好地提高高校思政教育资源的使用效率。

2. 提升高校思政课实践教学资源质量的必然要求

高校思政课实践教学资源的质量，是指思政课实践教学资源作为一个系统，它的各组成要素能否满足实践教学的要求，以及各要素之间能否实现最优组合，形成合力，使之功能效益最大化。实践教学资源的质量也是影响高校思政课实践教学环节顺利实施的重要因素。全媒体环境下，高校思政课实践教学资源既有人、财、物等有形要素，又有教风、学风、校园环境和社会舆论等无形要素，这些要素之间的结构是否搭配合理，既反映了资源本身的质量，又直接影响和制约着思政课实践教学的效果。各种实践教学资源对思政课所起的作用不是一个简单的、直接的、机械的过程，而是一个有机的、综合的复杂过程。任何单个要素所起的作用都是十分有限的，只有将各种实践教学资源的力量联合起来实现资源共享，才能形成教育合力，达到资源综合利用的最佳效果，而这些只有通过对资源的充分整合才能实现。通过整合，可以将所需要的各种思政课实践教学资源按计划和要求进行调配和优化组合，使其相互联系、相互作用、相互影响，以提高资源的质量和利用效益，从而实现实践教学的既定目标。

3. 推进高校思政教育社会化的必然要求

高校思政教育社会化是指高校思政教育要适应社会发展的需要，贴近大学生的实际生活，以学校为中心，在全社会共同关心支持下，引导大学生适应社会、参与社会、服务社会，实现高校思政教育与社会教育相互渗透、相互作用的过程。高校思政教育的社会化从本质上来说就是为了促进大学生的社会化，它不仅是高校的任务，与各级部门和社会各界也有密切联系，因此，相关部门和相关群体都要关注和重视高校思政教育，特别是要树立全员育人、全过程育人和全方位育人的高校思政教育观念。全媒体的广泛运用，决定了高校思政教育资源整合方式的多样化，只有通过多样化的资源整合方式，才能达到高校思政教育资源利用率的最大化和效益的最优化，从而有力地促进高校思政教育社会化。

4. 对大学生进行立体教育和综合培养的必然要求

当前，全媒体的发展进程不断地改变着大学生的思想、学习和生活状态，拜金主义、享乐主义和个人主义等社会思潮严重冲击着大学生的思想道德观念。高校思政教育工作者必须适应时代发展的要求，以社会主义的教育方针为指导，在高校思政教育实践中，坚持学校教育、家庭教育和社会教育相结合，形成合力，并将各种校内资源和校外资源进行合理整合，充分发挥高校思政教育资源的作用，以提高高校思政教育的适应性和有效性。只有这样，才能对大学生进行立体教育和综合培养，规范大学生的思想和行为，引导其走上符合当前社会主义教育事业发展要求的道路。

二、全媒体环境下高校思政教育资源整合的可行性

（一）需求的交互性为高校思政教育资源整合打下基础

高校思政教育资源整合的指导思想在于"优势互补、相互促进"。各高校既是思政教育资源的供给者，又是需求者，这种交互作用使得资源整合成为可能。不同地区、不同类型的高校在思政教育资源方面存在着很大差别，这种差别表现为以下三种情况：一是学校之间存在着思政教育资源的差异性。在大批的研究型院校中，思政教育资源优势主要体现在理论研究和学科建设方面，不足之处是教学与思政教育的实际工作相脱节的现象较为普遍，学校培养出来的博士大多又继续从事学科建设、理论研究，极少有人投身思政教学和实践工作，理论研究优势没有转化成教育实践优势。从长远看，虽然学科建设最终会大力推进思政教育的资源建设，但是，客观上造成了大批学者很少直接面对本科生开展思政教育工作，脱离思政教育工作第一线，从而导致思政教育资源"流失"是不争的事实。近些年来，由于马克思主义理论与思政教育学科建设相脱节，尤其是与思政教育实践相脱节，造成研究型院校思政教育资源的结构性"流失"严重。而以教学型为主的大批独立学院和

高职高专院校，情况恰恰与此相反，思政教育工作者（教师、行政、辅导员）主要从事一线的思政教育工作，体验深刻，其优势在于教育观念开放、实践经验丰富以及思政教育信息资源密集，缺陷是队伍偏年轻化，缺乏理论归纳和总结能力。因此，从整体发展来看，研究型高校与教学型高校实现思政资源的优势互补，既是促进我国高校思政教育资源均衡配置的必由之路，也是各高校提高思政教育实效性、创新性的现实要求。二是部分高校存在着思政教育资源闲置浪费的状况。一些重点院校和设置有思政教育学科的文科类院校，其雄厚的师资力量和丰富的实践基地等资源并未得到充分利用，完全可以以某种方式提供给其他学校使用。三是部分高校的思政教育资源不足，存在着共享的需要。以上三种情况使得思政教育资源整合存在可行性和合理性。各种类型的高校通过资源整合实现双赢的同时，最终将促进高校思政教育整体水平的提高。

（二）有利的政策环境为高校思政教育资源整合提供保障

要实现高校思政教育资源整合，除了对资源的分布进行分析外，还必须对资源整合的支持系统进行考察。事实上，高校思政教育资源能否实现整合，以及在什么情况下能够实现整合，往往受环境条件的制约。从我国现有的支撑政策来看，教育部思政政治工作司非常重视青少年的思政教育工作，为大力支持高校做好思政教育工作，连续出台了系列相关文件，并组织了四门思政课教材的编写，以及骨干教师培训和辅导员队伍培训。各级教育部门相应开始对思政课教师全员培训，推行持证上岗制度。新中国成立以来，如此大规模的思政教育培训是第一次，这在高校的各学科领域里也是独有的优势，国家和行政主管部门的政策支持为高校思政教育资源整合提供了政策保障和便利条件。

（三）迅速发展的互联网技术为高校思政教育资源整合提供支持

20世纪90年代以来，信息网络技术得以迅猛发展，网络覆盖面越来越广。目前，校园网、互联网设施已经成为校园生活中不可缺少的重要组成部分。

迅速发展的高校互联网为高校思政教育资源整合提供了技术支持。互联网具有信息量大、信息发布快、可异地传送以及不受时间、空间限制等优点，能够在一定程度上解决高校思政教育资源相对分散的问题。高校可利用网络技术来收集思政教育的资料，通过网络来丰富思政教育资源。目前，全国绝大部分高校都建立了思政教育网络或相关的校园网。从硬件设备角度看，当前开展网上思政教育在技术上已经比较成熟，只需要配置一些多媒体计算机，开通网络就可以参与高校思政教育资源的共建共享，充分发挥各类教育资源在高校思政教育中的作用。

总之，高校思政教育资源的整合与共享不仅是必要的，而且是可行的。它的必要性会随着高校的改革发展而愈显迫切，它的可行性会随着党建工作内容和信息技术的双重推进而与日俱增。

第二节　全媒体环境下高校思政教育资源整合的理论支撑

全媒体环境下高校思政教育资源整合需要理论支撑，不仅需要哲学、经济学和教育学等基础理论和最新形势政策的支撑，还需要充分吸收其他相关学科的理论知识，并密切关注其他学科的最新理论发展。唯有如此，才能使高校思政教育资源达到最佳整合，并充分发挥资源整合后的效应，更好地推进全媒体环境下高校思政教育工作的开展。

一、哲学支撑

（一）马克思主义关于社会存在与社会意识关系的原理

马克思主义从观察社会历史现象的"现实的前提"出发，详细地论述了社会意识从产生到发展的过程及其本质。马克思和恩格斯对社会现象的变化和历史的发展与演进都做了全面的概括与分析，并从这一前提出发，详细地阐述了有关社会意识的相关问题，主要包括社会意识是如何产生、怎样发展以及它的本质是什么，且明确提出和系统阐述了"意识在任何时候都只能是被意识到了的存在，而人们的存在就是他们的现实生活过程""不是意识决定生活，而是生活决定意识"的原理。马克思和恩格斯在历史唯物主义原理中所提的社会存在决定社会意识，指的是社会存在是社会意识的根源，是第一性的，社会意识是对社会存在的反映，是第二性的，社会存在决定社会意识的发展变化。

如果要全面、正确地理解社会存在与社会意识的辩证关系，不但要认识到社会存在决定社会意识，还要特别重视社会意识能动的反作用和相对独立性。这就要求在高校思政教育实践中，不但要弄清社会存在与社会意识的关系，还必须正确理解社会意识尤其是先进意识对社会存在能动的反作用，只有这样，才能充分发挥思政教育的巨大作用，从而对高校思政教育资源整合存在的必要性和可行性有全面的认识和高度的重视。

所以，只有加强对大学生物质生活状况及其变化发展规律的研究，探寻大学生产生思想问题的物质根源，才能较为全面地掌握大学生的思想面貌以及其变化发展的趋势。在具体实践中，必须准确把握大学生的生活实际，积极争取社会中的有利力量，抵制和克服社会中的消极影响，从而提升高校思政教育资源配置的效率和水平，提高资源的利用率和使用质量，不断增强高校思政教育的针对性和实效性。这就为高校思政教育资源的有效整合提供了最基础的理论支撑。

（二）马克思主义关于人的本质的理论

马克思主义关于人的本质的论述，为科学认识大学生及其思想提供了基本的理论依据。马克思和恩格斯对前人的观点做了系统的研究和批判，去粗取精，吸取了人类思想史上最具有价值的理论成果，批判地继承了黑格尔辩证法的合理内核和费尔巴哈唯物主义的基本思想，创立了辩证唯物主义和历史唯物主义。在此基础之上，马克思和恩格斯结合自己的研究，在人类历史上第一次科学准确地阐述了人的本质。马克思在《关于费尔巴哈的提纲》中做出了对人的本质的科学论断："人的本质并不是单个人所固有的抽象物。在其现实性上，它是一切社会关系的总和。"这就是马克思主义关于人的本质问题的最经典表述，它不仅是对人的本质的科学论断，还为科学考察人的本质开辟了正确途径。

根据历史唯物主义的观点，马克思第一次提出了人的本质是由社会关系决定的理论命题，这具有开创性的意义，自此以后，人类研究人的本质具有了科学的思维方法和准确的理论基础。社会关系作为一个整体性的系统，是十分庞大而且非常复杂的。从马克思主义关于人的本质理论看，人的思想的形成与发展变化无时无刻不受到社会关系的制约，这就要求高校思政教育必须建立在社会关系充分发展的基础之上。

以上的论证成为高校思政教育资源配置的重要理论依据，为高校思政教育资源整合确定了科学合理的目标。这也要求在高校思政教育资源整合的过程中应该认识到以下几个问题：首先，高校思政教育的主体是人，并存在于一定的社会关系之中，思政教育资源是被人所利用的，也一定是蕴含在一切社会关系的总和之中的；其次，大学生的思想以及高校思政教育资源都应该具有一定的特点和差异，要对其作出准确的把握和判断，只有将其放在大学生所处的特定的社会关系中去理解才有意义；最后，大学生思想和高校思政教育资源的发展变化，必定与大学生所处的各种社会关系的发展变化紧密相关。只有这样，才能充分把握和利用高校思政教育资源，用以增强高校思政教育的社会性和适应性。

二、经济学支撑

（一）供需均衡理论

习近平在党的十九大报告中指出，我国经济已由高速增长阶段转向高质量发展阶段。这就要求人们在具体实践中必须把握好三个坚持：坚持质量效益导向、坚持创新驱动发展、坚持全面深化改革。

供需均衡是一个经济学术语，它涉及两个概念（供给和需求）和一种状态（"供给—需求"状态）。经济学中的产品生产是指厂商的行为，产品需求是指消费者的意愿行为。供需均衡理论，指的就是生产者提供的产品只有符合消费者的需求，市场的供求才会达到均衡。如果供给与需求不匹配，即供给者提供的不是消费者所需要的，那么，一方面生产者浪费了为生产其产品所耗费的人力、物力和财力；另一方面，消费者的需求得不到很好的满足。所以，消费者所具有的现实的和潜在的消费需求，应该成为生产者在生产过程中的目标基础，只有这样，才能生产出满足广大顾客需求的优质产品，否则，生产者的生产就具有了盲目性，生产和消费的供需平衡就不能圆满实现。

高校思政教育资源作为一种特殊的商品，其生产者为"教育者"，即高校思政教育相关部门、教师和职工；需求者为高校大学生。作为高校思政教育重要载体的思政教育资源在教育者和大学生之间存在着"供给—需求"关系，按照市场规则，如何配置资源、组织生产都取决于消费者的消费需求。

在高校思政教育过程中，大学生的需求状况是分析、决策过程需要参考的一个最重要的因素。全媒体环境下高校思政教育资源整合必须与大学生的学习、生活和思想实际紧密结合起来，从人本理念出发，切实做到想大学生之所想、急大学生之所急，只有这样才能扭转传统思政教育过程中教育内容"入耳不入心"的被动局面，从而充分发挥高校思政教育的巨大效用，并为高校和谐发展提供强有力的思想文化基础。

在经济生活中，需求和供给是相互独立而又相互依存的，一方面需求带动供给，另一方面供给也创造需求。然而，在高校思政教育中强调供求一致，并不是说要完全按照大学生的需要来提供思政教育资源，不是他们需要什么就生产什么，而是要对大学生的需求进行正面引导和层次提升，使思政教育产品的生产不仅遵循供求规律，而且符合高校思政教育的切实需要。因此，提供给大学生的思政教育资源首先是能够符合大学生实际需求的，但也绝不是对学生的任何需求都无原则地随意迎合，而是要将大学生的个人需求与高校和社会的整体需求进行统一，从而最大限度地满足其个人需求。对于那些不符合高校和社会目标的思政教育资源，应当加以引导和纠正。

（二）成本效益分析理论

成本效益分析是一种通过比较项目的全部成本和效益来评估项目价值的方法，是一种经济决策方法，是将成本费用分析法运用于政府部门的计划决策之中，以寻求在投资决策上达到以最小的成本获得最大的效益。需要量化社会效益的公共事业项目价值就经常用这种分析方法来评估。

19世纪法国著名的经济学家朱乐斯·帕帕特在其著作中首次提出了"成本—效益"分析方法的概念，并将其定义为"社会的改良"。随后，越来越多的专家和学者开始关注这一理论，并逐步将其应用于社会生活中，甚至开始渗透到政府活动中。随着现代社会经济的迅速发展，政府的职能逐渐多元化，政府投资项目也开始逐渐增多，在政府的实践应用和积极推动下，这一理论在经济运行过程中的作用也愈发显现。这促使广大民众也开始更加关注投资，重视投资项目支出的经济和社会效益。在此基础上，成本效益分析理论在实践方面也得到了迅速发展，现如今这种能够比较成本与效益关系的分析方法已经被世界各国广泛采用并运用于各个领域。例如，成本效益分析法运用在高校思政教育领域，这时成本包括思政教育的实际成本和机会成本：实际成本也叫直接成本，指的是以货币支出的教育资源价值；机会成本也叫间接成本，指的是因资源用于教育所造成的价值损失，也就是说，如果资源不用于高校思政教育，而用在其他方面可能获得的最大的收益。

效益是检验高校思政教育资源整合水平的唯一标准。从本质上讲，高校思政教育工作的效益是一种精神效益，是人的世界观、人生观、价值观以及知识量、信息量等主观世界的某些积极变化。各类高校思政教育资源在形式上有很大的差异性，在作用上也有很强的替代性，因此，必须结合高校思政教育实际确定使用哪种资源、使用多少以及选择使用的时机和场合，这就是全媒体环境下高校思政教育资源整合所需要解决的重要问题，它直接关系到高校思政教育的效果。高校思政教育资源整合是一个动态的过程，主要是组织和支配各类教育资源为大学生教育目标服务。在资源整合过程中，应该遵照"成本—效益"分析的方法，使教育资源能够得到有效配置，形成合力，从而达到事半功倍的效果。

三、教育学支撑

生活教育理论是著名教育家陶行知的教育思想的主线和重要基石，集中反映了他在教育目标、内容和方法等方面的观点主张，以及他探索适合中国国情的教育理论的努力。陶行知的生活教育理论从渊源上来讲是对杜威教育思想的吸收和改造，主要包括"生活即教育""社会即学校""教学做合一"等相互联系、不可分割的三个方面。这一理论最主要的特点就是主张教育要同实际生活相结合，反对传统教育中死读书的旧观念，更加注重对学生的创造性和独立工作能力的培养。

"生活即教育"是陶行知生活教育理论的核心。陶行知指出："生活教育是生活所原有，生活所需自营，生活所必需的教育。教育的根本意义是生活之变化。生活无时不变，即生活无时不含有教育的意义。"陶行知认为，教育这个社会现象，起源于生活，生活是教育的中心，教育应为社会生活服务，在改造社会生活中发挥最大的作用。"社会即学校"是"生活即教育"思想在学校与社会关系问题上的具体化。陶行知认为自古以来，社会就是学校，因为所有的教育思想都来源于社会，所以社会应该是人民大众唯一的、共同拥有的一所大学校。"教学做合一"是"生活即教育"在教学方法问题上的具体化。生活教育理论要求学生在接受教育的过程中手脑并用，劳力与劳心同行，这就大大突破了传统教育上只重视学校教育而忽视社会教育，只重视书本学习而忽视生活实践，劳心与劳力相分离的限制，从而迸发出强烈的时代气息。

从生活教育理论阐发的观点来看，在全媒体环境下尤其强调高校思政教育的实践活动必须克服传统教育理念上的错误看法，改变过去那种以学科、课堂、教师为中心的传统教育模式，树立起源于生活、最终还要回归于生活的教育理念。深入发掘现实生活中的高校思政教育资源，使现实社会生活中教育资源的作用得以充分发挥，对理论教学和现实生活中的思政教育资源进行优化整合，努力实现理论教学和现实生活的相互融合与统一。

第三节　全媒体环境下高校思政教育资源整合的现状分析

一、存在的主要问题

当前，在全媒体环境下，高校思政教育资源整合已初有成效，但问题也不少，概括起来，主要存在"四个不足"。

（一）新旧媒体之间互动不足

全媒体环境下，高校校园媒体主要包括传统媒体和新兴媒体两大类，具体来看形式多样，包括校园报纸、学生社团刊物等纸质媒体，校园广播、校园电视、橱窗海报宣传栏、校园计算机网络和手机媒体等其他各类媒体。目前，高校校园媒体的运营基本处于各自为政、互不干涉的局面，校园媒体之间互动不足。比如，对于某一项具有重大思政教育意义的新闻事件或信息素材，各大校园媒体一般都是根据自己的节目安排和节目编排习惯，选择适合自己的时间进行报道和宣传，这种分散的、小规模的报道和宣传，无法在学生中产生较深、较广的影响，这样就造成了不少有意义的媒体信息资源的浪费。

就网络网页内容建设而言，目前以工作导向为主，未能充分体现资源化建设导向。换言之，较少直接立足于丰富而完善的校园全媒体思政教育资源来开展网页内容建设。具体表现为：一是网页内容多以日常工作信息为主，记流水账，报道的成分较重；二是未将这些工作信息加以整理，转化为全媒体思政教育资源。例如：不少高校开展的优良学风班、优秀大学生、优秀学生干部、自强之星等评选活动，评选时轰轰烈烈，信息量大，更新快，访问多，一旦评选结束，便被新的内容取代，随即被人们淡忘，逐渐消失，往后也难以查阅。互动与共享是全媒体的优势，在校园网上建设具有互动功能的平台，多数高校经历了"开发—控制—再开发—适度控制"的过程，因参与及互动形成的全媒体资源较少，直接导致学生对网站的兴趣降低、参与减少，同时也较难形成具有参考意义的交流案例。加之管理缺失，更新不及时，较少有新内容的补充等，这些都导致了思政教育媒体对大学生的影响力呈减弱趋势。

（二）资源结构开发不足

当前对高校思政教育资源结构开发不足，远远不能满足全媒体环境下高校思政教育的需要。所谓资源结构开发不足，是指高校思政教育资源没有得到协调、合理的开发利用，部分资源在承担着思政教育任务的同时，另一部分资源却处于闲置状态。具体反映在以下三个方面：

1.校内资源与校外资源结构失调

目前，高校的管理方式属于封闭式管理，认为校内的思政教育资源属于本校所有，校外的思政教育资源属于政府管理范围。在高校思政教育资源开发利用结构上，以开发校内资源为主。这种指导思想本无可非议，但大学生毕竟是活生生的个体，家庭、社区都属于他们的活动范围，校园周边环境也对大学生有巨大影响，他们思想品德的形成是校内、校外资源合力作用的结果。而在高校思政教育资源开发利用的过程中，有的高校只注重了对校内资源的开发，忽略了对校外资源进行开发与利用。

2. 校内显性资源与隐性资源结构失调

微观资源方面：从学科上看，过于注重利用马克思主义理论课堂对大学生进行的思政教育，忽视了其他学科的思政教育功能；从载体形式上看，过于偏重文本资料，甚至以教科书作为唯一教学材料，忽视了非文字性的不断生成的动态资源和其他形式的教学资源；从人力资源上看，只注重马克思主义理论课教师的主导作用，忽视了其他教师和学校工作人员对学生思政教育的影响。

宏观资源方面：高校扩招后，学生人数剧增，而思政工作人员不增加。相对而言，极大地增加了思政工作人员的负担，有的高校其辅导员与学生的比例高达 1 ：760。而其他教职员工一般只注重本职工作的完成，认为思政教育是思政教育工作者的事情。这样就不能真正形成思政教育的合力机制，造成了高校思政教育资源开发与利用中的显性资源与隐性资源的结构失调。

3. 校内物质资源与其价值开发结构失调

高校内的物质硬件是高校教育的物质基础，高大宏伟的图书馆、实验楼、计算机房等物质硬件是一所高校实力的象征，遗憾的是，有的高校却没有将它们作为思政教育资源加以开发利用。例如，只将图书馆作为知识汇集的场所，将实验楼作为专业技能培养的地方等。硬件建设只是思政教育的物质载体，它所蕴含的思政教育功能才是具有决定意义的。在注重物质建设的同时，更应关注它现代化物质外壳下的丰富内涵，不能造成"教育现代化的物质外壳与丰富内涵严重分离"。尤其是随着网络技术的迅速发展，各高校都建成了自己的校园网，系统不断更新换代，但对全媒体的思政教育资源开发利用却不够，教育软件较少，可事实上思政教育软件才是最终进行思政教育的资源。软件的缺乏还会造成硬件的闲置，有了相应的软件，"外壳"与"内涵"才算真正结合在一起，"外壳"才具有了它存在的价值。

（三）高校思政教育网络资源利用不足

全媒体资源是高校新型的思政教育资源，为高校思政教育提供了新的教育平台。我国目前已形成相当规模的网络体系，各高校也紧跟时代步伐，纷纷开展校园网络建设，全媒体思政教育功能的开发利用已初见成效，但仍存在不足之处。

1. 思政教育网站内容有待充实

利用全媒体进行思政教育符合大学生的心理特点，符合时代特征，主动占领这个思政教育新阵地已是大势所趋。各高校思政教育部门也纷纷建立了自己的网站，内容涉及党团工作、学生工作、马克思主义理论课教学等，但其主要内容却大多数为规章制度、活动通知、消息报道等，师生参与讨论、发表见解、进行心灵交流的论坛或聊天室很少，内容缺乏前瞻性、互动性，思政教育网站访问量很少。调查发现，对于思想教育类网站，"经常浏览"的大学生仅占 4.5%，"有时去看"的占 36.3%，"想看，但不知道网站"的占 21.7%，"暂时没兴趣"的占 19.7%，"从没看过，也不想看"的占 17.8%。中国互联网络信息中心（CNNIC）调查结果显示，我国网民中，18 ~ 24 岁的年轻人居多，大学生成为接触网络最广泛的群体。但调查显示，上网大学生中，热衷于聊天的占 79%，选择玩游戏的占 36%，只有不到 18% 的学生上网是为了搜索信息，下载软件。高校思政教育网站影响力小，覆盖面不足，充实网站、网页的思政教育内容已成为我国高校思政教育进入网络的关键，用积极、健康的思想文化占领网络阵地已成为当务之急。

2. 各高校网站资源有待整合

目前，全国几乎所有高校都已建立了思政教育网站，摸索出了自己的思政教育网络模式，但这些网站大多数是校园局域网，主要限于本校校内使用，且高校网站分散不均衡，互不联系，没有交流互动，各自为政、孤军奋战，处于相对孤立游离的状态。如此一来，已经取得一定经验的网站其经验得不到推广，急需建立思政教育网站的高校又没有经验可循，这势必会影响思政教育网络资源的充分利用。在网络这块阵地上，我国已建立了不少思政教育网站，这些网站经过几年的发展已初具规模。当前，打破各高校思政教育网站割据独立的局面，跨越时空障碍，加强各高校间的联系与合作，实现资源共享，优势互补，建立互动平台已成为高校思政教育网络资源建设的重要任务。

（四）高校思政教育财物资源不足

整合全媒体资源，需要一定的资金支撑。长期以来，从国家到地方，高校思政教育方面的物力、财力投入不足已是历史性问题。这造成了必要的思政教育活动无法正常开展，必要的思政教育设施、设备不能建设和投入使用，必要的人员经费不能到位，从而影响了思政教育工作者的积极性和创造性。在经济欠发达地区资金投入更为有限，经费短缺已成为制约当地思政教育开展的"瓶颈"问题。事实上，由于开发资金投入不足，即使部分高校掌握了全媒体技术，也无法顺利地创建思政教育网站，更无法快速地建立完善的思政教育信息资源库。而且，高校思政教育信息资源开发者素养的提高必须要通过专业的培训和有可供其使用的先进的技术设备，这些都离不开充足的资金投入。虽然现在思政教育经费的投入有所改善，各省将高校思政教育经费应占政府拨给的事业费和收缴的学生培养费或学杂费总和的比例由 2% ~ 4% 大致调整到了 3% ~ 5%，但实际上，不少学校都未能达到这一标准要求。由此可以看出，为实现高校思政教育资源的有效整合，确保高校思政教育开发资金的充足投入势在必行。

二、原因分析

（一）高校思政教育资源整合的观念滞后且理论研究不足

迄今为止，高校思政教育资源配置观念还没有发生根本性转变，片面、保守、教条的思维观念依然存在，这与全媒体环境下高校思政教育的发展需要以及大学生的思想变化不相适应。思政教育工作中缺乏以人为本的教育理念和科学的资源观，对学生资源需求特点的认识和把握不够，导致在高校思政教育资源整合中出现有效供给不足的情况。同时，对高校思政教育资源整合进行系统研究的著作与论文还很少，对高校思政教育资源的含义和特征缺乏必要认识，不能对现有资源进行深入挖掘等也是当前思政教育研究的薄弱环节。实践需要科学理论的指导，没有科学理论的指导必然导致高校思政教育资源整合的不合理。

（二）高校思政教育管理体制相对滞后且管理方法不科学

全媒体环境下，高校思政教育资源整合需要有管理工作体制做保障。《中共中央关于进一步加强和改进学校德育工作的若干意见》中就明确提出："各级各类学校党组织都要加强对学校思政教育工作的领导。不管学校实行何种领导体制，校长都要对学生的德智体全面发展负责；在党委（总支、支部）的统一部署下，学校都要建立和完善以校长及行政系统为主实施的德育管理体制。要把德育贯穿在教育的全过程，落实在教学、管理、后勤服务的各个环节上。学校和教育行政部门的机构改革，应注意对德育机构做出合理安排。要建立德育工作的评估制度，并把德育工作作为评价一个地区、一所学校教育教学工作的重要内容。"但是，近20年来的实践显示，高校思政教育管理体制和"党委领导下的校长负责制"这一领导体制在实际运作中面临诸多问题。一是学校党委是思政教育工作的领导者和决策者，行政（院、系）是思政教育工作的具体实施者和执行者，尽管多数学校设有主管思政教育工作的副校长，但是他们没时间、没精力领导和组织思政教育工作，党政工团齐抓共管的"大思政"体系没有形成，实践中存在"两张皮"现象；二是在现实中思政教育目标很大程度上需要靠人的素质来实现，具体表现为高校思政教育科学管理不到位，一些高校学生工作没有长期规划，也缺少阶段性计划，管理规章制度也不健全，管理人员职责分工不清，全员思政教育意识淡漠，硬件设施和人员配置不全，更没有实施过程管理和目标管理的措施，甚至找不到文字档案记录等；三是全媒体环境下，高校思政教育在原有的管理体制和管理方法的弊端还尚未克服的基础上又出现了新情况，产生了新问题，使得管理体制不健全和管理方法不科学的问题更加突出。

（三）高校思政教育工作队伍建设尚待加强

高校思政教育工作者自身素质的高低决定了其对高校思政教育资源能否全面认识和正确选择，更决定了其能否合理地整合资源，有效地利用资源。目前，高校思政教育工作队伍的整体建设水平还不是很高，具体体现在：一是高校思政教育工作者数量不足，绝大多数高校专职学生政工干部的配备没有达到教育部规定的数量；二是高校思政教育工作队伍结构不合理，存在专兼职结构不合理，学历结构不合理，职称结构不合理；三是高校思政教育工作队伍不稳定，队伍流失现象较为严重；四是由于工作压力、体制和管理等问题，队伍整体缺乏创造力和活力；五是高校思政教育工作者内部资源整合不够，日常思政教育工作者与"两课"教师，特别是与马克思主义理论课教师缺乏协作，理论教育与日常教育没有形成整合优势。

首先，高校思政教育工作队伍整体建设水平不高，将影响到高校思政教育人力资源配置，又因为高校思政教育工作者和教育对象都是人，所以还会影响到高校思政教育资源作用和功能的发挥，进而影响整个高校思政教育资源的合理整合。其次，能力欠缺将造成网络资源利用不足。能力欠缺是指高校思政教育资源的开发主体，由于能力达不到要求的标准而不能使网络资源得到有效的开发与利用。全媒体环境下，随着网络化、信息化、数字化技术的不断发展和普及，只有充分认识和掌握前沿科技的"强势群体"，才能被教育对象所接纳，也才能成为实质意义上的思政教育工作者。教师低水平的网络应用能力，势必会影响网络资源的开发和利用；学生在网络资源的开发、利用方面具有与教师同等的主体地位，但学生需要在教师的指导下才能按照思政教育的要求开发、利用网络资源；教师网络资源开发、利用能力的欠缺也会影响到高校与校外资源的联系与共享。

第四节　全媒体环境下高校思政教育资源整合的路径选择

一、转变思想观念，科学定位资源整合

全媒体环境下，高校思政教育的环境发生了重大变化，思政教育资源整合必须首先从转变思想观念入手，树立整体、全面、开放、效益和发展的新思政教育资源理念。为此，需要树立以下"四个资源观"：

（一）树立思政教育资源辩证观

确立高校思政教育资源辩证观，需要正确处理好三个重要的资源矛盾关系：一是思政教育资源的有限性与无限性问题。思政教育的人力资源、财力资源、物力资源和组织资源等就其物质性而言是有限的，但全媒体所提供的思政教育资源以及教育工作者利用资源的潜能是无限的。二是思政教育资源的有用性与有害性问题。全媒体所提供的资源信息量大、鱼龙混杂，既可以成为思政教育的有利资源，也可能对大学生造成不良的影响。三是思政教育资源量与质的问题。量与质的辩证关系要求在不断丰富高校思政教育资源的同时，也要不断提高资源的"质"，提升资源的利用率。

（二）树立思政教育资源层次观

高校思政教育资源是可以从纵横双向划分的矩阵系统。从横向来划分，思政教育资源可以分为人力资源、财物资源、信息资源、组织资源、制度资源和文化资源等；从纵向划分，以文化资源为例，可划分为传统文化资源、国外文化资源与网络文化资源等。思政教育资源的层次观要求对各个层次的资源进行有效整合，让思政教育贴近大学生生活实际，改变过去对有些思政教育资源不客观、不现实、理想化过重、人为拔高的情况。

（三）树立思政教育资源整体观

全媒体环境下高校思政教育资源是丰富多彩的，融传统与现代、虚拟与现实、国内与国外、整体与部分为一体。一般来说，教育者在思政教育中直接碰到和运用的总是个别而具体的资源形态。然而，无论哪种资源形态都不是孤立的，而是同其他与之相关的资源形态结合在一起的，这就是资源的整体性质。要提高思政教育资源的利用效率，就必须树立教育资源整体观，协调好思政教育工作者队伍内部以及思政教育工作者和非思政教育工作者之间的关系，既要看到具体的思政教育资源的特性，又要看到相关的各种资源的整体优势，避免资源的重复建设与浪费。

（四）树立思政教育资源发展观

全媒体环境下，由于高校思政教育资源是同全媒体的发展和人的发展需要以及教育者的开发能力联系在一起的，因而便具有了历史性。不仅其品类、数量、规模在不断的变化中，其功能也在不断地发展。思政教育是精神文明建设的重要组成部分，客观上要求与物质文明和政治文明同步发展。高校思政教育工作者应坚持资源化建设导向，主动充实网络思政教育资源，同时要善于将各类信息加以系统分类整理，变信息资源为网络思政教育资源。

二、坚持整合原则，规范资源整合过程

全媒体环境下高校思政教育资源整合是依据一定的目的和需要而进行的信息加工活动，是涉及技术可行性、整合后知识间的关系处理以及高校教育功能、学生的满意度等多方面因素的复杂工作。所以在整合的过程中高校要制定出相关的原则、标准来对思政教育资源的整合过程予以约束、规范，只有这样才能充分发挥思政教育资源的强大功能和优势，更好地为大学生服务。归纳起来，高校思政教育信息资源整合原则有以下几条：

（一）开放性原则

开放性是全媒体的重要特征。当今世界，全球化趋势日益加剧，只有推进世界思政教育资源供应体系和需求市场的共同开放，不同的思政教育资源才能借助于不断扩大的开放发挥互补效应。任何一个实行闭关锁国或地方保护主义政策的国家和地区都不可能在开放的时代背景中处于领先地位。要保证思政教育资源开发成果斐然，必须放开眼界，放眼整个人类资源市场。具体而言，就是要学会利用国际国内两个资源市场，加强区域之间的思

政教育资源整合，实现合理开发、有效使用。思政教育资源系统本身是一个开放的体系，它不断地同外界其他不同系统之间发生着信息交流，实现着不同地区之间资源的互补和动态交流。但同时也应当看到，全媒体技术的发展使得高校处于一个开放的信息环境之中，也使高校思政教育环境日趋复杂。因此，高校在构建思政教育环境过程中必须坚持社会主义的政治方向，开放高校校园媒体信息，在确保学生可以自由选择、接受和发布信息的同时，给予学生积极的、主流的引导和约束。

（二）创新性原则

创新是一个民族的灵魂和生命力所在。创新就是要突破已有的、不合时宜的旧框框，建立起符合时代需求的新模式、新体系。全媒体环境下高校思政教育资源的整合离不开创新，创新是思政教育资源整合应坚持的重要原则。人们总是希望在新闻传媒中看到不断有新的东西出现，因为千篇一律的事物很容易让人产生审美疲劳，导致人们对媒体传播内容关注度的下降，媒体的传播作用也随之减弱。因此，校园媒体思政教育资源在进行整合和利用的过程中，应该坚持创新的原则。

（三）系统性原则

高校思政教育资源整合是一项系统工程。按系统论基本原理，一方面，高校思政教育资源整合系统自身的动态平衡，是维持该系统持续存在的基础；另一方面，各高校思政教育资源系统之间彼此发挥的功能应互相契合，建立良性的互馈机制。在教育中，最忌讳的是各种教育因素的无系统性、不协调性所导致的各种教育影响的相互冲突，使教育的效果被抵消，甚至使被教育者产生思想混乱，导致负效应。因此，在系统整合高校思政教育资源过程中，应在充分开发和利用人力资源的基础上，使优秀的高校教师掌握和采用最有效的媒体资源；应创造最有利的环境资源，充分利用雄厚的网络资源、文献资源，有效协调高校教育系统内部各部门、各单位之间的关系，使高校思政教育系统的内部各要素目标一致、紧密配合，实现最佳整合，从而充分发挥高校思政教育系统的整体功能。坚持系统性原则，要尽量实现最优化。最优化是系统论的一个组织原则，可以理解为选择出能够解决某种条件下各种任务的最好方案，使之在资源整合过程中尽量高效、合理、协调。总之，保证高校思政教育资源整合系统的功能契合，维持系统内部的动态平衡，是使全媒体环境下高校思政教育资源配置环境能够协调发展的最基本原则，应严格遵循。

（四）针对性原则

高校思政教育资源整合应以满足学生需求为出发点和落脚点。只有紧紧把握学生需求，以学生满意的方式提供给他们所需要的信息资源，提高信息资源整合的全面性、综合性、时效性和准确性，才能真正确立在全媒体环境下经得住考验的思政教育资源体系。所以，在整合的过程中高校必须站在学生的角度去分析、设计和规划，尽可能地方便学生使用，切实增强思政教育资源检索系统的可操作性和实效性。

（五）科学性原则

在高校思政教育资源整合的过程中，高校要对信息资源的整合对象、整合内容、整合方式等进行科学的论证，运用一定的技术手段和方法，确定不同类型、不同层次的信息资源整合的范围、比例，并且制定出明确的计划，科学有效地开展整合工作。只有这样，才能使高校思政教育资源得到合理的组合，使整合后的思政教育资源具备最好的组织结构和功能，最大限度地发挥全媒体环境下高校思政教育资源的总体效用。另外，还要看到，由于思政教育资源本身及学生需求都具有明显的层次性、差异性，所以高校思政教育资源整合过程中应注意按不同类型、不同层次、不同方式进行多维的整合，切忌随意拼凑。

（六）超前性原则

思政教育的功能不仅在于处理人们已经表现出来的思想问题，纠正其行为偏差，更重要的是能够预测人们的思维走势和可能出现的思想问题，防患于未然。同样，在全媒体环境下，整合高校思政教育资源，也必须以超前性原则为指导，根据当前社会的发展趋势和人们思想的发展态势，前瞻性地开发未来思政教育所需要的资源，从而提前做好准备，以增强思政教育对受教育者的影响。例如，鉴于全媒体技术发展和互联网用户激增的态势，当前应该加强对网络技术资源的利用，率先将其引入思政教育活动中，抢占思政教育网络阵地，让网络技术资源成为思政教育资源开发的重要内容。

（七）增效性原则

高校思政教育资源整合应切实体现以效益为主的原则，即高校思政教育资源整合要有利于重新合理地组合现有资源，使其发挥更大的合力作用，实现"1+1＞2"的增效效应。经济活动讲效益，高校思政教育资源整合也要讲效益，任何设定目标的社会实践活动都必须讲求效益。只有重视效益，合理整合资源，避免造成资源浪费，才能达到增效、增量的目的，才能最大限度地避免各种资源浪费，提高思政教育资源的利用率。

（八）经济性原则

在整合高校思政教育资源过程中，还应兼顾各种校园媒体的经济性和效率性之间的平衡。根据资源本身的属性特征，高校网络媒体思政教育资源的整合必须遵循经济性的原则，以充分体现其实效性。所谓经济性原则就是指要追求资源整合能实现的最佳效益，能用最少的投入实现德育资源价值的最大化，要尽可能用少的物质支出和精力支出，达到最理想的效果，具体包括开支的经济性、时间的经济性、空间的经济性。整合高校网络媒体思政教育资源要立足经济性，追求实效性，实现效益最大化。在经费上，要用最节约的开支取得最优化的效果。在人力资源上，要充分发挥学生个体、学生团体的力量，让学生积极主动地、有质有量地参与到校园媒体的运作过程中。

（九）可持续性原则

随着人们对资源稀缺性特点的认识，可持续发展战略逐渐被各国作为国策加以贯彻实施。在思政教育资源整合过程中，思政教育其自然资源、社会资源和人才资源的开发都必须严格遵循可持续发展原则，并贯穿始终。因此，贯彻可持续发展原则，就是要求思政教育资源的整合既要满足当代人进行思政教育的需要和愿望，培养具有平等公正意识，能与自然协调、可持续发展的人才，又不会违反思政教育规律和社会发展的规律，影响下一代人和未来社会的发展。具体来讲，合理整合思政教育资源，就是要及时确保教育资源的补充和再生，避免教育资源的缺乏和枯竭，从而保证思政教育的"再生产"和"扩大再生产"。在这一过程中，必须注重发展的持续性、稳定性、整体性和协调性。此外，还要节约利用，合理配置资源，要对资源进行保护和更新建设，做到在整合中保护，在保护中整合。总之，不利于整合的保护是无价值的，不做保护的整合是不可持续的。

三、加强网站建设，发挥资源共享功能

当前，为适应全媒体环境的要求，做好思政教育资源整合，高校要重点抓好以下五类网站建设：

（一）思政教育主题网站建设

高校思政教育主题网站（以下简称"主题网站"），常称校园"红网"或"德育网"，它以大学生为主要服务对象，以中国特色社会主义理论为构建网络内容的理论支撑，以学生熟悉的网络软件和信息技术为手段，通过开辟大学生喜闻乐见的栏目，弥补现实思政教育手段的不足，有目的、有计划、有组织地全方位渗透马克思主义世界观、人生观、价值观，准确传达党的路线、方针、政策和政治主张，帮助学生排除干扰、明辨是非，提高其政治思想素质，激励学生为实现伟大中国梦而勤奋学习。主题网站是高校思政教育的重要载体和集中表现形式，是高校传统思政教育的补充和延伸，是传播红色思想、提供师生交流、实现信息共享、引导心理健康、创新思维方式的平台。正因为如此，各级教育行政主管部门和各高校都非常重视主题网站建设。从目前建设的情况看，不少高校已拥有了具有本校特色的主题网站，网站栏目和网页设计较新颖，内容紧贴时事和学生生活，更新较及时，特别是全媒体技术的充分运用，使网页愈加生动，吸引力进一步增强，网站点击率较高。主题网站的先进文化潜移默化地感染和熏陶着使用者，收到了润物无声的教育效果。

（二）党校、团校网站建设

高校团校是高校对团员骨干和学生干部的培训机构，是高校团组织的一种重要教育组织形式，是加强和改进高校思政教育的重要阵地，它对加强共青团的思想建设、组织建设和能力建设起到了十分积极的作用。积极分子的党性教育，具有特殊的教育意义和不可替代的作用。全媒体环境下，高校党校、团校要充分发挥自身优势，通过开展政治理论专题课堂教学、以时政热点为主题的研讨会、辩论会和知识竞赛等活动，在提升大学生的思政素质上发挥重要作用。一方面，高校的党校、团校是大学生进行理论学习的重要平台；另一方面，大学生参加党校、团校学习，还带有一定的学习任务的性质，是促进高校思政教

育的重要途径。因此，应大力加强党校、团校网站建设，尤其应不断丰富其内容，以增强其吸引力和实效性。

（三）党委职能部门网站建设

高校党委职能部门是按照《中国共产党普通高等学校基层组织工作条例》的规定开展工作的，即党的委员会根据工作需要，本着精干高效和有利于加强党的建设的原则，设立办公室、组织部、宣传部、统战部和学生工作部门等工作机构。各机构在履行其工作职责的过程中，其网页设置的基本栏目除了直接与工作相关以外，还应建有党建专栏，专门用以介绍党的基本知识。这些内容，是构成网络思政教育资源所不可或缺的内容。比如，高校学生事务管理部门在教育、管理和服务学生的过程中，主要是通过在校园网上发布大量工作信息，特别是关于学生奖励、活动和违纪学生处分处理的信息，来影响和促进学生的思政教育工作的，这些信息是构成高校网络思政教育资源的重要内容。

（四）高校教学、科研机构网站建设

高校教学、科研单位包括高校内设的行政机构、科研机构和教学单位。当前高校校园网络的建设，除了专题性的网站外，多属于工作平台性质。在这样的架构下，高校内设的行政、科研机构的网页建设，大多没有思政教育价值取向的内容设计。但在事实上，这些内设机构网页上的内容，作为一种隐性思政教育资源，也应从思政教育视角进行建设，以使其充分发挥隐性思政教育作用。高校的教学院系作为教育教学的基层单位，其网页建设的学科专业特色较强，与学生所学专业关联度高，学生关注度高，实际浏览次数也更多。因此，教学院系网页中的党建栏目、学生工作栏目、团学活动栏目等，也应承载大量的思政教育资源，成为全媒体环境下高校思政教育资源的重要阵地。

（五）其他专题性网站建设

在高校开展党建和思政教育工作的过程中，总会结合一定时期的中心和重点工作建设专题性网站，如"不忘初心、牢记使命"主题教育专题网站，"两学一做"专题网站，党史学习教育专题网站，党的十九大专题学习网站等。在全媒体环境下，这些专题网站特色鲜明、主题明确、学生关注度高，可以切实成为开展高校思政教育活动的重要载体，是高校思政教育资源的重要补充。

四、优化资源整合，提高资源利用率

（一）扩大整合主体的范围，充分发挥微观资源和宏观资源的作用

1.微观资源方面

首先，马克思主义理论课教师应该成为全媒体环境下高校思政教育资源的主要整合者。马克思主义理论课教师具有丰富的思政教育理论知识，具有一定的教学经验，熟悉本校及所属地区的思政教育资源分布情况，熟悉学生的思想状况，他们是整合思政教育资源最合

适的人选。同时，教师本身所具有的思想、知识、经历，以及其言行、教学方式等都是重要的思政教育资源。教师本身是这种资源的拥有者，当然应该是这种资源的整合和利用的主体。其次，大学生应该成为开发的主体。现代社会的发展，使得全媒体成为大学生生活中不可缺少的部分，全媒体在大学生的交流和学习中所起的作用越来越重要。大学生在相互交流的过程中既受到全媒体传播的信息的影响，也受到对方思想的影响，他们的思想、经历、生活经验等都成为思政教育资源。所以，大学生不仅是利用高校思政教育资源的主体，同时，也应该成为整合的主体。

2.宏观资源方面

高校领导者和教师（马克思主义理论课以外的其他教师）应该转变各自为政的思想，尤其是学校领导的思想观念关系到整个学校及校外思政教育资源的整合。学校领导首先要重视全媒体时代高校思政教育，只有从思想上重视，才能谈资源的整合和利用。学校领导是思政教育决策系统的核心，只有重视思政教育，才会在制度、规范的制定上有所体现，才会在奖惩等方面进行合理分配。所以，学校领导既是制度层面的静态资源的开发者，也是高校思政教育人力资源的整合利用主体还是校内、外资源整合的协调者。全媒体环境下，建立学校、家庭、社会"三位一体"的思政教育网络，形成全员育人的局面已是大势所趋。

（二）创新整合模式，在实践中探索高校思政教育资源整合

从技术操作层面探索高校思政教育资源整合模式，有学者提出了以下三种整合模式：

1.OPAC 整合模式

OPAC，是 Online Public Access Catalogues 的简称，即联机公共目录检索系统，是高校图书馆进行信息资源整合的最基本方式，值得高校思政教育资源整合借鉴。OPAC 书目系统资源整合包括馆内资源整合和馆际间的资源整合两种方式。馆内 OPAC 系统资源整合主要指 OPAC 书目出处与其电子全文图书、电子全文期刊、视听资料的对应链接以及书刊与其评论信息、来源信息的对应链接。学生检索到书目信息后，可以立即阅读书刊的全文，还能浏览与之相关的文字、音频和视频等资源。馆际间 OPAC 系统资源整合主要是通过执行"Z39.50"协议，聚合不同平台上的异构 OPAC 数据库，建立书目整合检索系统。整合后，学生只需通过一个 OPAC 系统界面即可检索到相关的 OPAC 资源。这里的"Z39.50"协议是一个对于整合数字信息资源有重要意义的计算机网络协议，它在信息资源的整合中正发挥着越来越大的作用。

2.跨库检索的整合模式

由于不同的数据库有着不同的编码结构和表达方式，每个数据库使用的检索技术和数据存放格式不同，故而各数据库以不同的检索界面呈现给学生，学生要掌握这些检索系统的使用方式并非易事。因此，对不同的思政教育资源数据库的信息资源进行整合，构建同一个检索平台，实现多数据库的跨库检索便显得十分必要。跨库检索的实现机制，就是学生先登录到同一检索界面提交用户名和密码，指定检索配置，提交检索词，选择要检索的

数据库和站点、检索方式等，然后提交选择；系统则调用每一个选定的数据库和站点，并把检索表达式转化成系统可识别的表达式，让每个数据库自主完成检索过程，数据库返回的是包含有相应记录信息的静态页面。同时，系统还要对各静态页面进行格式转化以及信息解析工作，提取所需要的信息，转化成统一的格式，最后再对检索的记录进行整合排序，把整合好的统一结构的记录提供到统一的检索界面。

3. 指引库建设的整合模式

在网络思政教育资源整合过程中，要把庞杂的信息资源整合成用户易于接收的形式提供给学生，就必须开发出具有二次信息检索功能的指引库。指引库实际上只是采用超文本技术建立的虚拟数据库，在物理上并不存储各种实际的信息资源，但学生通过对其访问却可以检索到有关思政教育的实际资源，即它可以指引学生到特定的网址获取所需要的信息。指引库的建立首先要搜索相关网站，这种搜索可以采取自动搜索技术、用户登录和手工查找等方式，然后集成相关站点的相关页面信息和数据库信息，确定检索体系以及所使用的检索语言，同时建立各种索引，如关键词索引、分类索引等，最后建立便于用户使用的人机检索界面，使用户可以直接点击或浏览所要查询的主题。

（三）有效运用资源，增强高校思政教育的效益

1. 适用人力资源

高校思政教育人力资源是指从事高校思政教育的专兼职人员。整合全媒体所提供的高校思政教育资源，需要有专门的队伍进行专门的研究和操作。要增强思政教育的效益，首要的还是充分发挥好人力资源的优势。

2. 善用财物资源

财物资源是构成高校思政教育所需要的财力和物力的各种成分的总和。高校思政教育的网站建设和技术维护都要依赖于具体形态的物力资源，也离不开高校思政教育的经费投入与支持。财力资源与物力资源共同在高校思政教育过程中起着物质支撑的作用。因此，必须确保资源投入的总量与实际需要相适应。

3. 巧用组织资源

全媒体环境下高校思政教育是高校党政工作的一个重要组成部分，加强和改善校党委的领导，是做好思想政治教育工作的关键；同时，大学生党员应以身作则，在思想、道德、作风上自觉成为其他同学的表率。思政教育只有在党委的统一领导下，党、政、工、团共同努力，齐抓共管，各部门密切协作，构建成一个纵横交错的思政教育网络，群策群力，才能确保高校思政教育工作开展得有声有色。

4. 活用文化资源

全媒体环境下高校思政教育内容是思政教育文化资源整合的结果，没有思政教育文化资源就没有思政教育内容，思政教育也就无从谈起。思政教育文化资源越丰富，思政教育内容的选择范围也就越广。因此，要善于借助全媒体技术，大力开发、整合思政教育的文

化资源，为高校思政教育内容改革提供充足的来源。

（四）以校内资源为中心，优化整合校际资源

各高校的思政教育资源各有所长，应该在整合利用本校资源的基础上，优化整合校际资源，促进资源共享。全媒体的发展为高校思政教育资源共享提供了可能。首先，加强校际合作，促进教师资源共享。教师资源共享形式多样，可以采用互聘教师、交流思政教育经验、跨校选课、远程教育等形式。其次，加强校际资源共享，创造新的资源。各高校思政教育资源的整合主体具有各自的思想和智慧，开展校际合作，不仅可以整合利用本校资源，还可以利用外校资源，从而产生新的想法，形成新的资源。最后，建立以中央网站为中心的高校思政教育网络平台。可以建立以中央网站为枢纽，各高校思政教育网站为支撑的网络系统，共同组成网站网络，这样，各高校思政教育网站作为网络的子系统，可以共享其他网站的资源，既体现了统一性，又体现了多样性。

五、建立健全管理体制，为资源整合提供保障

（一）整合好传统媒体与新兴媒体资源

加拿大传播学者马歇尔·麦克卢汉提出："报纸是人体的延伸，广播是耳朵的延伸，电视是视力、听力的同时延伸。"以此，网络则是报纸、广播、电视等传播媒体的延伸。高校校园媒体在高校文化建设，特别是高校思政教育中的作用是通过它的导向性和影响力来实现的，而这种导向性和影响力又要通过校园媒体的整合和延伸来实现。因而传统媒体作为承担校园宣传工作的首要因素当之无愧；与此同时，在全媒体技术高速发展的今天，全媒体已经成为人们日常生活中的主流媒体，它不仅对大学生的学习和生活产生了重大影响，而且在高校思政教育中所起的作用也越来越显著。事实上，无论是传统媒体还是新兴媒体，每一类媒体都有自己的定位，即对自身传播的性质、任务、传播对象的规定。因此，充分利用各种媒体资源，充分发挥各种媒体的传播优势，以达到最佳的思政教育效果，是高校媒体联动和整合的主要目标。这就要求注意整合好传统媒体与新兴媒体资源，以通过极强的视觉吸引力和声音感染力，充分发挥二者在高校思政教育中的作用。

（二）实行管理模式的变革

高校的媒体管理工作多由学校党委宣传部或共青团组织、学生工作部门以及学生社团负责，体现出高校媒体运作中的政治把关性和操作主体的学生化倾向。学生在校园媒体中的主动权在提升，这一趋势有其存在的必要性和合理性。但在全媒体环境下，文化多元，信息激增，受众兴趣和选择方式日益多样化，如果一味固守现有管理模式，势必会影响高校思政教育资源的进一步优化整合。因此，高校校园媒体有必要实行管理模式的变革，依据校内各大媒体形态已经基本完备的现实状况，组建校内媒体综合管理协调部门，统一负责全校各种媒体的有机配合和协调运转，从而形成校内新闻宣传的整体系统合力，打破以

往高校报纸、校园广播、电视或校园网络分别由多个部门分散管理并各自为政的格局。只有这样，高校媒体才有可能获得一个较为有利、有序、有效的发展空间，并在其中扬各自优势，避各自不足。

目前，许多高校已在实践探索中组建了能较好地实现上述功能的校园传媒统一管理机构——"新闻中心"。有了这个机构，党委宣传职能部门对媒体的管理相应地转变为对媒体传播内容上的指导和要求，具体相关运作则交由"新闻中心"去实施，从而实现了真正意义上的宏观舆论调控。这样，高校校园媒体传播就可以获得更多的、符合自身运作规律的发展空间，并为其顺应时代发展争取到一个较为有利的环境。例如，将各媒体的新闻资料综合起来，由负责报纸的媒体编辑出版报纸，由负责网络的媒体发布网上新闻，由负责广播的媒体播出时事新闻，由负责电视的媒体制作视频新闻。"新闻中心"负责新闻采写和平衡协调各媒体，"新闻中心"的采编人员在熟悉整个工作流程的前提下，再具体负责其中某项工作，从而使媒体整合的广度和深度得以延伸。"新闻中心"可以有效地解决稿件在综合处理、相互传递、技术手段使用以及时间差等方面存在的问题，通过统一策划使新闻采访、通稿撰写、版面编排和节目制作等相互配合、相互补益。也就是说，整合后，"新闻中心"将集采、编、播、制作、管理和发行等工作于一体，成为统一的信息集散地。

（三）建立健全运行管理的相关制度

高校校园传媒主管部门要统一制定媒体运行、管理的系列规章制度，保证校园传媒工作的制度化和规范化，以制度建设推动思政教育资源整合。可采用以下作法：一是重视队伍建设，突出专业化，通过建立人才引进制度，规定校园传媒的用人标准和选拔程序，确保通过竞争选拔出专业知识牢固、专业技能扎实的新闻传播人才；二是建立一套完整的工作制度，制定校园传媒传播工作中的具体行为规范；三是建立培训制度，定期或不定期举办业务培训班，以提高校园传媒工作队伍的实际工作能力；四是建立绩效考评制度，定期对校园传媒工作者的工作进行考核，对在宣传工作中表现突出的给予奖励和表彰；五是通过强化网络监控，有效引导网络舆论导向等，为高校思政教育资源整合提供保障。

六、加大投入，为资源整合提供支撑

要加大资金投入，增加高校思政教育资源的总供给量。如果没有相应的资金投入，是难以取得所需要的思政教育资源的。一些地方思政教育资源储备较为丰富，但整合利用不够，其原因大多是缺乏必要的资金投入。因此，必须加大投入，以增加高校思政教育资源的现实供给量。随着经济的发展，国家应加大高校思政教育投入比例，并且要有计划地逐年增加；地方应结合本地经济发展状况和思政教育发展需要进行投入，制定切实可行的投入计划，并保证投入到位；每个单位应根据自身思政教育活动开展情况来加大投入，以进一步完善全媒体技术硬件建设，为高校思政教育资源的有效整合提供资金支撑。

第五章 全媒体环境下高校思政教育教师队伍建设

高校思政教育工作教师（以下简称"高校思政教师"）是对大学生进行思政教育的骨干力量，是大学生健康成长的引路人和指导者，是学校人才队伍的重要组成部分，是保证高等教育事业持续健康发展不可或缺的重要力量，在高校思政教育工作中发挥着不可替代的作用。知识经济时代的到来，对高校人才培养质量提出了更高的要求，积极拓宽素质教育渠道，培养和造就适应时代需要的富有创新精神的高素质人才，已成为当今高校思政教育工作的主旋律。这给高校思政教育工作的开展带来了一定的难度，对高校思政教师的工作提出了更高的要求。因此，在新时期进一步加强和改进高校思政教育工作，关键在于建设一支高素质的高校思政教师队伍。

高校思政教师在长期的高校思政教育工作中，为祖国的富强和民族的振兴呕心沥血、默默奉献，为我国社会主义现代化建设事业成千上万合格人才的培养以及我国精神文明、物质文明和政治文明的建设与发展做出了卓越贡献。

近年来，在党和国家的关怀和重视下，高校思政教师队伍建设取得了较为明显的成效。国家制定并出台了一系列的相关政策和法规，建立并完善了培训制度和培养体系，促使高校思政教师队伍整体素质明显提高，管理体系初步形成，育人手段不断创新，建设环境有所改善，发展思路更加明晰，在多方面都取得了明显成效。从整体上说，高校思政教师队伍是一支政治素质、思想素质、业务素质和心理素质等各方面都比较过硬的队伍。

但是，高校思政教师队伍建设还存在一些不足。如有关法律法规还不够完善，部分高校思政教师缺乏坚定的政治信仰和人生信念，高校思政教师地位偏低、队伍不稳、结构不合理等。因此，在新形势下，高校思政教师队伍建设仍然面临着前所未有的挑战。这种挑战主要来自以下三个方面：一是国际国内政治经济形势的深刻变革对人的思想素质的培养提出了更高的要求；二是现代科学技术特别是信息网络技术的迅猛发展，使思想道德教育、育人环境受到极大的冲击；三是教育对象逐渐显示出新的特点。这就要求思政教育工作必须具有更强的针对性和使命感。面对如此严峻的挑战，究竟建设一支怎样的高校思政教师队伍，才能适应当前形势的需要，已成为做好高校思政教育工作亟待解决的一个重要课题。

本章从我国高校思政教师队伍建设现状、建设意义出发，明确了高校思政教师队伍建设的指导思想和目标，从政治理论素质、思想道德素质、能力素质等方面出发论述了新形势下高校思政教师应具备的素质要求，着重围绕领导重视、完善机制、严格选拔、明确职责、加强自身修养、强化培训、科学考核以及合理分流八方面提出了加强高校思政教师队伍建设的对策。

第一节　我国高校思政教师队伍建设现状

高校思政教师是引导学生树立唯物主义世界观、人生观、价值观的重要力量。其职责是以马列主义、毛泽东思想、邓小平理论、"三个代表"重要思想、科学发展观以及习近平新时代中国特色社会主义思想为指导，以科学的世界观、人生观和价值观教育学生，帮助学生树立建设中国特色社会主义的共同理想，引导学生坚持党的基本路线，全面提高学生的素质，促进其和谐发展，把学生培养成为社会主义事业的建设者和接班人。改革开放40多年来，在党和政府的高度重视下，随着政治、经济体制改革的不断深入和高等教育事业的飞速发展，高校思政教师队伍建设进入了一个崭新的阶段，取得了比较明显的成绩，但也存在一些问题和不足。

一、高校思政教师队伍建设取得了比较显著的成绩

（一）国家制定并出台了一系列高校思政教师队伍建设的政策和法规

教育部把对高校思政教师的配备数量和要求纳入教育部本科教学评估指标体系，与其他办学工作一并参加评估审查；评选高校思政教育工作优秀成果奖，以适当方式定期表彰全国优秀高校思政教师；不少地方和学校陆续出台了相关政策和规定，为维护高校思政教师的合法权益，提高其地位，提供了法律保障和政策支持，促使高校思政教师队伍建设走上了法制化、规范化的轨道。2013年，为贯彻落实《中共中央宣传部　教育部关于进一步加强高等学校思想政治理论课教师队伍建设的意见》（教社科〔2008〕5号）精神，国家建立了首批12个"全国高校思想政治理论课教师的社会实践研修基地"，旨在推动高校思想政治理论课教师的社会实践研修活动制度化。此举充分体现了党和政府对加强思政教师队伍建设的重视，不仅有利于提高思政教师工作的知识水平和理论水平，也大大增强了高校思政教师的管理水平。

（二）高校思政教师队伍素质有了明显的提高

高校思政教师队伍经过数年的建设，成员素质明显提高，涌现出一大批求真务实、精于业务、勤于育人、乐于奉献、锐意进取和勇于创新的先进典型。从整体上看，目前高校思政教师队伍的本质和主流是好的。在政治上，绝大多数高校思政教师热爱党、热爱祖国、热爱社会主义，政治信念坚定，政治态度鲜明，对重大问题有着清醒的认识；在工作上，

绝大多数高校思政教师思想活跃、善于探索，并且不畏清贫，无论在哪种环境下，都能坚守岗位，认真履行教书育人的光荣职责，把大学生思政教育工作的圆满完成视为自己生命价值的重要体现，充分发挥自己的工作热情和创造力；在心态上，绝大多数高校思政教师思想比较稳定，具有一定的亲和力和凝聚力，对工作和前途充满信心。可以说，这是一支政治素质、思想素质、业务素质和心理素质等各方面都比较过硬的、精干高效的队伍。在长期的思政教育过程中，高校思政教师在全面贯彻党的教育方针，提高学生政治思想道德素质，促进高校改革和发展，维护学校和社会稳定等方面都发挥了不可替代的作用，为我国社会主义建设事业培养了大量人才，并为促进我国物质文明建设、精神文明建设和政治文明建设做出了突出贡献。

"问渠那得清如许，为有源头活水来。"正是一批又一批高校思政教师的辛勤工作，逐步形成了高校思政教师队伍的深厚积淀和光荣传统，这些传统为每一位高校思政教师指明了前进的方向，并使后来者于潜移默化中学到了许多基本的社会工作方法和为人做学问的本领。但是也应注意的是，随着国际国内环境的变化和高等教育事业的快速发展，高校思政教育工作的环境、对象、内容和任务都发生了深刻变化，思政教师队伍建设也出现了许多亟待解决的新问题。

二、高校思政教师队伍建设存在的问题

（一）学历偏低，专业单一，队伍结构不合理

由于传统原因和现实因素，目前高校思政教师基本上以大学本科学历为主，且多数是留校学生，学历普遍偏低，思政教育专业毕业的寥寥无几，与高校改革和发展的需要不相适应；多数高校思政教师参加工作后没有经过专门、系统的岗位培训，专业单一，缺乏科学管理知识和思政教育专业技能，因而分析和解决新形势下出现的新问题的能力比较弱，常常出现工作滞后的现象；多数高校思政教师不能有的放矢地结合自己的工作性质博览群书、储备知识，造成知识面狭窄，缺乏思政教育工作的针对性和穿透性，不能及时根据形势的变化和学生的实际，更新和储备知识，拓展新的知识域和知识面。上述种种原因导致高校思政教师面对学生中出现的一些热点和难点问题，难以站在理论高度予以释疑解惑。特别是在当今知识经济初见端倪的形势下，面对学生对新知识、新科技强烈的学习愿望，缺乏有力的引导，不能把大道理讲实，小道理讲正，深道理讲透，歪道理讲倒，使自身的影响力、说服力、凝聚力受到了削弱，难以真正成为大学生思想上的引路人。

（二）队伍不稳定，工作热情不高，流失现象严重

目前，各高校有相当一部分思政教师，特别是青年思政教师，对从事思政教育工作缺乏应有的热情和坚定的思想基础，缺乏相应的系统理论知识与正确的认识。往往是组织安排的多，心甘情愿的少；借作"跳板"的多，长期安心的少。近几年，随着高等教育改革的不断深化以及高校竞争机制的引入，相当数量的高校思政教师开始担心所从事的思政工

作会影响自己今后的发展，或担心年龄大了届时转岗困难等，从而思想压力大，后顾之忧渐甚。同时，市场经济带来了社会利益的再分配，从事能够直接显现经济效益工作的人，得到了与其付出相对应的收入，相反，那些从事能够带来社会效益而经济效益不突显工作的人，得到的收入常常与其付出不相称。高校思政教师属于后者。无论他们怎样夜以继日地操劳，无论怎样地付出，收入仍然是老样子，加之工作本身又存在许多问题，旧的一套难以取得实效，新的办法还在摸索、探寻之中，致使一些高校思政教师不安心、不尽心、不热心做学生的思政教育工作。于是，一部分人时刻准备转岗，一有机会就"跳槽"从事行政管理或教学工作，还有一批年龄小的思政教师选择报考研究生，走"曲线转行"之路，致使高校思政教师队伍不稳定，师资流失现象十分严重。

（三）职责不清，地位偏低，不被重视

部分高校领导存在重教学科研，轻思政教育的现象，对思政教育工作的科学性、重要性及规律性认识不足，对思政工作是否要专业化与职业化，认识上有片面性，甚至认为其工作虚而不实，华而不硕，导致高校思政教师在职责和任务上很不明确。用一位思政教师的话来说他们既是教师又是干部，"但往往是教学科研队伍的软肋，是干部队伍的另类"。高校思政教师在工作职能上承担事务性工作比较多，思政教育职能发挥不够，甚至成为办事员、勤杂工和保姆，"两眼一睁，忙到熄灯"，真正花在本职工作"导"上的时间和精力并不多。同时，高校思政教师受所从事专业的限制，在工作成果讲评、科研课题确定、学科带头人评定等方面都处于劣势，使之与其他专业课教师相比，科研能力相对薄弱，科研成果较少，所以尽管他们尽职尽责、勤奋努力，但在职务晋升、职称评聘中仍落后于同期毕业从事教学和科研工作的同学，从而影响其工资收入及住房等方面的待遇。与其他专业课教师相比，高校思政教师往往有一种"二等公民"的感觉，这种状况势必影响其工作积极性，进而影响整个思政教师队伍的建设。

（四）学缘结构不合理，活力不够

由于高校思政教师多数为留校生，他们只是从其师长身上学到了高校思政教师是如何做的，根本没有机会领略其他学校的工作方法，因而工作没有新思路和新方法，无法注入新的活力，新创造、新文化很难形成；同时留校的高校思政教师，面对的是自己的领导、老师和师弟师妹，工作受束缚，不能放开去做，对老师和领导唯命是从，对师弟师妹放纵宽容，容易形成小团体，致使学校政令不通，工作难以开展。

（五）少数高校思政教师政治立场不坚定，理想信念淡薄

根据中国教育信息网提供的数据，一项对河北大学、河北科技大学、邯郸大学、河北师范大学等八所高校140名高校思政教师的调查显示：有34.5%的高校思政教师认同"社会主义与资本主义将逐步走向融合"，51.6%的高校思政教师认同"私有制是未来社会发展的趋势"。由此可以看出，在国际国内政治经济状况发生新变化的形势下，一些高校思政教师淡化了自身对正确理论的学习，对马克思主义的信仰产生了动摇，是非观念不够鲜

明，立场不够坚定，理想信念淡薄。因此，在思政教育工作中，一些高校思政教师很难引导学生树立正确的世界观、人生观，更有甚者在学生面前随意发表个人不正确的观点，不注意给学生带来的影响。此外，一些高校思政教师对政治缺乏热情，对申请入党也不积极，意识形态淡漠，远离政治，不能给学生做出表率，这些势必也会对大学生的思想产生不利的影响。因此，如何加强理想信念教育是高校思政教师队伍建设亟待解决的重大问题。

（六）部分高校思政教师敬业和奉献精神下滑

由于人生价值取向失之偏颇，功利主义倾向趋于严重，一些高校思政教师在个人与集体、奉献与索取、理想与现实的矛盾中陷入误区，片面追求个人利益，一切以自我为中心，"大利大干，小利小干，无利不干"，甚至有的高校思政教师利用高校可自由支配时间较多的有利条件，在校外从事兼职，无暇顾及学生的思政教育工作，无心开展有利于学生健康的各项工作，对学生的思想动态不闻不问，对学生的日常生活漠不关心，这样必然会损害高校思政教师在学生中的良好形象，其工作效果也可想而知。

第二节 新时期加强高校思政教师队伍建设的重要性

新形势下，高校思政教师队伍建设所处的环境已经发生了很大的变化。从大环境方面看，国际政治经济新秩序正在形成，我国社会主义建设事业正处于崭新的发展阶段；从小环境方面看，高校各项改革正在稳步向前推进，德育教育全球化、学校管理自主化、知识传输信息化、办学体制市场化、相互竞争激烈化、教育对象复杂化正成为新时期高校的显著特点。面对新形势、新任务、新要求，高校思政教师要更好地适应时代发展的需要，完成自身肩负的历史使命，勇敢应对各类挑战。

一、国际国内形势的变化对高校思政教师提出了更高的要求

当前国际国内政治经济格局正在发生重大变化，致使高校思政教师队伍建设面临着一系列新情况和新问题。

（一）经济全球化对高校思政教师提出了更高要求

国际政治经济格局的变化，最集中体现在经济全球化趋势中。经济全球化对各国的意义在于使各个国家都尽可能在整个世界范围内，进行本国资源的最佳配置，获得最佳的经济效益。对广大的发展中国家来说，要实现经济跨越式发展，就必须参与经济全球化。这与其说是一种理智的行为，毋宁说是一种唯一的选择：如果不参与，必将走向末路。但是，当今经济全球化是从资本主义的扩张和资本主义生产方式的变革中日渐形成的。它一方面有可能使各国实现资源的更优配置；另一方面由于发达国家在各方面所处的优势以及霸权

主义的作用，很容易使发达国家与发展中国家之间产生不公正、不公平、不合理的分配，导致世界范围内经济两极分化现象的加剧。同时，世界经济全球化趋势与政治格局变化之间有着紧密的互动关系。一些发达国家利用经济全球化的优势地位，企图进一步改变世界政治格局，把经济一体化看作"西方化"。这样，对发展中国家来说，在经济全球化的竞争中，面对世界政治格局的急剧变化，如何维护国家主权、国家利益、国家安危具有更重要的意义。当今国际政治经济格局的这些新变化，对人们思政素质的培养提出了更高、更新的要求。所培养出的人，一方面要能够了解经济全球化的走势，能够适应和参与经济全球化的运作；另一方面又要能够深刻理解世界经济政治格局变化的性质及趋势，能够冷静应对这一变化过程中可能出现的各种不同的复杂局面。从人的素质角度看，既要有现代科技、运营管理等方面的知识和素质，也要有维护国家主权、维护国家利益和国家安全的政治素质，以及热爱祖国、热爱集体、热爱社会主义的思想素质，这些不仅是高校思政教师队伍建设面临的新内容，而且是必须加以解决的新课题。

（二）市场经济对思政教育工作的冲击使高校思政教师面临新挑战

我国正处于改革开放的新时期，市场经济制度的确立使社会发生了翻天覆地的变化。这一制度的确立必将带来经济成分和经济利益的多样化、收入分配方式的多样化、社会生活方式的多样化等多方面的变化。同时也必然带来社会上一些人观念上和行为上形形色色的不同表现，比如，社会上一些与马克思主义、社会主义相悖的言论时有出现，有的公开鼓吹"全盘西化""多党制""议会民主""私有化"等，有的公然违法乱纪，做出危害国家和人民利益的事。这些错误观点和行为通过各种途径涌入学校，对教师和学生难免产生消极的影响，使部分教师和学生对一些基本理论产生模糊认识。拜金主义、功利主义思潮冲击着身居"象牙塔"内的高校思政教师，传统的重义轻利教育观念在一波波思潮的裹挟下渐渐退缩，代之以重利轻义。因此可以说，在以经济建设为中心的社会发展时期如何正确认识和处理经济与政治、经济发展与思想道德升华、经济增长与人的全面发展之间的关系，成为高校思政教师需要潜心研究和探讨的重大课题。

（三）精英教育向大众教育转变使高校思政教师的工作难度增加

自 20 世纪 90 年代末期高校开始扩招以来，高校在校生人数迅速增加，高等教育由精英教育逐步向大众教育转变。高等教育的大众化，使学生入学时的基本素质相对有所下降。原本在精英教育时代被排斥在大学校园外的学生，一些在中学里没有养成良好学习习惯、学习目的性不强，甚至厌学的学生纷纷涌入大学校园；同时，学生中的独生子女越来越多，他们的学习适应性、生活自理能力极差。这些无疑给高校思政教师的工作增加了难度，并对高校思政教育提出了新的要求。

特别是近几年高校在校生人数出现了较大数量的增加，给高校教学、管理、后勤等工作带来了更大的压力，提出了更多考验。为保证教学、生活的秩序，维护高校的稳定与发展，增强学生思政教育工作的实效性，建设一支政治素质好、工作扎实的高校思政教师队伍势在必行。

二、应对现代科学技术发展对传统教育模式和人才培养方式的冲击

现代科学技术的迅猛发展以及由此引发的社会生产力的巨大变化，在极大地丰富社会物质财富，扩展人类生活空间，改善人们生活质量的同时，也深刻地影响着人们的意识形态。人们易于产生崇尚物质力量而轻视精神力量，热衷物质创造而忽视政治方向，关注物质世界而忽视自身修养等倾向。由此应该看到，在现代科学技术迅猛发展的条件下，伴随着网络信息文化的出现，人们的传统思想、传统习惯和传统操作方式在方方面面都会受到巨大而深刻的影响，生产方式、生活方式和思维方式，也将面临重大变革。这必将改变传统的教育模式和人才培养方式，给高校思政教师队伍建设带来新的挑战。

（一）传统思政教育模式已不适应新时期人才培养的需求

长期以来，高校思政教育工作往往采取以正面灌输教育为主的教育方式，对形形色色的社会思潮往往采用"堵"的应对办法，禁止学生接触，让学生处于封闭状态；管理手段也局限于开会、谈话等正面接触的方式。但随着知识经济和信息时代的到来，信息技术迅猛发展，网络文化、多元化文化渗透到社会方方面面。学生的生活空间、交流空间处于开放状态，学生的选择范围、交流手段不一而同，并且学生的思想问题经常与心理问题、政治问题交织在一起。故而那种单一的思想教育方式、简单的管理手段已经很难再解决学生的思想问题了，也无法教育、引导学生健康成长。也就是说，过去形成的防御型、任务型、被动型的思政教育管理模式，严重影响和制约了素质教育的实施与效果，已不再适应新时期人才培养的需求。

（二）网络技术的发展要求改变传统的人才培养方式

21世纪是一个高度信息化的时代，其主要特征是信息网络化。信息技术的蓬勃发展使经济全球化、政治多极化、教育国际化的趋势变得更为突出。网络信息技术在全球的迅速扩散，使人类社会面临着一场全方位的、意义深远的革命。当前，互联网已将大学生置于一个广袤无垠的网络空间中。调查显示，大学生上网比例高达100%，网络以其开放性、互动性和迅捷性等优势赢得了大学生的普遍青睐和追逐。大学生正经受着前所未有的影响与冲击，他们的世界观、人生观、道德观和生活方式日益受到网络的影响，大学生对"网上冲浪"更是趋之若鹜、乐此不疲。网络的互联性彻底改变了人们被动接收信息的方式，实现了信息的双向交流，调动了学生学习的积极性，提高了教育效果；网络的开放性丰富了思政教育的资源和视野；网络的迅捷性可以使高校思政教师及时发现学生中存在的思想问题，并采取措施加以疏导。信息网络的出现以及其在教育领域中的运用，给高校思政教育工作的手段、方式、条件、效果乃至教育价值观都带来了全新的变化和发展。因此，更

新传统的教育方法、管理手段，创造全方位的教育环境，充分利用先进的技术手段特别是网络技术，多方位了解大学生的思想，提高他们的政治敏锐性与鉴别力，对他们进行科学有效的引导、教育和管理，显得愈发重要。只有这样，才能扩大思政教育工作的覆盖面和实效性，才能应对好信息技术的发展给学生思政教育工作带来的严峻挑战。

（三）网络信息的多样化使思政教育的原则受到极大冲击

可以说，信息网络是发达资本主义国家在政治、经济、文化和思想意识形态上进行新殖民主义扩张和精神污染的重要渠道。早在 20 世纪 60 年代中期，马歇尔·麦克卢汉就曾预言："信息的即索即取能创造更深层次的'民主'，计算机网络将带来'民主的复兴'。"此言论虽过于夸张，但由于技术等方面的原因，目前互联网上 95% 的信息是英文信息，再加上西方发达国家网站多，上网信息量大，因而访问量也更大。于是西方发达国家就利用信息资源的垄断优势，向不同意识形态的国家，特别是向实行社会主义制度的国家大肆宣传、兜售资本主义的政治观、价值观和道德观以及腐朽思想和生活方式，在网络上推行新的文化"殖民扩张"政策，腐蚀他国优良的文化、道德、传统以及人民的理想信念。网络文化对"网民"思想的影响是在不知不觉中产生的，是通过潜移默化的方式影响"网民"的政治取向、道德观念、人生价值和文化素质的。而大学生正处在好奇心强、求知欲旺盛、易于接受新鲜事物的年龄阶段，因而极容易受到这种思潮的影响，受其蒙蔽，迷失方向，最终导致对本国优秀传统文化的淡漠或遗忘。这种利用网络进行的政治势力扩张要比武力达到的效果强大得多、便捷得多、阴险得多。西方国家的意识形态和文化通过网络加剧渗透，对于思想较为单纯的大学生来说，无疑是一场严峻的考验，很容易引起他们政治观念的淡漠和民族意识的淡化。可以说，网络的发展给育人环境的可控性造成了极大的影响。网络文化的发展使人们接受事物的环境完全处于开放状态。过去由于信息技术不发达，大学生能够接触信息的方式主要是报纸、电视、广播，学校和高校思政教师可以对这些载体传递的信息进行取舍，将不正确的、不恰当的信息删除，甚至可以直接参与信息的制作。而当前在国际互联网上，以声情并茂的形式和各种一扫传统的新奇手段传播的不健康甚至是下流庸俗的信息比比皆是，这给尚不谙世故，是非辨别力不强的大学生带来了极其有害的影响，也给从事思想教育的高校思政教师的工作带来了更大的难度。

（四）网络交际使人际交往产生新的障碍

在网络中，上网者的行为常常是在"世外桃源"的环境下进行的，人与人之间的交往不是面对面、实实在在的交往，而是在虚拟的环境下进行的，人人都可在网络中乐自己之所乐，想自己之所想，做自己之所做。因此，过多地与网络打交道，必然会影响和改变大学生的生活方式，使之产生新的人际障碍。长此以往，难免造成性格孤僻冷漠、人际关系淡漠、人际交往疏远，产生新的心理困惑。比如，现在有的大学生长期沉迷于网络之中，经常脱离班级和集体，陷入疏懒、空洞、倦乏的心理亚健康状态；有的沉迷于网上交友或网络游戏，对现实社会中的人和事淡漠，即与网友"天涯若比邻"，与同学和老师却"比邻若天涯"；有的面对瞬息万变的现实社会不知所措，有的甚至连国家大事都不予关心，专意留心花边新闻、小道消息等。如此这般，导致大学生无法安心学习，甚至出现心理问题。

（五）学分制、公寓化管理对高校思政教师的工作提出了更高的要求

随着市场经济的不断深入，我国的教育体制随之发生了相应的改变，以人才培养为目标的高校教学管理制度也发生了变化。一种以注重学生个性发展，符合学生个性发展，具有学习内容选择性、学习进程弹塑性的学分制模式应运而生。学分制的全面实施，一方面使学生的主体地位得到了充分的体现；另一方面，在给学生创造宽松环境的同时，由于学生缺乏自主学习的能力，容易使之产生学分制就是给予充分自由的误解，致使少数学生怠慢学习，无限度地放飞自我。同时，由于各高校都实行了公寓化管理，学生的生活条件得以改善，加之有的高校将公寓私人化，致使学生管理双重化，造成学生产生逆反心理，不听指挥，不服管理，这些都给高校思政教师的工作带来了难度，向他们提出了更高的要求。

三、加强高校思政教师队伍专业化、职业化建设的需要

（一）顺应我国高等教育发展的趋势要求

随着我国科教兴国理念不断深入人心，高等教育已成为国家科技进步、经济发展的重要支撑。近年来，我国高等教育快速发展，呈现出五大发展趋势。第一，发展方向大众化。由于我国经济的快速发展，民众对高等教育的需求日趋旺盛，经过连续多年的扩招，我国的高等教育已由"精英教育"走向"大众化教育"。第二，办学方式多元化。一是办学体制多元化，二是投资渠道多元化。第三，办学模式市场化。由于市场经济体制的确立，高校价值的确认越来越注重社会的认可。高校的毕业生要接受社会的严格挑选，高校的科研成果同样要接受市场的严格选择，高校正从"象牙塔"走向社会，并最终完全融入国民经济的主战场。一些高校的专业设置、招生就业越来越考虑社会的需求。高校与高校之间、高校与科研院所之间、高校与企业之间的分割正在被打破。第四，办学途径国际化。随着科技的不断发展和经济全球化步伐的加快，特别是加入世贸组织后，我国高等教育得以更加广泛地参与到全球范围内的教育服务竞争之中。国内高校与国外高校、研究机构间的国际交流合作空前活跃。第五，办学手段信息化。信息技术的应用与普及较早地在高校得以实现。现代信息技术渗透到了高校教学、科研的每一个环节，并彻底改变了传统的教学模式，大幅度提高了教育资源的利用效率，多媒体教学、数字化校园、网上大学已被人们所熟悉，我国高等教育正全面走向信息化。

（二）高校思政教师队伍的专业化、职业化建设还不能适应发展的要求

自 20 世纪 90 年代末高校实行扩招以来，一方面高校在校生人数大大增加，学生数量突发性膨胀，新生素质下降，大学教育资源紧缺，贫困生增多；另一方面，取消年龄、婚

姻等入学条件限制导致生源复杂。同时就业市场化，学生成为高等教育的"用户"和"消费者"，大大改变了其对原有大学教育和学生工作的态度和评价。学生有较强的平等意识、公民意识、法律意识，他们比以前更关注自身的合法权益，比以前更懂得运用法律来保护自己的权利。因此，高校思政教育的强度、难度明显增加。尽管高校思政教师队伍一直在进行着专业化、职业化的建设，但仍存在着职责不清、素质不高、结构不合理、管理不规范、流失严重、队伍不稳定和出口不畅等弊端，这种状况远远不能适应高等教育发展的要求。因此，必须加强高校思政教师队伍专业化、职业化的建设。

（三）高校思政教师队伍建设专业化、职业化的内容及要求

高校思政教育工作是一项育人工程，既有自身的规律和特点，又有很强的专业性。高校思政教师是思政教育工作最直接的承担者，其队伍建设必须实现专业化，这是由大学生的特点和形势发展所决定的，是适应思政教育新形势的客观需要。

所谓专业化是指经过专业培训的专门人员专门从事某项工作并不断提高的过程。高校思政教师队伍建设专业化，不仅仅指一般狭义上的专业化，即高校思政教师要成为以学生思政教育工作为职业的专业型人才，还包括广义上的专业化，即高校思政教师应该面向职业生涯规划、心理咨询、就业指导等方面，向专家学者方向发展。这就要求高校思政教师必须要承担一定的教学和科研工作。有条件的学校要对高校思政教师进行教学培训，安排他们承担思政教育理论课、形势政策课或人文类公共选修课的教学，同时学校应鼓励高校思政教师结合自身工作，积极申报思政教育或党建课题，承担一定的科研工作，从而使高校思政教师在教学、科研的磨砺中，不断充实自己、完善自己、发展自己，逐步实现向专家型的跨越。

高校思政教师职业化建设不仅要研究高校思政教师的职业"出路"，更应着力研究如何增强思政教师岗位的职业吸引力，如何增强他们工作的事业感、成就感，如何构建他们职业的人生价值。同时，也要逐渐破除高校思政教师"出路在于转行"的观念，逐步完善高校思政教师"岗位成才""岗位发展""岗位奉献"的激励机制，建立包括考核、奖惩、晋升等在内的一系列思政教师培养长效机制，从而强化高校思政教育工作的职业化。

所谓职业化，就是建立高校思政教师职业的准入机制，严把进门关，选拔高质量的人才进入到高校思政教师队伍中来；建立高校思政教师职业培训机制，通过岗前培训、调研学习、学历学习等各种形式，加强对高校思政教师的培养，在工作实践中提高高校思政教师能力；建立高校思政教师职业考核机制，明确其职责，根据高等教育发展的需要和大学生的特点对高校思政教师进行定期的考核与淘汰；建立高校思政教师职业晋级机制，对考核中表现优异的高校思政教师要积极向学校组织部门推荐，使其成为党政后备干部培养对象，在学校选拔干部时优先考虑，从而吸引一大批优秀人才加入学生思政教育工作行列。

四、新时期高校思政教育工作需要有较强的时代感和更强的针对性

（一）当代大学生的思想特点要求高校思政教师改变传统的思维方式

当前，大学生群体已经发生了新的变化，他们中多数是独生子女，成长于改革开放的新时代，对生活的体验和感受，对个人在社会中的定位，对事物的看法和认识都具有鲜明的时代气息。当代大学生的特点是锐意进取、蓬勃向上、勇于创新、乐于表现、富有正义感和人生追求。他们有着强烈的"成人感"却缺乏生活自理能力，有争强好胜的自我表现欲却常常显得急功近利，渴望获得成功却缺乏应对挫折的心理准备，希望他人善待自己却缺乏协作和奉献精神，追求高品质生活却缺乏艰苦创业的精神，在待人处事时往往表现得过于幼稚，以自我为中心，缺乏责任感，任凭感情用事。针对当代大学生的特点，高校思政教师应改变传统的思维方式，转变工作理念，创新管理模式，与时俱进，牢固树立"育人为本，德育为先"的理念，树立"一切为了学生，为了一切学生，为了学生一切"的理念，使其工作可近——以情感人，可信——以理服人，可亲——以诚待人，可行——贴近实际、实践育人。

（二）新时期要求高校思政教师的工作具有更强的针对性

随着高等教育大众化时代的到来，当代大学生的不良习气有所增加：重学习轻修养，致使思想道德素质与科学文化素质发展不平衡、不协调；重理论轻实践，致使理论与实践相脱离，束缚和阻碍了自身的成长和发展；还有重个人成才轻社会需要，重自身价值轻社会价值等。在处理树立远大理想与艰苦奋斗的关系上，由于当代大学生是在改革开放和社会主义现代化建设时期成长起来的，他们没有经受过战火硝烟的洗礼，没有经过建国创业艰难的历练，没有经历一穷二白的磨砺，他们有的是从学校到学校的简单阅历，是更加优越的生活条件，是对开放时代外面精彩世界的片面了解，是父母亲朋的娇惯和宠爱，根本不懂得艰辛创业、艰苦奋斗的含义。他们富有理想，向往未来，但不了解国情，对建设富强民主文明的社会主义国家缺乏深刻认识，缺乏长期艰苦奋斗的思想准备，缺乏面对挫折百折不挠的坚强意志。因此，如何针对学生思想实际，融入新的教育模式和教育理念，用自己的好思想、好品格、好作风有的放矢地开展思政教育工作，是每一个思政教师都必须解决好的重要的现实问题。思政教师必须要充分契合当代大学生思维活跃，对新事物、新思想接受能力强的特点，主动贴近学生的思想实际，对其进行针对性的教育，才能切实增强思政教育的实效性。

第三节 加强高校思政教师队伍建设的总体思路

高校思政教师队伍建设面临着众多的挑战，为切实解决好高校思政教师队伍建设中遇到的困难和问题，必须进一步明确工作思路，明晰工作目标，抓住重点，加强学习，寻求行之有效的方式方法，创造性地开展工作。

一、加强高校思政教师队伍建设的指导思想和目标要求

（一）加强高校思政教师队伍建设的指导思想

邓小平理论和"三个代表"重要思想是对马克思主义唯物论的新贡献，是对马克思主义建党学说的新发展，是对科学社会主义的新概括，标志着关于社会主义本质和社会主义发展道路理论的统一与创新，集中概括了党和国家全部理论活动、实践活动，包括了一切工作的根本方向、根本准则、根本依据，是指引党和国家新世纪伟大进程的行动指南。新形势下加强高校思政教师队伍建设，应以此为指导，努力建设一支结构优化、素质精良、数量充足，适应在新形势下开展高校思政教育工作的高校思政教师队伍。

（二）加强高校思政教师队伍建设的目标要求

高校思政教师队伍建设，要以邓小平理论和"三个代表"重要思想为指导，认真贯彻中共中央关于加强和改进高校思政教育工作的精神，以《中华人民共和国教师法》《中华人民共和国高校教育法》和中宣部、教育部《关于进一步加强高等学校思想政治理论课教师队伍建设的意见》（教社科〔2008〕5号）为依据，以着重培养高校思政教师骨干为重点，坚持依法治校，深化改革，优化结构，促进发展的方针，遵循搞活、创新、高效的原则，建立有利于高校思政教师合理配置和优秀人才脱颖而出的有效机制。

当前和今后一个时期，高校思政教师队伍建设的目标是：适应国际国内政治、经济体制变革的需要，适应新形势下做好青年大学生思政教育工作的需要，打破传统思想观念的束缚，树立竞争意识，形成能上能下、能进能出的公开、平等、择优的用人机制；树立开放的观念，促进教师合理有序流动，资源共享；树立队伍构成多元化的观念，使队伍保持较强的活力；建立健全高校思政教师队伍建设的机制体系，优化高校思政教师的学历结构、年龄结构、职称结构，提高队伍的整体素质，完善选拔聘任制度，加强培训，科学考核，公正评价，确保队伍稳定健康发展，从而推进高校思政教师队伍建设的科学化。

二、新时期高校思政教师队伍整体素质要求

提高高校思政教师队伍整体素质，构建符合时代要求的、具有自身特征的高校思政教

师队伍，是开展高校思政教育工作的迫切要求，是新形势下加强高校思政教师队伍建设的关键所在。高校思政教师是高校思政教育工作的策划者和执行者，他们的价值取向、精神风貌和思想道德水准等整体素质直接影响着学生的素质培养。因此，作为高校思政教师必须具备政治、品德及能力三项核心素质，其中，政治素质是做好工作的前提，品德素质是有力保障，能力素质是基本平台。

（一）政治理论素质

政治理论素质是高校思政教师必备的首要素质，是高校思政教师的灵魂，也是高校思政教师的法宝和力量源泉。思政教育本身是一项综合性很强的社会实践活动，有其内在的规律和理论体系，并与其他理论相关联，因此，高校思政教师必须具备相应的政治理论素质，才能做好本职工作。

当前，经济发展虽然呈现一体化、全球化和信息化趋势，但意识形态领域的竞争，不仅没有消失反而更加激烈和隐蔽。西方发达国家由于资产阶级革命经历了相当长的历史阶段，没有文化侵略和经济压迫的双重威胁，科技领域的领先优势和民众民主意识的相对稳定使他们不存在被他国演变的可能。尽管如此，他们仍然十分重视对高校教师的政治素质要求，旨在通过教师努力把学生培养成为在思想、政治、道德等方面适合统治阶级需要的人才。而广大发展中国家由于经济技术和科学文化落后，在技术资本大举进攻面前，很容易被西方国家潜移默化地演变过去。因此，我国高校思政教师必须加强理论研究，深刻领悟党的基本路线、方针和政策，从而真正做好大学生的思想政治教育工作。高校思政教师必备的政治理论素养如下：

1. 鲜明的政治立场

高校思政教师必须具有鲜明的政治态度、坚定的政治立场和较高的政治理论素养。坚持四项基本原则，坚持改革开放政策，自觉拥护党的领导。任何时候、任何场合都要自觉地坚持社会主义政治方向，始终站在人民群众的立场上，在政治上与党中央保持一致，做一名思想坚定、头脑清醒的社会主义的捍卫者和引路人。

2. 坚定的理想信念

理想信念是人们所追求和向往的目标，是政治立场和世界观的集中反映，也是人们的精神支柱和力量源泉。崇高的理想信念会激发人们的热情，振奋人们的精神，鼓舞人们的斗志，帮助人们形成良好的道德情操。实现共产主义是我们党的最终目标，也是人类社会历史发展的必然方向。新时期高校思政教师只有坚定社会主义和共产主义信仰，立志为社会主义、共产主义事业献身，才能把本职工作和历史发展趋势结合起来，才能产生自豪感和使命感，才能使学生真正"诚学之，笃信之，躬行之"，从而收到良好的思政教育效果。

3. 牢固的法治观念

高校思政教师必须具有牢固的法治意识、坚定的法治观念、明了的法治行为。这是时代的需要，也是高校思政教师的职责要求。中国传统文化中存在人治而非法治的思想，民众的法治观念比较淡薄，人治思想比较严重，几千年的人治习惯直到今天仍大有市场。但是，从人治走向法治是中国社会发展的必然趋势，为此，中国共产党将依法治国、建设社会主义法治国家确立为领导人民治理国家的基本目标之一。这样，社会主义法治教育也就成了高校思政教师工作的重要内容之一。高校思政教师要对学生进行法治教育，自己首先要学法、知法、守法，以法治的眼光、法治的立场，分析问题、解决问题。只有这样，才能使学生树立法治意识，接受法治教育。

（二）品德素质

品德是人们在社会生活中共同遵守的行为准则，"德为师之本，师者需高德"。在大力实施"以德治国""以德治教""以德育人"的新形势下，提高高校思政教师的师德水平，直接关系到高校思政教育的成效和大学生素质的提高，影响到高校培养社会主义事业接班人历史使命的完成。高校思政教师良好的道德品质和作风，如热爱本职工作、乐于奉献、以身作则、吃苦在前、享乐在后等，有利于促进师生之间的理解和相互信任，有利于建立良好、和谐的师生关系。因此，高校思政教师必须具备良好的品德素质，具体包括：

1.崇高的思想品德

高校思政教师应该树立国家利益、民族利益高于一切的观念，摆正个人利益、集体利益、民族利益和国家利益的关系；应具有强烈的事业心和责任感；能够运用辩证唯物主义和历史唯物主义的基本观点，观察问题、分析问题和解决问题；能够旗帜鲜明地抵制和反对唯心主义的思想和行为。有了这样的思想品德意识，才能更好地开展思政教育工作。

2.爱生敬业精神

爱生敬业精神集中表现为大公无私、先人后己、甘为人梯、乐于奉献，在工作上表现为认真负责、踏实肯干、勤奋敬业、不畏艰难，在业务上表现为精益求精、刻苦学习、积极进取、勇于开拓。崇高的爱生敬业精神是高校思政教师的神经中枢，敬业爱生之德是做好学生思政教育工作的动力。为此，高校思政教师应牢固树立"为了一切学生"的理念，真心实意地关心、爱护每一位学生，做学生的知心朋友和心理辅导者，关心学生的思想、学习和生活，了解其性格特点、兴趣爱好。做到对优秀生立足于促，对中等生立足于导，对后进生立足于帮，注重发掘每个学生身上的亮点，并善于扩大、创造机会让学生展示个性特长以帮助其树立成功的信心。同时，高校思政教师在实际工作中应增强自身的使命感、责任感和荣誉感，把培养社会主义接班人的任务奉为天职。

3.完美的人格形象

高校思政教师要以完美的人格力量影响大学生。教师的人格形象对学生是一种"不求而至，不为而成"的潜移默化的教育，"其身正，不令而行；其身不正，虽令不从"，即是高校思政教师为人师的威望和人格的力量所具有的教育作用。我国历来把教师视为完美人格和优良道德的化身。"学高为师，身正为范"一向是我国传统文化对教师完美人格的要求。因此，高校思政教师必须努力打造完美的人格，以自身最佳的师德境界、师德规范和师德行为成为遵纪守法，践行师德的模范，为青年大学生做出表率。

（三）能力素质

高校思政教师应具有吸取新知识、新思想、新观念的学习能力，以及创新和驾驭现代科学技术的能力。具体包括：

1. 理论与实践相结合的能力

高校思政教师必须具有理论联系实际的能力。只有把马克思主义理论与现实生活中出现的新情况、新问题紧密结合起来，与国内外政治经济形势、改革开放和建立社会主义市场经济的实际情况及学生的思想实际紧密结合起来，才能使高校思政教师的思政教育工作具有更强的针对性和吸引力。新时期大学生的思想具有复杂性、多变性的特点，要有的放矢地开展思政教育就必须善于运用马克思主义的观点和方法，深入实际，深入大学生之中，善于接触、观察、分析大学生和社会环境，及时归纳总结经验，得出正确结论，并使之上升为理论，用以指导新的思政教育工作。

2. 创新能力

近年来，不论是发达国家还是发展中国家，都非常强调人的创新意识和实践能力，这是时代发展的要求，也是国际竞争的要求。国与国之间的竞争，归根到底是人才创造能力的竞争。创新是一个民族进步的灵魂，是国家兴旺发达的不竭动力。同时，创造性人才的培养、创新能力的开发主要依赖于教育，更依赖于教师。教育的最终目的不是传授已有的东西，而是发展、创造新的事物。这就需要高校思政教师具有创新意识、创新精神和实践能力。为此，新时期高校思政教师的思维方式需要进一步从封闭走向开放，从静态走向动态，从经验走向创新，从形而上学走向辩证思维，注重思维方式的广阔性和前瞻性。只有这样，才能做好思政教育工作，开创高校思政教育工作的新局面。

3. 运用网络技术的能力

网络技术的飞速发展，形成了独特的、以信息网络技术为基础的网络传媒。网络传媒所传递的信息好坏并存，这既给大学生的思政教育工作带来了众多机遇，也带来了巨大的挑战，增加了新时期高校思政教育的难度。全媒体时代要求高校思政教师具有较强的驾驭网络技术的能力，因为只有掌握了网络技术的主动权，才能牢牢地占领网络思政教育的阵地。

4. 运用英语交流的能力

作为新时期高校思政教师，要想从网络上获得有价值的信息，或者利用网络宣传马克思主义理论和党的基本路线、方针、政策，扩大对大学生进行思政教育的影响力，在网络中占领思政教育的制高点，就必须懂得英语。同时，大学生的思政教育是在开放的国际国内环境中进行的，需要与世界各国进行交流与合作，以借鉴和吸收其他国家高等教育以及一切人类文明的优秀成果。因此，高校思政教师必须具有较高的英语运用能力。

三、加强高校思政教师队伍建设的对策

（一）领导重视，政策到位，确保队伍健康稳定发展

2019年3月19日，习近平在学校思想政治理论课教师座谈会上指出："各级党委要把思想政治理论课建设摆上重要议程，抓住制约思政课建设的突出问题，在工作格局、队伍建设、支持保障等方面采取有效措施。要建立党委统一领导、党政齐抓共管、有关部门各负其责、全社会协同配合的工作格局，推动形成全党全社会努力办好思政课、教师认真讲好思政课、学生积极学好思政课的良好氛围。"

上述重要论述为各级高校指明了办好思政课，抓好思政教师队伍建设的方向和着力点。因此，高校领导要从政治高度认识高校思政教师队伍建设的重要性，要从实施人才强国战略的高度重视高校思政教师队伍的建设工作，要把高校思政教师队伍建设提高到关系社会稳定和学校发展，关系到学校培养后备干部、未来学科带头人的高度来认识，彻底改变以往对高校思政教师形成的偏见；要创新工作机制，加大培养和激励工作力度，落实各项政策保障，提高思政教师岗位对优秀人才的吸引力，让思政课教师特别是青年教师的创造活力竞相迸发、聪明才智充分涌流。

高校党委书记和校长要切实承担起加强高校思政教师队伍建设的责任，既要把这支队伍作为当前思政教育工作的一支重要力量使用，又要将其作为未来党政领导干部和教学、科研、管理干部队伍的后备力量精心培养。为此，各级学生工作领导要经常深入到思政教师的工作和生活中去，了解他们的实际情况，听取他们的意见，了解他们的心声，帮助他们解决实际困难，使他们能以旺盛的精力投入到思政教育工作中去；学校应制定合理的分配制度，根据思政教师的劳动特点量化工作，实事求是地承认其应得的利益，提高他们的工资水平，设立思政教师岗位津贴，制定相关政策改善思政教师的住房条件，为其解决后顾之忧，使之能够全身心地投入到思政教育事业中去；要创造良好的工作环境，设立思政教师专门办公室，配备必要的工作设施，提供便利的工作条件，以确保思政教师工作的良好开展；同时，各学校要统筹规划高校思政教师队伍建设工作，研究队伍建设方面的具体政策与措施，制定高校思政教师队伍建设的中长期规划，以确保队伍健康稳定发展。

（二）完善机制，明确目标，以事业凝聚人心

加强思政教师队伍建设的主要目标，就是要努力建设一支政治强、业务精、纪律严、作风正的高水平的思政教师队伍。要根据思政教师的工作职责和任务，在选聘、管理、培养和发展等方面，采取有力措施，明确相关政策，逐步完善机制，使他们工作有条件，干事有平台，发展有空间，以最大限度地调动思政教师的积极性和创造性，形成以事业凝聚人，以制度促进建设的局面，吸引更多的优秀人才加入到思政教师队伍中来。同时要在明确目标和政策要求的前提下，坚持实事求是、分类指导。研究型大学、教学型大学和高职高专院校情况有所差异，同一类学校情况也有所不同，要因校制宜；要坚持专职与兼职相

结合，形成"专职为主、专兼结合"的格局；坚持相对稳定与合理流动相结合，既完善政策以事业留人，又畅通出口鼓励合理流动，使队伍建设在动态中保持相对稳定，逐步构建一支长期从事思政教育工作的专业化、职业化队伍。

（三）严格选拔，合理配备，确保队伍结构合理化

思政教师的选聘必须坚持"高进"原则，这是思政教育工作的现实要求，也是提高高校思政教师工作适应性的基本要求。各级领导要从源头抓起，按照德才兼备、专兼职相结合、年轻精干的原则，从优配备思政教师。要按照教育部的相关要求，确保大学生和思政教师人数200：1的最低配比（即每200名大学生至少配备1名思政教师）。可以采取从本校各专业品学兼优的本科以上毕业生中选用一批学生，适当从外校思政专业毕业生中引进一批学生，两相结合的办法，这样对开展思政教育工作大有裨益：一是本校毕业生既熟悉本专业特点，又了解校情和系情，进入角色快，有利于结合专业学习开展思政教育工作；二是外校思政专业毕业生具有一套系统、现成的思政教育理论，工作起来得心应手，并能与本校留校懂专业的思政教师形成互补结构，更有利于培养高素质的大学生。选聘时应在党委统一领导下，采取公开招聘的方式，组织、人事、学工及院系领导要积极参与、严格把关，注重知识结构、学历结构，坚持多渠道重点考察其科学判断形势，把握育人方向，组织管理，预防应对和处理突发事件及语言文字表达等方面的能力，同时选聘时还要考虑有利于思政教师队伍的专业化、职业化建设，有利于队伍后备干部的培养和选拔以及将来向教学、科研岗位的合理分流等，确保队伍结构的合理化。

（四）明确职责，准确定位，确保合力育人

高校思政教师职责泛化，已经成为制约队伍建设和发展的重要因素。随着高等教育的快速发展，学生对教育、管理和服务工作有了更高、更广的诉求。高校在学生教育、管理和服务等方面，应该构建一种适应时下要求、符合发展趋势的体制和机制，以进行相关职能的合理分化，制定出内容清晰、范围恰当、目标较为明确的高校思政教师岗位职责，对高校思政教师进行科学定位。就发展趋势而言，建立专业机构，强化服务职能是方向。同时，高校思政教师工作职能从"消极防御、管理至上"向"主动引导、服务至上"的转变也是一种必然趋势，这是高校思政教师职责确立和定位角色的基本依据。各高校应结合自身的实际，在思政教师队伍建设中，确保思政教师职责明确、定位准确，充分体现"术业有专攻"，切实保证合力育人。

（五）加强自身修养，注重学习，提高竞争和创新意识

时代的发展与进步对高校思政教师的业务水平和综合素质的要求越来越高。高校思政教师作为高校思政教育的骨干，不仅要有渊博的学识，更要有高尚的人格、强烈的竞争意识和开拓创新意识。

打铁还需自身硬。作为高校思政教师，首先，应加强马克思主义理论，尤其是邓小平理论和"三个代表"重要思想以及科学发展观、习近平新时代中国特色社会主义思想的学

习，在掌握基本原理及精神实质上下功夫，提高自身的政治素质和理论水平，自觉运用马克思主义的立场、观点和方法解决学生中存在的问题，真正成为学生政治上的领路人；其次，要注重对学生心理健康的研究，应养成读书习惯，多听有关专题报告，多接触社会，通过理论和实践的结合，提高专业化水平；再次，要加强对新知识、新技能的学习，扩大知识面，增强工作的影响力、说服力和凝聚力；最后，工作中应树立较强的竞争意识，敢于同他人竞争，在竞争中求生存，在竞争中求发展，在竞争中展示才华，做到努力把握时代脉搏，开拓创新，敢闯敢冒险敢尝试，善于发现新规律，创造新成果，在开拓进取中谋求发展。在当前竞争激烈的年代，高校间存在着生源竞争、师资竞争、人才竞争等多种竞争，高校思政教师作为人才队伍的重要组成部分，同样存在着竞争，因此高校思政教师必须努力学习，让学习成为习惯，把学习当成一种生活方式，加强自身修养，提高竞争意识，开拓创新。只有这样，工作起来才能得心应手，才能适应时代的要求。

（六）加强培训，突出重点，提高整体素质

加强培训是提高高校思政教师队伍整体素质的必要保证。因此，各级领导应加以重视并给予相应政策，按照超前式、开放式、动态式的培养模式，建立和完善思政教师培养制度，设立专项培养经费，制定倾斜政策，采取有效措施做好高校思政教师的各类培训。

首先，确定培训的重点。培训以中青年高校思政教师为主，旨在培养出一批具有影响力的中青年骨干高校思政教师，并通过滚动式培养，使他们成为新世纪活跃在思政教育工作中的带头人。为此，要制定切实可行的培养规划。培养规划要考虑现阶段和未来一段时间内，国际国内形势变化的趋势、大学生的思想动态、高校思政教师队伍的现有素质等综合因素，有针对性地加以制定并实施。要注意思考培训的内容，要以丰富高校思政教师工作中所涉及的现代科学文化知识、管理知识、计算机网络知识为主，按照"需要什么学什么、缺什么补什么"的原则，从实际出发，有计划地安排培训。同时，培训要注意解决广大师生关注的热点、难点及焦点问题。

其次，要建立和完善高校思政教师队伍的培训保障体系。教师资格认定、职务晋升与聘任应统筹考虑，凡未参加培训或培训考核不合格的新教师，不得认定教师资格，不得聘任专业技术职务。要设立或增加高校思政教师培训专项经费，专门用于高校思政教师的培训进修，有条件的高校还可以成立高校思政教师培训进修基金，加大高校思政教师思政教育工作经验交流的经费投入，保证高校思政教师骨干每年都能外出参加有关学术会议，开阔视野，进而为高校思政教师开展思政教育工作铺设道路。

再次，对高校思政教师的培训要突显专业意识。重点加强对思政教育专业发展前沿信息的介绍，使高校思政教师关注与自身工作有关的学科发展动态，以便提高他们相关的理论水平和开展调查研究的能力，鼓励他们在教育、培训和总结经验的基础上，申报、参与课题研究，使他们能更好地从理论上把握青年大学生的思想特点和成长规律，更有效地加强和改进高校思政教育工作，从而切实建立起教育和业务知识培训的质量保障机制。

最后，要坚持业务口径与综合培训、在职培训与脱产学习、普遍提高与重点培养相结合的原则。可以根据思政教师素质结构特点，采用多种培训方式，如开展经验交流和学习活动，聘请专家学者举办专题讲座等；可以在普遍提高的基础上，把有培养前途的思政教师输送出去攻读思政专业研究生，以此提高思政教师的学历层次和知识水平。

（七）规范管理，科学考核，完善激励机制

高校思政教师作为高校教职工中的"特殊群体"，他们的工作介于党政之间，同时又属于教师队伍的一员，一直处于多头管理状态，属于"谁都管得着的一群"，这在一定程度上加深了该队伍"地位低下"的感觉。要改变这种状况，规范管理应是一个努力方向。建立一个直接由党委副书记领导的组织机构，全面负责思政教师的队伍建设、管理与考核、业务培训、学生日常事务管理和理论研究等，可以大幅促进思政教师管理工作的规范化、明确化、专职化。

为调动高校思政教师工作的积极性，应进一步探索并建立一整套行之有效的高校思政教师考核办法和指标体系，使考核工作制度化、规范化、科学化。对高校思政教师考核时，要充分认识到高校思政教师既是教师又是干部的特点，以是否有利于学生的全面发展，是否有利于发挥学生教育的"整体效能"为标准，要坚持平时考核与年终考核相结合，坚持领导考核与学生评议相结合，定性考核与定量考核相结合的原则，具体可以从学生的思想状态、日常管理、组织建设、中心工作、工作创新、竞赛奖励和学生评价等几方面进行考核，并将考核结果作为聘任、评优、奖惩和晋职的重要依据。

在规范管理、科学考核的基础上，进一步解决好高校思政教师在工作中责、权、利的统一问题，建立科学规范的激励机制，从而从根本上提高思政教师工作的积极性，并把高校思政教师队伍建设纳入科学的轨道。具体措施为：一是进一步完善高校思政教师专业技术职务评聘办法，建立符合高校思政教师工作特点的评审体系。在评审过程中，要充分考虑思政教育工作实践性强的特点，不能只看科研论文，应注重工作实绩，要注意考核思政素质、政策理论水平，要注意淡化"身份"评审，强化岗位评审、择优评审，注意聘后管理和考核。二是加大校内分配制度改革。要建立以岗位业绩工资（津贴）为主的分配激励机制，强化分配的激励功能，使高校思政教师的实际收入高于本校相应职级教师的平均收入水平，从而激发高校思政教师立足本职工作、建功立业的热情和信心，使热爱思政教育工作的高校思政教师的工作积极性更好地发挥出来，使高校思政教师职业能够吸引和留住优秀人才。

（八）拓宽发展空间，稳定队伍，确保合理分流

拓宽高校思政教师发展空间是一个现实问题，也是能否吸引优秀人才加入并保持思政教师队伍稳定的根本所在。因此，应在保持学校总体规划和高校思政教师队伍发展方向相统一，学校利益、部门利益和高校思政教师个人利益相统一的基础上，积极为高校思政教师拓宽发展空间，谋求较好的出路，确保其合理分流。为此，应根据工作需要、本人条件

和志愿，制定并实施高校思政教师培养计划：或作为骨干进一步加以培养，继续留在思政教育工作岗位；或输送到教学、科研或管理岗位。对那些政治素质好、业务能力强、有发展潜力的中青年高校思政教师骨干，应重点培养，具备条件的，积极向上级组织部门推荐、输送，使之得以根据工作需要逐步提拔到领导岗位。同时，鼓励高校思政教师申报相应的专业技术职务，竞争行政领导职务，或在职攻读硕士、博士学位，申报教研、科研项目等，这样既可以使思政教育工作渗透到教学中，更好地为教学、科研服务，也可以培养多才多能的高校思政教师，拓宽其发展空间，确保其合理分流。

另外，要尽快建立思政教师从业资格考核制度，建立完整的职业升迁体系和与职业升迁体系配套的工资报酬体系及与职业升迁体系相适应的培训体系。

全媒体环境下，大学生接受知识和获取信息的渠道增多，而当今高校思政教师队伍在应对这种变化时略显局促。因此，需要创新思政教师队伍建设，以积极回应全媒体环境给高校思政教育带来的影响与挑战。"开放式"教学的教师队伍不仅仅是指教师本人的思想观念和思维方式的多元化与开放性，还指教师队伍结构的开放性，是不拘泥于现今教师队伍结构的教育资源的重组与优化。这就要求高校不断创新人才引进机制，积极吸收校内外优秀的教育人才资源，扩大思政教师队伍，形成一支年龄结构合理、知识覆盖面广、教育资源丰富、教育方式灵活与多元的思政教师队伍，以更好地完成全媒体环境下对大学生的思政教育工作。

第六章　全媒体环境下高校思政教育的机制创新

大量的研究结果表明，全媒体环境下，协同开展高校思政教育工作是非常重要的。全媒体时代的到来，为高校思政教育工作的机制创新提供了良好的契机。

高校要全力帮助思政教育工作者提高全媒体素养，提高他们对全媒体的运用能力，以便他们能够更好地理解和把握全媒体传播规律，并为其进一步提高专业化水平，掌握全媒体的话语权，抢占全媒体舆论阵地创造良好条件。与此同时，要积极构建规范的校园网络舆情监控机制、准确的校园网络舆情汇集分析机制、有效的校园网络舆情引导机制、科学灵敏的校园网络舆情预警机制以及快速高效的校园网络舆情应急处理机制，只有这样，才能及时应对各种网络突发事件，化解舆情危机，消除不良影响，共同营造文明健康的校园网络文化环境。因此，在现代高校的精神文明建设方面，进行全媒体环境下高校思政工作的机制创新研究十分必要。

第一节　高校思政教育评价机制及体系的创新研究

一、高校思政教育工作的评价机制创新

（一）建立线上评价与线下评价相结合的评价机制

高校思政教育的工作机制，指的是高校思政教育工作系统各部分之间互相联系、互相作用以及内在调节的过程和方式，它包括评估考核机制、组织运行机制、监督约束机制、责任追究机制以及保障机制等。思政教育工作机制的创新，指的是思政教育工作系统内各个组成要素、各个部分之间的交流方法、作用方式和调节途径的综合性创新。

健全评估机制是开展思政工作的重要环节。应制定科学而又合理的评价程序，把既定工作目标作为评价的根据，并据此进行判断与评价；给出评价成绩，总结相关工作中的失败和成功之处，进而纠正偏差；最重要的是，这一机制应能够帮助人们梳理出正确的人生观、价值观，从而进一步明确思政教育工作的目标与方向。

陶建宁认为，要想保证思政教育工作的有效落实，完善思政教育工作评估机制是非常

重要的。思政教育工作评估是思政教育工作的终端，也是思政教育工作的起点。评估是思政教育工作中客观存在的、起到承上启下作用的一个基本环节，它在思政教育工作中具有重要地位。考虑到传统的评价方法很难适应全媒体环境的要求和变化，笔者提出建立线上评价与线下评价相结合的评价机制。

采取"线下线上"实时评价，实现动态跟踪考核。在定期完成思政教育工作以后，可以将工作内容发布到高校思政教育工作媒体上，通过信息平台使大学生了解思政教育工作的开展情况及学生思想动态。同时投放线上评价调查表，由学生参与投票，评价思政教育工作的实际效果，为学生提供参与思政教育工作的机会。此外，除了线上评价，还可以借助线下的不记名投票进行思政教育工作评价。

建立"线下线上"动态评价运行模式，自动生成争创结果。在线公开大学生创先争优承诺，发布活动动态，接受师生的评价。要求各级党组织和党员将"一讲、二评、三公示"评比情况和完成创先争优所取得的工作成绩，按照创先争优"活力党组织"积分量化标准，向所在上级党组织提出申报加分。通过上级审核申报的积分事项，党建信息平台的"活力党组织"积分系统将按照"活力指数"量化考核规定的分值，自动生成党组织和党员的创先争优积分，这样党组织和党员创先争优评价就有了量化可比的基础。

进行"线下线上"动态评价排名，激发争创活力。通过在论坛专栏设置"学生思政教育工作积分排行榜"并进行实时在线排名，可及时掌握师生开展创先争优的情况。同时，以班级为单位，建立创先争优活动档案，重点完善创先争优活动方案以及"一讲、二评、三公示"讲述汇报的评比工作，并每月开展一次评比活动。活动积分排名具有可比性，使党组织和党员谁表现得更先进、更优秀一目了然。

此外，"线下线上"评价还可以综合高校思政教育考核的内容。线下评价可以用试卷的方式来考核大学生的道德判断、道德推理和道德选择能力；线上评价可作为道德评价的一项重要指标，考核学生对网络道德规范的掌握与遵守程度，还可以对大学生网络行为进行考核，包括是否存在在线上制造谣言、恶意中伤他人，是否存在破坏和侵犯他人网站等不良行为。

（二）建立以过程评价为主要方式的评价机制

各项工作的开展只有通过过程评价和结果反馈，才能全面地了解其中存在的问题，进而采取相应措施有效地问题解决，思政教育工作也是如此。因此，必须运用科学的绩效管理方法，建立包含相对完整的评价标准、科学缜密的评价方法以及运转良好的评价机制等在内的、量化的标准系统。只有这样才能很好地解决思政教育工作要评价什么，要由谁来评价，该怎么进行评价，以及评价的结果如何等基本问题，把思政教育工作落到实处，把思政教育工作的责任落实到人。

马爱云提出"把过去的以事后检查和把关为主的管理方式变为以预防为主的管理方式"，强调了过程控制的必要性，指出这样不仅有利于发挥管理部门以及管理者自身的作用，还可以优化管理过程，最终优化管理效果。执行过程是实践与反思相统一的历程，也就是说针对所确立的内容，想办法严格落实实践的过程。通常，在目标确定后，接下来的重点就是严格落实，直至最终达到预想的目标。此外，针对执行过程中的不足和问题，也要通过改革创新来不断修正和完善。

思政教育工作过程评价是高校管理工作的重要板块，其目的就是充分激发人内在的潜能，通过多维度的评价以及建立机制等各种手段推动内因转化。过程评价是进行自我测评、完善自我的重要内容和手段，在具体实施过程中，应该做到以下几点：

第一，全体成员共同参与，通过对目标的分解，明确各自任务、各个岗位的相关责任，形成由领导负责、逐级负责、系统负责和岗位负责组成的网络体系，全体人员都要承担相应的思政教育工作任务，做到全员参加、责任到人。这就需要制定详细的目标管理考核机制，以从根本上保证高校思政教育工作取得实效。目标的确定，要以学校的教学工作目标为主要依据，并结合大学生的年龄、特点或者兴趣爱好等，以期实现与大学生思想素质教育的有效融合。此外，还要制定多层次的中长期规划和近期具体的发展目标，构建出科学的目标体系。

第二，在进行思政教育工作的过程评价时，应该了解思政教育工作的特点，把思政教育工作置于教学、科研、管理、服务和育人的整体之中，从根本上落实好思政教育工作。还要体现出特色，充分发挥教师在教书育人中的主导作用。教师是科学文化乃至思想道德最直接的传播者，教师的层次和水平对学生有着直接的影响。因此，学校的思政教育工作不能忽视教师这个角色，应该加大对高素质教师队伍的建设力度，发挥教师的引领示范作用。

第三，制定完善的高校思政教育工作的过程评估制度。主要包括：针对校内各院系思政教育工作的年度考评制度，按照客观实际以及高校教学改革工作的要求，不断地调整思政教育工作的阶段性目标；将思政教育工作纳入高校的长期发展规划以及各学科或年级的教学管理考核的体系之中，共同参评，使思政教育工作和各学科、各年级的工作密不可分；明确分工和责任，使思政教育工作成为自觉的行为，并通过充分发挥思政教育工作的网络优势，提升学生的学习积极性。

（三）建立自我评价和相互评价相结合的评价机制

高校思政教育工作评价的原则是实事求是，操作过程要遵循的原则是民主集中制以及调查和研究。这样做出的评价才可能是真实的、客观的，才能够发扬成绩，解决问题，保证思政教育工作的有效落实。对思政教育工作时效性的评价应该与学校的中心工作相联系，要考虑学校的凝聚力、群众的精神面貌，考虑群众的积极性、自觉程度、参与意识，考虑教学质量、科研成果、办学效益，考虑学生的层次、社会反响等情况。因此，在思政教育工作的评价过程中，应该注重现实效果，也应该考虑潜在、间接的能效，将定量和定性有机地结合起来，加强对思政教育工作的科学评价，评价本身才可能切实地发挥作用。

评价主体主要包括学生、教师、管理者、督导和行业专家，或者是依据学生考试的成绩（如职业资格证书考试通过率等）对教师教学质量进行评价，由此实现全方位的，公正、科学、合理的评价。

第一，建立教师评价制度。教师单方面评价学生一直以来被广泛应用，具有独特的权威地位。评价中教师应该全方位把握课堂教学的情况，掌握学生的各种动态。教师可以参考班风建设考核等方面的信息资源来选择科学合理的评价方法，及时掌握学生实际情况，通过选择科学合理的教学方式，提高学生学习的主动性和积极性，从根本上提升教学质量和管理水平。

第二，建立学生对教师的评价制度。教师所教的全部选课生均有权对教师进行不记名评价，学生从教学能力等各个方面对教师进行公正而合理的评价，以此作为教师教学质量的考核依据。

第三，建立领导对教师教学质量的评价制度。学校领导应不定期地走进课堂，听任课教师授课，且要对自己听课的次数进行严格规定，认真填写"听课评价记录"以及"课堂教学评价表"。此外，还要加强书面评价，帮助教师及时发现问题，及时查摆原因，并最终采取有效措施解决问题。

第四，建立教师自我评价制度。教师自我评价是推动教学水平提高的重要途径。通过自我评价，教师能够发现自身教学的优缺点，掌握自身教学工作的长短板，进而改进自己的教学方法，不断完善自我，从根本上提升自身的教学能力和综合素质，确保思政教育工作的有效落实。

第五，建立师生对学校管理的评价制度。学校管理部门不仅是制度的制定者，还是制度的执行者和管理者，因此接受监督对学校管理部门来说格外重要。教师和学生对学校管理部门进行评价，通常是对学校管理部门的教学计划、大纲、事故等进行评价，采用的途径可以是评价表或者院长信箱等。如果相关部门人员收到的不太好的评价确实属实，就必须在最短的时间内进行整改，并在全校范围内公开整改结果，以此来增强校务处理的透明度。此外，还要注意多方面加强教学和管理之间的联系与沟通。

第六，建立同行教学互评制度。为了保证评价的客观性，学校应该倡导教研室的所有教师去听其他教研室教师的课，并且在听课的过程中为该名教师课堂教学的水平打一个综合的分数，以作为教学水平评价中同行互相评价的参考和依据。

第七，建立专家评价教师教学的制度。聘请教学领域的专家对教师教学质量进行评价，同时对学校相关的政策规定和规章制度进行合理性评价。学校也应不定期聘请校外其他相关领域的专家来校进行指导，其意见和看法可作为提高学校教学水平的重要参考和依据。

第八，建立用人单位对毕业生的评价制度。学校应该建立用人单位对毕业生相关素质、品质、态度以及能力进行评价的制度，学校还应该搜集用人单位以及社会对人才能力最新的要求。

第九，建立毕业生对学校的评价制度。学校应该建立毕业生对学校声誉、教师的教学水平等方面进行评价的制度。可以采用问卷或者毕业生评价表的形式来征求毕业生对母校的意见和建议，从而为提升学校的教学质量和教学水平提供第一手的基础资料。

二、高校思政教育评价体系的困境

近年来，高校思政教育评价体系建设有了长足的进步与发展。但是，与现今思政教育所面临的严峻形势相比，当前评价体系仍然存在着脱节与滞后的问题。

这些问题主要表现为评价的目标、层次、过程、标准，以及评价信息的搜集、处理、反馈的方法等还没有形成系统化、规范化、科学化、制度化，现行的思政教育评价体系在操作过程中缺乏清晰的路线和统一的标准，得到理论与实践双重认可的思政教育评价体系尚未构建。

（一）高校思政教育评价目标狭隘

教育测量学认为，教育评价的实质在于价值判断，评价的"对象阈限"是"受教育者的发展变化以及构成其变化的诸种因素"。高校思政教育的评价目标体系应是对思政教育规律和主体价值需求的逻辑反映，体现的是思政教育整体的应然目标系统，其涵盖的层次及角度应是合目的性、合规律性地引导和规范思政教育活动的。但目前我国高校思政教育评价目标相对还比较狭隘，在对教育客体的认知中，往往关注终极目标客体，即学生的思政教育及高校实施思政教育的现状，而对于贯穿思政教育全过程的其他客体则认知不清或者忽略，覆盖面过窄。对高校与学生的思政教育评价，也存在着偏颇之处，如对于学生的心理健康水平、思想道德变动等方面的测评，由于缺乏相对客观、量化的技术手段，使得与该方面相关的思政教育长期处于模糊状态。

（二）高校思政教育评价结构单调

开展高校思政教育评价，主要是采取自上而下的形式，即由上级教育行政部门对高校的思政教育开展情况进行评价，由高校、教师对大学生的思政课教学、思政教育活动开展的效果等进行评价。这种通贯式的评价结构往往对应的是终结性评价结果，而诊断式评价、形成性评价、对策性评价和鼓励性评价方式则较少被应用或者干脆被忽略。评价方式的单调性使得教育评价应具有的诊断功能、改进与形成性功能、区分优良功能、鉴定功能、激励功能和导向功能等无法充分发挥作用，从而导致思政教育评价缺乏客观性、全面性、一致性和灵活性。

（三）高校思政教育评价过程缺乏针对性

高校思政教育评价过程反映的是对高校思政教育实施情况进行评价的流程、节点，因此评价过程是否顺畅、有序、科学，将直接影响最终的评价结果。目前我国高校思政教育评价过程涉及面比较广，体系过于庞大，评价的指标体系基本上要求面面俱到，更多反映的是硬性要求，而对于评价的软性要求则涉及较少。尤其是在评价的衔接、责任界定等方面，一定程度上处于无序状态，从而导致评价过程出现了断裂与界限模糊等问题。同时，在实际的评价过程中，由于过于依赖量化手段，过多强调评价的科学方法和技术手段的运用，把一些综合性的教育问题、无法量化的思政教育深层次的活动、反映高校思政教育变化的活动和现象加以量化处理，忽视了对较高层次的大学生的认知能力、情意能力的评价，对于难以用分数来测评的维度，如意志力、创新精神、自主意识、探索精神等也都以量化的标准来测评。定量分析方法的局限性，往往容易导致测量结果无法反映真实的高校思政教育变化的过程，导致价值评价、行为选择和决策活动出现不准确的现象，而准确把握高校思政教育动态变化，并以此为依据制定相应的政策和机制体制才是评价的最终目的。

（四）高校思政教育评价标准过于主观

思政教育评价是一个价值判断过程，必须依据一定的价值标准进行。这个价值标准，是指评价主体对评价对象进行认识和评价时所依据的准则。由于不同的评价主体对同一评价对象往往会产生不同的认识和不同的判断。因此，在评价过程中必须制定统一的标准，并用此标准去判断质量是优还是劣，是合格还是不合格。思政教育评价更多的是为了追求效果与目的，思政教育的特殊性在于其反映的是内心世界的变化，这在一定程度上决定了思政教育评价标准的确定具有一定的难度。当前我国在经济、政治、文化和社会等诸多方面呈现出错综复杂的发展局面，高等教育的发展也历经变革，教育的理念、体制、机制等都有了根本性的变化。因此，思政教育评价的标准也要与时俱进，要体现出灵活性与多样性的统一，以及主观判断与客观判断的统一。但是目前我国高校思政教育评价标准其模式相对固定，评价内容相对滞后，思政教育评价标准的绝对性与相对性的有机统一尚未完全建立起来，即没有把评价标准的多样性、自主性与统一性、一致性结合起来，没有严格地区分教育对象、教育要求和教育目的，从而导致符合高校思政教育规律的多样化标准与操作过程迟迟未能构建。在评价中，以简单代替复杂、以单一性代替多样化的形式主义的现象比较普遍，从而无法客观地反映出高校思政教育的不平衡性和思政教育水平的差异性。

三、思政教育评价体系的构建

（一）评价机制：内部机制与外部机制的结合

高校思政教育评价机制主要分为内部评价机制和外部评价机制两种基本形式。内部评价机制主要指学校内部自行组织构建的评价机制，是由高校负责对本校各学院（系）、各部门思政教育实施情况定期进行督导、检查和评价，其评估机制主要包括领导决策机制、队伍网络机制、体系指标机制、评价反馈机制等；外部评价机制主要指由上级教育主管部门、社会中介机构等组织构建的评价机制。思政教育评价体系的构建，必须要整合评价的内部机制和外部机制：一方面，要借助外部评价机制的强制力和权威性，通过督促、评估、检查等方式推动高校思政教育评价体制机制的创新，同时，以奖惩、评比等方式调动高等院校的积极性和主动性，为思政教育评价体系的构建提供动力；另一方面，要以内部评价机制的灵活性、多样性来探索符合不同层面、不同院校的思政教育评价体系，建构出灵活多样的标准与操作规程，为提高思政教育评价的针对性和有效性提供蓝本。

（二）评价方法：定性分析与定量分析的结合

定性分析是指对研究对象进行"质"的方面的分析。具体地说是运用归纳与演绎、分析与综合以及抽象与概括等方法，对获得的各种材料进行思维加工，从而去粗取精、去伪存真、由此及彼、由表及里，最终认识事物本质，揭示内在规律。定量分析是依据统计数据，建立数学模型，并用数学模型计算出分析对象的各项指标及其数值的一种方法。

定性分析法和定量分析法由于侧重点不同，选取的方法与分析过程迥异，使得其分析结果也存在一定的差异性。而思政教育活动作为一种复杂的精神活动，其效益的存在和表现形式也与一般的生产劳动效益、投资行为等有着本质的区别。因此，在对高校思政教育进行评价时，要实现定性分析和定量分析的有效结合。在评价之前，要界定好高校思政教育的确定部分与模糊部分。对于确定的部分，如出勤率、考研率、思政教育活动开展的数量、党团建设情况、社会实践活动情况和就业率等一些客观的指标，可以采取拥有科学方法和先进技术手段的定量分析法进行分析；而对于模糊的部分，如大学生思想道德素质的变化情况、政治素养、内在情操等，则采取定性分析的方法，总结、归纳它们的指向性变化。

定性分析和定量分析这两种评价方法的有效结合，可以在一定程度上确保高校思政教育价值评价的客观性、行为选择的准确性和决策行动的科学性。

（三）评价标准：绝对性与相对性的结合

思政教育的评价标准可以分为绝对性标准和相对性标准。绝对性标准就是普遍适用的统一标准和原则，即对所有的教育对象，在任何时候都必须遵循的思政教育的准则和要求，绝对性标准是不能用其他原则和要求来代替的；相对性标准是具体的、多样化的标准和原则，即对具体的教育对象，在特定的时期和形势任务下，可以采用不同的标准。对于高校思政教育评价来说，必须要将评价标准的绝对性和相对性统一起来。结合我国经济社会发展的现状与思政教育发展的规律，评价标准的绝对化就是要坚持评价标准的一致性和统一性，主要包括基本的社会价值取向、道德规范要求和基本的个人需求，把党和国家的路线、方针、政策及政治、经济、文化和社会发展过程中提炼出来的一些共性的、广泛得到认可的、符合高校思政教育要求的原则作为评价标准，以此来衡量高校思政教育的成果，只要是相符的或者相关联的，通常就能认为是一致的和合理的；评价标准的相对化就是要坚持评价标准的多样性和自主性，这主要是为了防止评价的简单化、模式化，因为随着我国社会各方面的深刻变革，高校思政教育评价所面临的复杂形势已无法简单地用一套评价标准来测量，必须因地制宜，制定符合实际情况的多种标准来准确分析与判断，以改变过去思政教育评价从上而下的单调模式，增强评价的亲和力和实效性，保证思政教学工作的有效落实。

（四）评价过程：动态与静态的结合

高校思政教育过程的长期性和效果的滞后性决定了思政教育评价具有动态性特点。高等学校思政教育工作是一个不断发展和完善的过程，其社会效果也是一个逐步显现和不断优化的过程，这就决定了思政教育评价是动态的、发展的。高校思政教育评价可分为整体评价、分段评价和追踪评价。整体评价与分段评价主要是静态评价，追踪评价为动态评价。但在实际的操作过程中，参与评价的主管部门及高校往往注重静态评价，对于动态评价却缺乏相应的措施。高校思政教育评价的最终目的是了解、分析思政教育在大学生中产生的效应。这个效应，不仅有近期的，还有远期的。一般静态评价所获取的结果是近期的，而对于远期的结果，只有通过长期的追踪、观察、反馈才能获取。高校思政教育的终极目标即是可持续的思政教育效果。因此，高校思政教育评价，必须实现静态评价与动态评价的有效结合，以通过静态评价了解到的当前思政教育的现状与发展水平为基础，以追踪评价的动态响应为引线，全过程跟踪、分析高校思政教育工作，最终为准确判断与评估教育效果，制定相应的教育政策与过程提供依据。

（五）评价体系：系统性与专门性的结合

系统思维就是把认识对象作为系统，从系统和要素、要素和要素、系统和环境的相互联系、相互作用中综合地考察认识对象的一种思维方法。系统思维方式具有自身特有的优势，是整体性、结构性、立体性、动态性与综合性的统一。因此，要实现高校思政教育评价体系的客观性、全面性，借鉴系统论观点是十分必要的。依据系统论，可以将思政教育的结构程序和运动规律作为一个系统工程，运用系统分析法，从教育主体、教育客体、教育介体和教育环体等思政教育的组成要素及其之间的关系等方面进行全面分析与评价，从而从整体上把握思政教育的影响因素及其之间的关系。特别要强调的是，在构建思政教育评价体系的过程中，运用系统论观点，能够使评价体系和指标体系更加符合实际，从根本上优化评价结果。同时，在运用系统论观点时，也要做专门的因素分析和研究，这有利于为系统分析提供精准、科学、深入的评价因素。例如，对于高校思政教育介体进行的专门评价分析，能够获得教育内容是否得当，教育方式是否滞后等有效信息，从而为后期高校思政教育整体评价奠定坚实的基础。

第二节　高校思政教育协同机制的创新研究

一、高校思政教育的一般协同机制

根据商务印书馆《现代汉语词典》的解释，机制是泛指一个工作系统的组织或部门之间相互作用的过程和方法。那么，所谓全媒体环境下高校思政教育协同机制的内涵，可类推解释为：在高校思政教育过程中高校内部各个部门或环节通过密切配合，形成有效的思政教育协作的有机统一整体。高校思政教育协同机制创新，是全媒体环境下高校思政教育任务能够得以顺利完成的重要保障。

党和国家制定的大政方针是全媒体环境下高校思政教育的理论基础，也是思政教育协同机制创新的理论柱石。中共教育部党组指出，要想保证思政教育工作的有效落实，必须保证家庭与社会的共同参与，学校要建立并落实与学生家长联系的制度，学校与社区要有合作育人的工作机制。中共中央办公厅、国务院办公厅印发的《关于进一步加强和改进新形势下高校宣传思想工作的意见》进一步明确指出，"坚持齐抓共管、形成合力。推动校内外协同配合、全社会支持参与，构建高校宣传思想工作新格局。"要"坚持和完善党委领导下的校长负责制，建立健全党委统一领导、党政工团齐抓共管、宣传部门牵头协调、有关部门参与的工作机制"，要"创新网络思政教育，开展高校校园网络文化建设专项试点，推进校报校刊数字化建设"。

综上可以得出关于高校思政教育协同机制的基本要求，即坚持党的统一领导，坚持党委、行政、工会、团组织和其他各部门的团结协作，家庭积极参与，社会各部门（包括各级党委、政府、社区、企业、教育部门、司法部门、工商部门、税务部门和劳动保障部门等）齐抓共管。

要想满足上述要求，必须大力创新全媒体环境下的网络思政教育制度和方法，必须保证思政教育协同机制的有效运行，还要努力做到全过程、全部人员与全方位的有效协同。

二、全媒体环境下思政教育协同机制的完善

关于思政教育协同机制的创新问题，需要从大学生、学校、家庭和社会的实际情况入手进行研究。在明确了网络思政教育协同机制相关内涵的基础上，笔者尝试提出以下具有建设性价值的构想。

（一）深化网络思政教育建设

根据中共中央办公厅和国务院办公厅关于"创新网络思政教育，开展高校校园网络文化建设专项试点工作"的指导意见，高校应针对大学生的实际问题和实际内在需求，精心设计具有较强针对性的思政教育专题网站。网站内容可包括政治引导、道德修养、心理教育、职业教育、情感话题等。在这里应该注意的是，网站的建设需要学生参与策划，参与LOGO 设计、形式设计、栏目设计与图文设计，参与设计项目的投标竞标，参与网站的管理和维护。这样才能充分凸显大学生的教育核心主体地位，提升大学生接受思政教育的积极性和主动性，增强大学生的自我教育功能，促使大学生在自主选择的愉快氛围中提升思想境界。此外，通过鼓励学生参与网站建设，也能为"身怀绝技"的大学生提供更多的"大显身手"的空间。

（二）搭建校内电话与网络热线"直通车"

可以搭建旨在预防、缓解或解决校内热点、难点、重点问题的"网络专用咨询平台""电话与网络热线直通车"等网络服务平台，确保全媒体环境下高校思政教育的及时性与实效

性，确保虚拟网络中师生互动交流的民主性与平等性。

（三）构建"大学生校内外动态信息"网络共享服务体系

这是一个比较大胆的设想。开展高校思政教育，对于思政教育部门来说，往往是分散的；对于管理的对象来说，往往是动态化的；对于管理的内容来说，往往是零碎的。因此，有必要建立一个统一的网络共享服务体系。在这个体系中，实行跨部门的协作，协作对象涉及校内各部门、用人单位、社区等；建立统一的网络服务平台；对于所有信息数据实行电脑分析处理。建立这一体系的目的是通过统一的服务平台，进行"网格化"管理（每个部门为一格）。

这里所说的网络平台是"共享"的，优势是有助于各个相关部门及时了解、全面分析和把握大学生的现实需求与思想动态，适时开展思政教育，确保思政教育取得实效。例如，通过这个系统，学校可以了解学生毕业后在用人单位或社区的情况；用人单位或社区也可以了解该人员在校期间的表现；教师可以及时获悉教学、德育、食堂、图书馆、门卫、宿舍管理和医务等部门的信息，全面了解学生的学习情况、身体情况、生活情况、消费情况和心理状态等，从而便于思政教育的危机管理：相关人员可提前介入心理干预，未雨绸缪、防微杜渐地化解各类教育危机。

（四）鼓励学生自主创建网络平台

可以鼓励大学生自主创建个人主题网页、主题 QQ 群和主题微信群等。这样，可以更好地调动学生参与网络健康活动的积极性，有利于学生发挥自主学习与自我教育的主动性和创造性，有利于思政教育内容的自觉内化。

（五）家校合力，沟通显效

可以实行"走出去"战略，像小学、初中教师家访一样，到重点学生的家庭走访；也可实行"请进来"战略，邀请家长到学校和教师、学生交心谈心。要发挥全媒体传播的特点与全媒体技术的作用，通过建立"家校通"短信平台或微信群，及时推送学校的时事新闻、发展动态与学生的现实表现，以满足家长"爱子心切"的心理需求。对于重点学生和特殊学生，要与其家长保持联系，及时履行"告知义务"，协同家长及时展开沟通教育。例如，面向家长开放学校的微信公众号，学校如有问题发生，则及时予以通告，以尽快消除家长的不安情绪。

第三节　高校思政教育运行机制的创新研究

一、学校与家庭的联系机制

思政教育工作的运行机制，指的是思政教育工作系统内部各要素之间在相互联系、相互作用、相互制约的联结方式基础上建构起来的工作体制、管理规范和工作方式。伴随着高等教育大众化时代的到来，大学的家校合作模式开启了高等教育发展的重要阶段，而全媒体的到来又为家校合作提供了技术支持。苏霍姆林斯基说过："如果只有学校没有家庭，或只有家庭没有学校，都无法单独承担起塑造人的细致、复杂的任务。"推动家庭和高校密切合作，不仅对学生大有裨益，更能促进学校不断探索新的人才培养模式，合理分配教育教学资源，提升办学效率，最终为国家和社会培养出更多的高素质人才。中共中央、国务院在《关于进一步加强和改进大学生思政教育工作的意见》中指出："学校要探索建立与学生家长联系沟通机制，互相配合对学生进行思政教育。"学校和家庭合作的模式在高校思政教育工作中非常重要，同时这一模式也获得了学生和教师的肯定。大学生在成长过程中，始终受到来自家庭、学校和社会的影响。因此，加强高校思政教育工作就应该保证家庭、学校和社会的共同参与、鼎力协作。要建设良好的家校合作的模式，提高家校合作实效性，必须做到意识统一、观念一致。

首先，必须树立平等合作的理念，这是保证家校良好合作的一大前提。学校与家庭只有坚持共同的教育目标，才能在合作过程中互相尊重、互相理解和互相信任。这种双向的互动与交流，是以学校、家庭二者地位平等为基础的，即无论家长个人素质如何，学生家庭条件如何，家校地位都是平等的。辅导员也应该实现自身角色的有效转变，以身作则，主动向学生学习；同时，还要注意了解学生真实的家庭生活背景和实际的生活状况，强化师生共同合作，创造与家长交流、沟通的机会。只有树立平等的合作观念，才能发挥学校、家庭、辅导员三方的长处，达到合力育人的目的。

其次，端正学校对家校合作的认识。高校管理岗位的工作人员，应该摆正自己的角色与位置，明确自身的职责和任务；学校要运用多种途径鼓励、宣传、指导和支持家校合作，寻求家庭、学校合作的切入点，推动家校合作的顺利完成；辅导员应该及时更新教育观念，端正态度，增强合作意识，加大对每个学生变化情况的关注度，以家校合作为途径促进学生的健康发展。

再次，构建公平的家校合作模式，充分调动家长以及社会各界人士参与高等教育的主动性和积极性，以最终实现为国家输送杰出人才的愿望。国内外学者对家校合作模式进行了深入的研究和探索。大体上，家校合作模式被分成"以校为本"和"以家为本"两种模式，和这两种模式相对应的还有一些家校合作目标和方法。我国高校数量较多，每所学校的管理方式和办学理念都不一样，且学生又来自全国各地，其家庭环境、性格特点、兴趣爱好、行为习惯和家长素质等均不相同，这些必然会导致教育素养差异性问题的出现。因此，统一的模式显然是不适用的，对于不同学生应该采取不同的策略。比如，对于网络信息不畅通的地区，写信和打电话就是最合适的沟通方法；而对于本省、市的学生，沟通方式则会更多一些，可以考虑利用寒暑假和节假日进行家访等；同时，博客、QQ 群、微信等也是学校和家庭之间进行沟通的工具。学校教育与家庭教育的紧密结合，最终可以有效地促进大学生的成长。

最后，要探索形式多样的家校合作方法。家校合作可以实行群体参与策略。家校互动离不开家长、教师和学生的共同参与。在这里，人人都是班级的主人，人人都可以找到自己的位置，人人都可以昭示自己的存在。其中，家长的广泛参与是形成教育合力的前提与基础。在参与过程中，逐渐形成较为固定的交流群体，如班级博客、QQ 群、微信群和论坛等。在这些群体中，家长、教师本身就是一个个丰富的教育资源，当大家围绕一个共同的话题进行探讨的时候，不同智慧水平、知识结构、思维方式、认知风格的参与者彼此互补，促使讨论更加深入。因此，在网络家校互动过程中，要调动多方介入，引导更多的家长参与其中，最大限度地挖掘集体内部的能源，力争把家校互动网络平台建成促进学生健康成长的第二课堂。只有全员参与，整合一切教育资源，教育的功能才能得到更全面、更深刻的彰显。

家校合作可以实行智慧分享策略。网络给学校、班级和家庭提供了一个巨大的交流平台：在这里，对班级发展的建议，教师可以及时回复；对热点问题的探讨，家长可以各抒己见；对教育子女的经验体会，大家可以一同分享；节假日出游，大家可以一起"秀"。家校互动平台所涉及的内容是公开的，它使每个家长的经验通过互联网汇聚到一起，从而向思想共享迈进一大步。思想共享其实就是体验生命的过程。知识管理界有一条价值规则是这样表述的：个人的知识管理（智慧）汇集到一个组织中，就会形成更大的效应和价值。家校互动平台工作的过程其实就是一个智慧相互汇集的历程，在家校双方的共同努力下人们可以从中汲取更多的关于教育的智慧，并且这种教育的智慧能够在促进和谐教育发展过程中形成比较大的效应，并最终体现出其价值。

家校合作可以实行典型示范策略。网络家校互动是提高家长素质的有效途径：一位优秀的家长就是一部活的家庭教科书。通过网络，其他家长有机会阅读这部教科书，而身边活生生的榜样更能引起家长们的深思，更具有实际的借鉴意义。因此，可以发挥那些在平台中积极活跃的家长的带头示范作用，形成教师与家长、家长与家长间相互传递经验和相互学习的良性循环。全媒体时代的教育富含全媒体时代的元素，全媒体时代的班主任应具有全媒体时代的特质。信息技术的诞生和应用构建了短、平、快的电子信息交流平台，建立了班主任与家长对学生进行同步教育的网络平台，并以一种现代化的全新方式促进了家校之间的良好沟通和交流。

总之，教育工作者必须有效应用网络技术，紧跟形势发展的要求，牢牢把握网络家校互动原则，不断探索网络家校互动的新策略，才能有效促进家庭教育工作的信息化，才能使学校、家长、学生共同感受到网络的无穷魅力。

二、学校与社会的联动机制

全媒体的信息资讯拉近了学校与社会的距离，这种现实感要求高校思政工作不能再进行封闭施教。我国现行德育教育与现代社会的发展存在着不容忽视的脱节，这种脱节明显地削弱了思想道德教育的实际效果。要让学生主动、自觉地将掌握的知识转化为自身品德，进而形成生活中的习惯，就必须摒弃以往的防御式、回避式的教育模式，推陈出新，不断创新和完善教育模式，不断提升学生的综合素质。

首先，以生活为维度，完善价值内化的德育内容体系。现实世界并不像学校德育课本所描述的那么单纯美好，当学生们离开了校园投身到社会之中，便会发现课堂中教师的教诲与现实的世界存在着很大的距离，这使得有些人会慢慢丧失德育之于自己的那种潜移默化的吸引与改变。这种与现实生活和学生实际脱节的德育内容，只能最终失去其教育的功能。因此，教师必须加强对学生的知识传授和引导，让学生明白幻化多彩的社会生活其实不仅有主流的、积极的一面，还有非主流的、消极的一面。换句话说，在这个社会上，不仅有美好的事物，还存在不良的现象，这些不良现象需要大家共同去抵制与克服。在道德教育过程中，如果想使自己所教授的内容被学生们肯定、接受并且内化理解，进而最终付诸实践，甚至是形成一生的习惯，这些内容的可信度以及可行性是十分重要的：只有建立了充分的信任关系，才可以在学生的情感领域中由"道德知"发展为"道德情""道德意志"以及"道德行"。提高道德教育的实效性，还应该注意选择现实中有关道德教育的素材，关注社会生活以及社会实践情况，用具有能够反映时代特征的人和事来对学生进行教育、引导、感染以及激励，才能从根本上增强道德教育的贴合度和说服力。

其次，以现实为维度，坚持以心灵为导向的德育目标。在古希腊，教育意指引出，说的就是引出一个人来，这个引出的历程就是新人诞生的过程，有孕育的意思。德育教育的目标就应该渗透在社会实践活动、道德关注和社会的道德需要之中。价值导向和社会风尚通常决定了教育的目的和内容。要想明确道德教育最根本的任务，必须首先明确德育的目标、内涵，还应该正确理解道德和人之间的联系。大量实践结果表明，人类的生存和发展才是道德教育最根本的任务。所以，应该摒弃社会的本位思想，坚持人类的健康发展与社会的有机结合，将人的心灵作为基本导向，确立和尊重受教育者在整个道德教育过程中的主体地位，坚持实现主体的复位，从而充分发挥出其独特的能动性和创造性。人的本质就是社会性存在，其发展是不可避免的。德育目标只有以人的心灵为导向，才不会忽视对现实的把握和考量。我国古代的德育倡导对人格进行尽善尽美的培育，虽然理论上人人皆可为尧舜，但实际上只是浮于表面，道德上的至圣境界几乎是无人能至。培养面向未来的人才，就决定了道德教育的超前性与现实性。而如何把握超前与现实的契合点，这就要求以人真实的心灵为导向，从社会现实维度，尽量地贴近受教育者的思想以及生活的实际，从而培养出合格的、具有较高综合素质的公民。

再次，以时代为维度，建设社会需要的德育理论。繁荣和落后并举，是中国学校在道德教育过程中的一大怪异现象。繁荣，指的是数量上巨大。粗略统计，当前，德育文献以及德育研究人员数量是非常大的。落后，指的是质量上不尽如人意。在日趋增多的德育论文、专著中，很难发现真正有研究意义和价值的思想观点，论述往往都沉浸在原有德育理论的框架中，缺乏对现象的存在原因和改善措施的深入思考。对于任何一种实践活动来说，如果没有理论支撑，就是空洞的；如果没有理论指导，就是盲目的。有效的德育实践与相关理论支撑无法分离。因此，德育的理论一定要随着道德教育实践的发展而发展，被人们彻底接受的道德教育才是真正意义上的道德教育，也只有这种道德教育，其功能才可以实现。

最后，以发展为维度，改变德育机械呆板的教育过程。马丁·布贝尔说："品格教育使得教育在本质上名副其实。"从这句话中可以看出，塑造健全人格重于传授知识与技能。众所周知，学生的品德形成是由内而外地生长，因此如果用单纯灌输的方式，恐怕会事倍功半。良好道德品质的形成，离不开道德情感、道德认识和道德行为的有机统一，而其中的关键又在于将道德认识转化为道德行为。要想成功转化，必将以情感为中介。

因为，所有的道德规范均出自人性需求，规定出的是人和人相互间的道德准则。它建立在人与人之间理解的基础上。教育在更深层次上是精神层面上的播种，受教育者能够得到的不单是知识与能力，更包含道德素质和精神内涵。教育是人在一生中展示的过程，即意寓着教育的可理解性，由于展示人生即是对生活意义进行理解与应用，展示人生也就是展示人生实践的过程。人们的精神世界是非常丰富的，且有可以无限拓展的广泛性与发展性。每个人精神能够到达的广泛延伸性与维度是无法预测的，这就是人拥有可塑性的依托。

所以，对德育的内容、意义及其形式的理解必定也是多类型的。从这个意义上看，教育没有办法也没有可能将学生的精神世界统一起来。实际上，太过强调统一、客观与标准化，反而阻碍了学生在精神世界里面所能够得到的多样化的发展。传授善的意念是一种精神的唤起，并不是一种教导。德育的过程要改变机械呆板的现状，要理解广大学生，号召学生追求善意、实践善意。只有这样，才能保证当前德育工作的有效落实。

三、高校内部的合力机制

构建高校思政工作的新机制，必须正确认识思政教育工作在高校管理中的地位和作用；必须创新领导机制，明确领导职责；必须创新激励机制，调动教职工情绪；必须创新制约机制，提高工作质量；必须充分利用网络等媒介，构筑思政教育工作新平台。全媒体环境下，开展高校思政教育要求充分利用网络等先进媒介，全方位增强人的眼、嘴、耳、脑的功能，增强高校思政教育工作的成效性。高校思政教育工作不仅要适应社会主义市场经济的发展要求，其自身还是推进改革发展的一个战略过程，另外也是适应新时期改革的发展形势，探索并建立新思想的过程。因此，必须以科学理论为指导，与学校发展和改革情况紧密联系，与生活实际相联系，注重思考实际问题，建立并健全思政教育工作的新机制。

首先，创建全方位覆盖思政教育工作的主体机制。高校思政教育有着极其重要的战略意义，与国家的未来与发展密切相关。要想保证高校思政教育工作的有效落实，需要增强全员参与的意识，创建全方位覆盖的、全员参与其中的教育主体机制。全方位育人的主体要积极参与到教育活动中，全程育人、全员育人、全面育人。以主旋律基调定位集体主义和爱国主义，用优秀作品鼓舞人和激励人，用科学理论武装人，用高尚情操塑造人，用正确舆论引导人，带领学生向高尚道德情操看齐，培养学生健康的审美情趣，引导学生理性消费，拥有远大的理想，积极进取。在学校的层面上，需要相关组织机构人员团结协作，强化组织间的沟通与联系；在社会的层面上，无论是家庭，还是企事业或职能部门，都属于教育主体，一方面，家长要关心孩子的成长，了解孩子的思想状态，另一方面，要充分发挥社会资源对高校思政教育的重要作用，在教育学生的过程中，要用现实生活中涌现出来的先进人物事迹来熏陶和影响学生，让学生在参与社会实践的过程中受到启发。总的来说，社会上全体成员与各个职能部门均是作为思政教育主体而存在的。

其次，创新高校思政教育队伍的建设机制。在思政教育活动中，高校内的思政教育工作者不仅是策划者，还是组织者，也是调节者与实施者，主导着教育过程。队伍的建设情况决定着高校思政教育的成败以及能否顺利开拓新局面。因此，不仅要重视队伍的选聘、发展与使用机制的建立，同时要充分调动队员在工作中的主动性与创造性，保证思政教育工作的有效落实。从另一个角度来说，需要帮助高校思政教育工作者做好职业生涯规划，用政策留住人，用感情牵住人。

再次，创新高校思政教育工作的激励机制。高校思政教育工作是保障高校正常运行和促进大学生健康成长的重要环节。其根本目的是充分调动大学生的内在积极性、主动性和创造性，使之成为勤奋努力、思想上进、工作负责的高素质人才，而激励恰好是调动大学生内在积极性的最有效途径。

最后，建立多渠道、宽口径的思政教育机制。开展高校思政教育工作，可以通过拓展教育渠道和强化工作载体来实现。一是实现主题教育和日常教育的有效结合，全方位、多环节教育人，落实好日常工作，利用各种机会开展各种主题教育活动；二是实现聚合式教育和辐射式教育的有效结合，充分发挥群众社团的教育功能，吸引并促使不同兴趣的师生加入其中，形成教育载体并发挥骨干师生的辐射功能；三是实现个体教育和集体教育的有效结合，加强对师生的个体教育；四是实现免疫式教育与感染式教育的有效结合，凸显思政教育能动性特点，从根本上发挥出思政教育的作用。相关人员要制定具体化和系统化的工作规则，按照一级管理一级、级级落实的规定，把思政教育工作的任务逐级分解，把工作责任落实到个人，通过狠抓落实，使思政教育工作真正地落到实处。

全媒体的迅速发展，改变了人们的生产方式和生活方式，改变了社会成员的行为模式、思维模式和价值观念，给人类社会发展带来了深刻的影响。全媒体的迅速发展，也给高等学校的发展带来了前所未有的机遇，特别是给高校思政教育工作提供了更为广阔的平台，丰富了高校思政教育工作的形式和手段。但在看到新的机遇的同时，也必须清醒地看到全媒体背景下高校思政工作面临的新问题。网络、手机、数字电视和触摸媒体等各种形态的多媒体中所充斥的大量不良信息正不断影响着高校思政教育工作主体的权威性，影响着高校思政教育工作的模式，不断冲击着大学生的生活，严重影响着大学生的世界观、人生观、价值观，进而阻碍了高校思政教育工作的有效落实。

全媒体为高校思政教育提供了新的方法、新的平台。在全媒体迅猛发展的今天，舆论多元化的特点决定了高校思政教育必须毫不动摇地坚持以社会主义核心价值观为引领，不断提升思政教育的高度；必须主动利用全媒体，真正地把全媒体建设成传播马克思主义先进文化的新阵地，占领意识形态传播的制高点，提升大学生的政治敏锐性，使得大学生在接受全媒体文化的同时，自觉抵御错误的网络文化思潮；必须充分利用现代技术手段，广泛开展宣传普及活动，增强大学生对中国特色社会主义事业的认知认同，提升全媒体文化的精神内涵，培养大学生的爱国情怀、改革精神和创新能力。

总之，在全媒体环境下，高校思政教育工作必须适应时代和社会发展的需要，紧跟时代的步伐，直面全媒体时代所带来的巨大变化，始终保持对变化的敏锐性；抓住热点问题，结合学生实际情况，充分发挥全媒体的作用；要加强媒介素养教育，不断充实思政教育工作内容、创新思政教育工作方法和途径。另外，要通过全媒体形态建立有效的思政教育工作机制，提高高校思政教育工作的针对性和有效性，确保高校思政教育工作的有效落实，以培养出时代所需要的具有较高综合素质的专业化人才。

第七章　全媒体在高校思政教育中的创新应用

第一节　智能手机媒体在高校思政教育中的创新应用

一、智能手机媒体与思政教育载体的概念厘清

近年来，新兴媒体尤其是智能手机媒体伴随移动通信技术的成熟商用和互联网全球范围内的普及，迅速占领了高校校园，使当代大学生的学习、生活、交友等多个方面都受到了不可忽视的影响。本节尝试通过对全媒体环境下智能手机媒体含义与传播特点的阐释，以及对高校思政教育载体概念的界定，为智能手机媒体成为思政教育载体提供理论铺垫。

（一）智能手机媒体及其信息传播特点

1. 全媒体与智能手机媒体的含义

"全媒体"并非新兴词汇，最早可以追溯到 20 世纪 80 年代。事实上"全媒体"是一个相对的概念，在不同时期"全媒体"的内涵是不同的。学术界对全媒体相关概念的界定尚未达成共识。目前，较为主流的定义是：全媒体是依托数字技术、网络技术，以互联网、卫星、无线通信网等为渠道，以手机、电脑、数字电视机等为终端，向大众提供信息和多种服务的传播介质和形态。就其外延而言，全媒体主要包括光纤电缆通信网、都市型双向传播有线电视网、图文电视、电子计算机通信网、互联网、手机和多媒体信息互动平台、多媒体技术以及利用数字技术播放的广播网等。全媒体集虚拟性、开放性、交互性、超时空性和族群化等多种特点于一身，在虚拟的全媒体环境中，避免了"把关中心"的内容审核，省去了烦琐的审核程序，每个个体既是接收者又是传播者。这种特征下，出现了越来越多的草根明星。全媒体双向互动的特点，很好地满足了受众获取信息、表达意见、成为焦点的需求，真正实现了"零屏障"和"零时间"。个人与个人之间、个人与群组之间、群组与群组之间都能通过不同的交流方式和媒体途径取得联系，相互交流。

从传播内容及特点的角度来看，手机媒体是借助无线通信、互联网等技术手段，将文字、图像、音频和视频等信息通过移动终端接收和发送，最终实现双向或多项互动的信息

传播全媒体。

从通信技术的角度来看，目前移动通信技术以 3G 网络为标准，只有符合 3G 标准的手机媒体才能称为智能手机。它是结合了无线通信技术、计算机技术和信息网络技术而催生出来的一种新型大众化媒体。

从使用功能的角度来说，手机媒体是集通信、影音、游戏和娱乐等众多功能于一体的上网通信工具。

从手机未来发展前景的角度来说，5G 技术将有效地实现多频率并存，改善高低分化的局面；网络信号将全面覆盖，弥补网络信号不能穿透高大建筑物的不足。届时，智能手机媒体将真正实现畅联无阻。

综上，经查阅大量书籍、期刊，综合研究手机媒体的传播内容、特点以及对人们的影响后，笔者将智能手机媒体最终定义为：智能手机媒体是通过传递文字、图像、语音和影音等多种信息，依靠无线通信和互联网技术，及时、高效地实现人人互动、信息共享的实践活动载体。

智能手机媒体不仅通过传统的手机短信、手机报等文字形式来传递信息，以语音为时代标志的微信、实时对话（互动式语音应答）已然成为一种新的信息潮流。智能手机媒体以其深受大众喜爱的、形式多样的附加值业务，毫无争议地成为最佳个人移动多媒体，承载着整个世界的信息。

2. 智能手机媒体的传播特点

为满足信息传播的需求，智能手机媒体将网络化、社区化、工具化、全球化、互动化和个人化六个基本要求融于一体，同时还具有完全的个人隐私性、携带的便利性和强大的多媒体功能。其具体传播特点如下：

第一，传播范围广。2020 年，我国移动电话用户总数 15.94 亿，4G 用户总数达到 12.89 亿，占移动电话用户数的 80.9%。从数量上看，手机媒体已成为第一大媒体。随着信息技术的不断发展，手机网络成为潮流的宠儿以及高速通信的象征。智能手机是当代大学生的不二选择，其与全球传播网的互动，将促使人类的信息传播系统发挥越来越重要的作用，并为教育信息的广泛传播创造良好的发展环境。

第二，传播互动性强。互动性包括两层含义：一是指信息发布者与受众之间的信息互动交流，二是指信息受众在交流过程中有把控权。报纸、广播、电视、电影等传统传播方式往往是单向的，电话、面谈能很好地实现双向互动。手机媒体信息传播的双向互动优势更加明显：受众可以通过手机邮件客户端、手机短信、手机微博和各种 App 应用等多种方式实现交流互动；同时，手机媒体便携性和私密性的特点，让受众敢于在网络中展现真实的自我，并充分利用碎片化时间实现信息的共享和交流。这种互动性使过去一以贯之的单方面的灌输式教育方式，被教育主客体之间的有效互动所取代，从而营造出更为融洽、和谐的教育氛围。

第三，传播内容丰富。4G 环境下的手机媒体，拥有得天独厚的互联网环境。伴随着移动通信技术的发展升级，带宽数据越来越多，信息存储量越来越大，类型复杂多元，手机就像一台微型计算机，能够有效实现手机媒体与电脑的信息共享，用户能够更快更好地获取信息。同时，手机媒体能够通过文字、图片、音频和视频等丰富多样的传播方式，将呆板的教育信息以生动形象的形式表达出来。而且随着"三网融合"技术的不断推进，实现了手机网络、互联网络和广播电视网络"三位一体"，网络上传输的数据更加丰富，"三网融合"的受益者无疑是广大手机用户群体。

第四，传播个性化特点突出。大众传播媒介打破了传统教育传播方式。同质化的教育内容通过大众媒介可以高效、快速、无差别地传播给受众。全媒体的出现，加剧了信息的分众性，催生了信息的个性化。分众的对象已经不再是模糊的某类群体，而是具体的具有某些相同特点的某一类人。在教育实践活动中，受众特点各异，需求千差万别，同质化的教育内容不再能满足受教育者对信息多元化的需求。对于手机媒体而言，一部手机对应一个号码，一个号码对应一个用户，个众传播、个性化信息服务订制的效用十分明显。个性化、个体化的信息传播特点在此基础上也愈加突显，催发了受众对象从大众到分众的转变，最后只针对受教育者个人。每一位手机用户可以根据自身需求和特点订制不同的教育服务内容，信息传播的增值效用不仅越来越强，服务的个性化特点也越来越明显。

"00后"大学生对数码产品有着天然的亲近感，他们从小生长的环境便是数字化的网络时代。因此，他们个性张扬、思想独立，乐于接受新鲜事物，有着相对较强的计算机操作能力；善于从网络中寻找快乐，追求感官上、视觉上的刺激；敢于挑战权威，在网络世界中自主发声，表达自己的观点，秉承完全自由的价值理念。智能手机媒体的传播特点很好地契合了当代大学生的特性，故而深受大学生的欢迎和喜爱。

（二）思政教育载体及其类型

1.高校思政教育载体的含义

20世纪90年代初，载体一词开始出现于思政教育领域，思政教育载体这一概念既要符合一般载体的含义，又必须包含思政教育领域的特殊要求。经综合分析，笔者认为，思政教育载体是指能够承载、传导思政教育因素，能为思政教育主体所运用且主客体可以借此形式相互作用的一种思政教育活动形式。

在科学技术日新月异、国内外环境日渐复杂的环境下，大学生的思想多元性、道德麻木性、素质弱化性都必须引起教育者的重视。教育者必须密切关注学生发展，要结合时代发展新背景，在传统思政教育的基础上，与时俱进、迎难而上，不断丰富载体形式。教育对象的特定性是高校思政教育的鲜明特点。活动的顺利开展，必须依靠一定的载体。基于上述思政教育载体概念可以得出，高校思政教育载体指的是高校思政教育工作者（主体）在向思政教育受教育者（客体）施以思政教育的过程中，承载和传递思政教育内容和信息，能为思政教育主体所运用，且主客体可以借其相互作用的一种思政教育活动形式。作为高校思政教育载体必须同时具备以下两个条件：

一是必须承载思政教育信息，且能为思政教育主体所操作。高校思政教育载体其内容包括思政教育的目的、任务、原则和内容，载体作为一种中介工具，总要承载一定的内容和信息，高校思政教育载体也不例外；形形色色的载体都能承载一定的教育信息，但是不能被主体控制和操作的不能称作为思政教育载体。

二是必须能联系主体和客体，主客体可以借此形式发生相互作用，在这个过程中，实现相关信息的有效传递。由此可见，教育过程是主客体都在发挥作用，而不是主体或客体单方面的活动过程。一个完整的思政教育过程，教育主体和教育客体都是不可或缺的。

总之，必须具备以上两个基本条件，才能被称作是高校思政教育载体。同时，也只有对高校思政教育载体加以有效的利用，才能更好地开展高校思政教育，在日新月异的网络通信技术的大环境下，为大学生把准脉并对症下药。

2. 高校思政教育载体的本质特征

特征是一事物区别于其他事物的显著标志，从不同理论角度定义，高校思政教育载体会呈现不同的表征。本文从其内涵着手，归纳出高校思政教育载体有如下特性：第一，活动性。活动性决定了高校思政教育载体的特殊性。载体的设置及其作用的发挥，依赖于教育者和受教育者的直接参与，离开了受教育者的参与，载体就失去了存在的价值。第二，承载性。承载性是指思政教育载体承载着信息，如教育目标、教育内容、教育原则和教育任务等。抽象的思想观点、政治观念和道德规范不会被人们主动地接受、内化，也就是说，人们不会主动地接受那些抽象的思想观点，并将其内化为自己的思想，外化为自己的行为。因此，如果没有有效的思政教育载体来承载、分解这些抽象的教育内容，是很难达到教育目标和教育要求的；也唯有通过有效载体分解、催生出具体化、形象化、生动化的内容，这些抽象的信息才能对客体产生影响，各种信息之间才会实现互动交流。第三，传导性。高校开展思政教育的目的是将社会所要求的思想观点、政治观念和道德规范传导给学生，要求学生内化为自我意识，并以此指导自己的行为。传导性的实现是以承载性为基础的。第四，关联性。思政教育载体的缺位，会导致教育主客体之间无法有效联系。当教育客体需要教育主体的引导、帮助时，会因为缺乏有效的载体而无所适从。缺乏有效的沟通交流，信息就不能很好地传递，那么思政教育载体的传导性也就无用武之地了。第五，互动性。在思政教育主客体相互作用的过程中，主体需要借用一定的载体作用于客体，客体也需要通过一定的载体作用于主体，正是因为二者之间有了载体这个实践活动形式，主体和客体才能真正形成一种双向互动关系。也就是说，只有在主客体相互关联的基础上，互动性才能成为可能。第六，可操作性。如何有效地运用思政教育载体，教育主体依然是关键。虽然移动互联网的发展和大学生自主意识的提高，使得学生主观能动性越来越强，但这并不意味着教育主体主导地位的丧失。

建构高校思政教育载体，其积极作用如下：一是有利于校园思政教育活动的开展。高等院校的人才培养，专业素养过硬是目标，但思想健康却是基础。通过思政教育活动，可以端正学生的世界观、人生观、价值观，为其成长营造良好的校园文化氛围。通过有效的载体，可以确保教育活动的顺利开展。二是有利于有效整合校园思政教育资源。思政教育信息散落在校园各处。各种规章制度、校园建筑物、学校舆论、校园活动等或多或少都包含着思政教育信息，载体的构建恰好满足了信息有效传递的条件，丰富多彩的信息融入这些载体中，通过丰富多样的活动形式，能起到潜移默化的教育作用。三是有利于增强教育信息的实效性。思政教育载体随着时代的变化而不断创新，思政教育工作仅仅依靠传统的教育载体已经不能完全适应现今多元的信息社会，必须不断选择和运用新的教育载体，发挥现代大众媒介容量大、速度快、双向沟通能力强的特点，才能强化思政教育的实效性。

3. 高校思政教育载体的主要类型

思政教育工作是做人的工作，高校思政教育工作是做学生的工作。学生思想品德和道德素质的高低受到社会、媒体、家庭、学校和同辈群体等多方面的影响和制约。面对不同的影响环境，有针对性地选择思政教育工作载体，能够达到良好的教育效果。从本文的研究指向出发，笔者将高校思政教育载体的类型主要划分为以下五种：

一是课程教学载体。中共中央宣传部、教育部《关于进一步加强和改进高等学校思政理论课的意见》（教社政〔2005〕5号）明确指出："高等学校思政理论课承担着对大学生进行系统的马克思主义理论教育的任务，是对大学生进行思政教育的主渠道。"当前高校思政课教学要充分按照体现当代马克思主义最新成果的要求，全面加强学科建设、课程建设、教材建设和教师队伍建设，推动邓小平理论和"三个代表"重要思想进教材、进课堂、进大学生头脑工作，进一步增强思政课教育的时代感、针对性和实效性。2013年8月19日，习近平在全国宣传思想工作会议上强调："宣传思想工作一定要把围绕中心、服务大局作为基本职责，胸怀大局、把握大势、着眼大事，找准工作切入点和着力点，做到因势而谋、应势而动、顺势而为。"又指出："党校、干部学院、社会科学院、高校、理论学习中心组等都要把马克思主义作为必修课，成为马克思主义学习、研究、宣传的重要阵地。"这就要求高校思政教育工作必须合理利用"思想道德修养与法律基础"课程，丰富教学手段和教学内容，有效整合思政教育的师资队伍，净化课堂授受环境，增加课外实践环节，破解思政教育理论课是空洞说教的"魔咒"，以及主流意识高度浓缩的"窘境"，强化其现实的可操作性。

新时期，要求高校教师不仅自身理论素质要过硬，还必须具备坚定的理想信念。在传授科学知识的同时，要把思想理论、道德要求贯穿在课堂教学的内容中，使专业理论教学和人文伦理教学有机结合，专题教学和系统教学配套结合，坚持教书育人，坚持言传身教，在提高大学生科学文化素质的同时，不断提升他们的思想道德素养。

二是活动载体。利用形式多样的活动，把思政教育内容渗透到轻松愉快的活动中，能够让广大师生在参与活动的过程中自觉接受纯洁思想和高尚情操的熏陶。活动载体具有如下特征：其一，活动载体具有不确定的对象性。高校利用各种形式开展校园活动，面向的是全体在校学生，但是活动最终效果会如何是无法全部预见的，也不能确定会有多少学生参与活动。其二，活动载体具有明确的目的性。承载思政教育内容的活动，不论以怎样的形式开展，也不论活动何时开展和在哪里开展，可以明确的一点是这些活动都是围绕党在各个时期的中心工作，以学习文件精神和反映社会现实为主题，以全面提高学生的道德素养为根本目的的。活动载体的目标越明确，其针对性就越强。其三，活动载体具有广泛的群众性。大学校园里最不缺少的就是一呼百应的热血青年，开展的活动能否有效地吸引学生参与，是活动成功的前提条件。校园活动吸引的学生越多，实效性就越强，离思政教育工作想要达到的目的就越近。其四，活动载体具有实践性。校园活动有很强的实践性，学生能够直接参与其中，而学生参与活动后，思想上是否有了量的积累和质的飞跃，也同样需要实践来检验。

三是文化载体。以文化为载体有利于增强思政教育的吸引力，一切的人都是文化里的人，一切的物都是文化的产物，校园文化无处不在。高校思政教育并非上级领导或上级文件的传声筒，究其根本，高校思政教育是一门具有高度理论性及思想深度的学科。增强思政教育的吸引力和渗透力是教育工作者的当务之急，而良好的校园文化为思政教育开辟了一条绿色通道。文化具有渗透力强、影响力广、生动形象的特点。校园文化继承了文化的优良传统，且更具有亲和力和可接受性，实际上，大学生对校园文化的接受和认同，就是接受良好文化熏陶的过程。校园文化的形式和种类名目繁多，读一本书，浏览一条信息，参与一项校园活动等，都可以说是接受到了校园文化的影响。很多文艺作品也都蕴含着丰富的思政教育内容，比如《红旗谱》《活着》《雷锋日记》等，通常情况下这些文艺作品对人们的影响力会持续一段时间甚至是一生的时间。形式多样的校园文化活动，比如学术讲座、知识竞赛、演讲比赛、歌咏比赛和社团活动等，对所有参与者，无论是在智力还是体力上，无论是在精神上还是行为上都会产生一定的影响。把思政教育的内容渗透到这些活动中，一方面可以为营造良好的校园文化氛围提供条件，另一方面对大学生也是一个很好的宣传教育的过程。

四是管理载体。管理是一种硬约束，每个人的学习生活都离不开管理的制约，在学校生活中管理更是必不可少。教学过程中运用管理载体，必须要把握好度的问题，不能期望把思想教育的全部内容都寓于管理活动中，这样做既不现实，其后果也不堪设想。不论思政教育活动针对的对象是谁，其终极目标始终都是思想的内化，而管理活动恰恰是帮助人们将思想品德内化的一种外在手段。这种外在手段往往不乐于被接受，但是人们在潜移默化中会自觉地接受这种规范、制度、纪律的约束，并促使人们完成理性的反思，进而将反思内化为一种习惯。学生们经常会对学校的各种规章制度持抵触情绪，这些表现首先会直接反映在管理活动的过程中。以管理为载体，能够及时地发现问题，快速地对症下药，实事求是地分析可能存在的问题。学生思想品德的形成是一种他律的过程，管理活动这种通过相关的规章制度来制约、规范和协调学生行为的方式，有助于学生良好行为习惯的养成。

五是大众传播载体。大众传播载体是一个常说常新的话题，在不同时期有不同的表现形式，众多媒介"过气"之后虽不再是主流传播媒介，影响力有所削减，但是其影响依然存在。随着历史的进步和科学技术的飞跃发展，大众传播媒介从传统的纸质媒体一跃成为

"指尖"媒体：只要轻轻触碰手机或电脑屏幕便可获得一手信息。继报纸杂志、广播、电视、互联网之后，移动网络——"第五媒体"的出现，让思政教育的大众传播载体更加丰富。

移动扩散能力的强弱将直接影响舆论引导力的效果。新旧媒体之间不是此消彼长的关系。随着全媒体的发展，在经历了网络转载纸媒信息，网络先于传统媒体信息，手机媒体信息包罗万象三个发展阶段之后，传统媒体与新兴媒体，特别是与智能手机媒体，朝着相互融合的方向发展，传统大众媒介向移动传播转型已是大势所趋。目前，众多门户网站已经实现了手机 App 移动跨越，党报移动传播转型更是势在必行。"三网融合"借助手机媒体这个平台，实现了"点对点""点对面"的有机结合和多方互动，通过智能手机媒体可以实现一站式的纸媒阅读、广播收听、节目观看和网络搜索。

大学生的生活范围不再局限于校园，借助网络进行信息的沟通和互动，使同学之间的交流更加快捷频繁。纷繁复杂的信息需要教育者加以引导、甄别，以创造良好的思政教育氛围，努力消除大众传播产生的负面影响，在虚拟空间中真正发挥思政教育的威力。同时，在众多的大众传播媒介中，教育者还需要注意把握不同媒体的优势互补。报纸、书籍、广播、电视和网络在传播思政教育信息的过程中其效用及优势必然有所不同，报纸、书籍对大学生的影响更深远，广播、电视的影响更多地体现在视觉和听觉方面，而网络的影响力则在于它的速度。因此，需要聚焦多种传媒的集合效应，构建广覆盖、立体式的传播网络。

总之，高校思政教育的主阵地依然是课堂。在充分发挥各种大众媒介优势的同时，也要注重管理载体、文化载体、活动载体的建设。必须坚守思政教育的主课堂，将思政教育资源多渠道地整合起来；注重传统与新型载体的融合，形成内容上的互补，方式上的强强联合，时效上的彼此互动，让不同载体发挥不同的思政教育作用；根据不同媒体的特点，不同载体的特征，构建交叉立体、广覆盖的传播网络，确保信息的完整度和全面性，保证受教育者获得及时、全面、准确的信息，以增强与提高思政教育的权威性与实效性。

（三）高校思政教育智能手机载体的内涵界定

智能手机媒体是承载、传递高校思政教育内容和信息的有效载体，是大众媒介载体中传播速度最快、蕴含信息最丰富、互动性最强的新媒介。高校思政教育智能手机载体的指向性十分明确，笔者对其含义的界定是：在高等教育领域内，针对在校大学生的认知特点和心理变化，依托新兴智能手机媒体，承载、传递思政教育的内容和信息，用正向、丰富、积极的手机媒体信息引导大学生的思想观点、政治观念，在此过程中，教育者和受教育者能够实现双向互动，并且能为教育者所操作的一种思政教育活动形式。手机媒体具备了成为思政教育载体的必备条件。其内涵的具体说明如下：

第一，能够承载和传导思政教育信息。纵观媒体发展史，手机比任何一种媒体都更具备兼容性、整合性和互动性，比任何一种媒体都更能拉近人与人之间的距离，比任何一种媒体都更能提升用户的自主性。手机媒体除了具备新兴媒体的互动性、及时性特点外，还兼具便携性、多媒体性和覆盖范围广等特点。手机媒体作为一种媒介载体，必然承载着丰富的信息内容。思政教育载体具有工具性和中介性，但是最重要的一点是，思政教育载体具有很强的目的性，具体表现在，思政教育载体的设置与应用就是为提高思政教育工作的效果而服务的。通过交互工具宣传、短信传播、手机报发送和主流视频播放等手段可以有效地将思政教育信息，如中央会议精神、马列毛邓思想和最新的指导性文件等传导给学生，用生动鲜明的漫画、动画、音频和视频文件等形式激发学生的学习兴趣。

第二，能够为思政教育主体所操作。手机的普及，突破了网络思政教育对复杂的电脑设备的操作局限，降低了对工作人员的技术要求。虽然手机媒体的功能日新月异，但其中一些基础的软件都能够被教育主体很好地运用。事实上，现在很多学校教师都注册了校内网、微博，活络一些的学生会主动关注教师。这样，教师发表的言论、对时事的见解、转载的文章都会对学生起到潜移默化的影响，不仅无形中实现了思政教育主体的愿望和目的，同时又能将健康向上的信息传递给教育客体。

第三，是联系主客体的一种物质形式，主客体可以借此形式发生相互作用。手机媒体的特点之一就是交互性，交互性可以促进彼此沟通，拉近人与人之间的距离。从此种意义上说，手机媒体是天然的联系主客体的一种物质形式，主客体之间地位的平等，话语沟通的随意性都能够较好地实现彼此之间的互动。将手机媒体作为高校思政教育载体并不是在信息时代赶时髦，而是因为智能手机媒体确实具备了成为思政教育载体的基本要素。

二、智能手机媒体作为思政教育载体的必要性及可行性

在智能手机成为人们生活必需品的今天，其功能已不再局限于人与人之间的沟通交流，还兼具着共享信息和生活娱乐的功能，它对高校思政教育的建设有着潜移默化的影响。作为现代信息传播交流的第五代先进媒介，手机媒体给人们带来了新的交流平台和新的发展机遇，智能手机媒体成为高校思政教育载体不仅"可以为之"，而且"必须为之"。

（一）智能手机媒体对大学生的影响

1. 智能手机媒体对大学生的积极影响

第一，智能手机媒体扩展了大学生思想进步的空间。各种即时交互的交流软件备受学生青睐，使用比例也比较高。显然，在信息横流的时代，智能手机媒体对学生的相互交流起到了纽带作用。大学生通过手机网络搜索自己关注的内容，如当前热点问题、思政理论课案例等，同时这些浏览数据可以同步存储。相对于传统的书籍、电视、广播等媒体，手机媒体使学生获取资讯的速度、效率及质量大幅提高，这些改变不仅有助于学生视野的扩宽，意见的互相交流，也有助于培养学生的爱国主义情怀和忧国忧民的意识，引导其树立正确的价值观。

第二，智能手机媒体扩宽了大学生自主发展的平台。手机游戏、手机应用、手机视频的盛行，在为运营商带来经济利益，为学生带来欢乐的同时，也激发了部分学生的创新思维。开发一些小型的手机单机游戏，拍摄一些搞笑视频，改编一些网络流行歌曲等，这些都对

学生创新思维能力的提高有很大的帮助。海量的信息传播和不同文化观念的交流碰撞让大学生的生存空间"愈大又愈小"，使他们在期望获得更多人理解和认可的同时，也更加努力地展示自我，凸显自己的个性。以智能手机媒体为平台，拓展交往范围，为自我发展提供了便利，智能手机媒体让受众的自主创新性得到空前增强，美化生活、推崇个性成为共识。

第三，智能手机媒体丰富了大学生的校园文化生活。手机的娱乐影音功能作为手机媒体功能的一个重要分支，极大地丰富了手机媒体的内涵，深受大学生的欢迎。宽范围、广覆盖的手机媒体信息，让大学生对于获取一手信息司空见惯；对热点事件的点评、转发、收藏让大学生不再是被动的信息接收者；不断接触新鲜事物，更加扩宽了大学生的视野。智能手机媒体为大学生提供了独立思考的时间和空间，有助于提升他们的思想境界和精神素养。另外，随着"一站到底""汉字英雄""成语英雄"等益智类综合节目的火热播出，同款手机 App 软件也全面上线，受众可以随时登陆这些节目的官方微博，和节目组进行互动。这些益智类手机模拟游戏，在丰富大学生课余生活的同时，对提高大学生的文化素养，增长其国学文化知识，增强其民族自豪感也起到了很好的作用。

2. 智能手机媒体对大学生的消极影响

第一，智能手机媒体导致部分大学生产生认知偏差。手机媒体传播的信息中掺杂了各种别有意图的服务信息以及色情信息、诈骗信息和谣言。这些信息快速传播，多层次交叉传递，在不同程度上影响着大学生的思想和行为。网络语境中的"去中心化"，客观上消解了主流意识形态的影响力，而大学生缺乏明确的价值指引，容易滋生对主流文化的反叛态度，转而陷入迷惑性较强的舆论氛围中。网络"公知"们的口舌之战，使网络信息更加扑朔迷离，容易导致部分大学生产生认知偏差。手机媒体是大学生获取信息的主渠道，如果打开网页搜索到的头条新闻总是真假难辨，或总是负面的、虚假的信息，那么对大学生正确价值观的形成将造成很大的负面影响。另外，同辈群体之间的影响往往更具渗透力和广泛性，如身边同学用某一款智能手机，容易刺激起周围同学的嫉妒心和购买欲。同时，电视节目中大量植入的软广告，也会刺激学生产生不正常的消费心理。

第二，智能手机媒体导致部分大学生形成情感脱节。大学生在享受手机上网带来的便捷与愉悦的同时，由于过分依赖手机媒体，也容易成为手机的"奴隶"和手机网络的"受害者"。大学生对新鲜事物的接受程度往往较快，紧跟时尚潮流，但是问题也随之而来。热衷于手机上网的青年学生，对手机过分依赖，哪怕一小会儿不碰手机，都会觉得无所适从、心烦气躁，甚至对现实生活失去了兴趣。智能手机的过度使用，容易让大学生沉溺于手机虚拟的世界中无法自拔，就如患上了网瘾一般，忽视了现实中的人际交往和真实的情感需要。课上课下"机不离身"，花费大量时间玩手机，导致学习成绩下降，生物钟颠倒，现实人际关系淡化，情感冷漠、萎缩。一切注意力都聚集在小小的手机媒体上，关注手机另一端的"陌生人"，却忽视了周围的朋友。

第三，智能手机媒体导致部分大学生出现行为失范。大学时期是青少年的"第二心理断乳期"，他们承受着各方面的压力，情绪起伏波动很大。除了学业压力之外，还受到工作压力、人际交往压力、情感压力等多方面的困扰。手机媒体其可携带性、互动交流性、娱乐性等独特的优势恰好迎合了大学生的心理需求，自然而然成为他们逃避现实、排遣寂寞、纾解压力的"小贴士"。大学生的校园生活和社会实践活动多姿多彩，因为社团活动、学生会活动、课外兼职甚至是辅导员的手机召唤等诸多原因，离开课堂的学生不在少数。同时，考试中依靠新兴技术手段作弊的现象屡禁不止，其中，利用手机互传答案，搜索答案是高频发生的问题。这不仅对平日下苦功用心学习的学生不公平，更是对自己的极端不负责任。目前，国家对发布、传播、转载虚假信息做出了严格的法律禁止规定。不能否认，学生使用手机媒体只要轻轻一点就能把信息传递出去，十分便捷。但部分人只在乎个人喜好，却忽视了每个人都拥有一个或大或小的影响圈，这些信息反过来又会影响别人，形成多次交叉传播。

（二）智能手机媒体作为思政教育载体的必要性

1. 党和国家关于运用全媒体开展思政教育的要求

2019 年 1 月 25 日，习近平主持中共十九届中央政治局第十二次集体学习时指出："推动媒体融合发展、建设全媒体成为我们面临的一项紧迫课题。推动媒体融合发展，是要做大做强主流舆论，巩固全党全国人民团结奋斗的共同思想基础，为实现'两个一百年'奋斗目标、实现中华民族伟大复兴的中国梦提供强大精神力量和舆论支持。要加快推动媒体融合发展，使主流媒体具有强大传播力、引导力、影响力、公信力，形成网上网下同心圆，让正能量更强劲、主旋律更高昂。"

要让广大大学生在全媒体环境中接受教育，强化对社会主义核心价值观的体验认同。要坚持"正能量是总要求"，准确把握网络传播规律，把社会主义核心价值观的要求体现到网络宣传、网络文化、网络服务中，用正面声音和先进文化占领网络阵地，用正确的网络舆论引导思潮、凝聚共识。

党和国家领导人多次强调要高度重视网络建设，尤其是要重视全媒体的宣传作用，要借助全媒体平台加强思政教育和先进文化的传播教育。移动通信技术的发展和商用化，使高校思政教育的育人环境发生了变化。新的形势对高校思政教育传统的教育方式提出了新的要求，载体创新迫在眉睫。

2. 思政教育载体与时俱进的体现与要求

一方面，手机媒体已经成为大学生必不可少的生活用品。互联网的出现真正对于社会发生影响作用的是其带来的人与人之间的信息传播与互动方式的变革。互联网是推动智能手机发展的技术支撑，学生获取资讯的主要方式已经由纸媒过渡到手机媒体，手机媒体已然成为信息集散地和民意聚集地，不仅对学生的价值观念、知识储备、技能训练、性格培养和人际互动有着不可忽视的影响，同时也对高校思政教育的发展有着不可估量的作用。高校要重视智能手机媒体的建设、使用、管理、监督，为传播先进文化，深入宣传社会主义核心价值观，实现中国梦搭建有效的平台，为高校思政教育理顺新思路、扩展新空间、开拓新方式提供新的宣传阵地，为纵深推进当代大学生学习、运用马克思主义、毛泽东思想、中国特色社会主义理论体系的伟大实践创造条件。

另一方面，思政教育载体在实践中不断更新发展。随着时代的发展、科技的进步，思政教育载体的形式更加丰富多样，可利用的大众媒介也越来越多。可以说，高校思政教育载体的创新是信息时代的应有之义，是与时俱进的体现和要求。思政教育的内容在充实，形式在丰富，环境在变化，如果死守僵硬固化的老路，思政教育信息将得不到顺利传播，思政教育理念的内化将失去生存的土壤，思政教育的效果将事倍功半。高校思政教育的发展必须利用好智能手机媒体，方能有效引导舆论氛围。只有随着时代的发展、技术的进步，走在手机媒体发展的前列，不断更新高校思政教育的手段，才能有效利用智能手机媒体为思政教育工作服务。

3. 思政教育占领传播阵地和引领舆论环境的要求

其一，占领传播阵地的要求。意识形态的工作是党的极端重要的工作，牢牢掌握意识形态工作领导权、管理权和话语权，是巩固马克思主义在意识形态领域的指导地位，巩固全党全国人民团结奋斗的共同思想基础的坚强保障。意识形态领域历来是敌对势力同我们激烈争夺的主要阵地，这一点反映在青少年身上更是如此。1944年，人类第一台计算机于美国诞生，随后互联网的发展让计算机和网络遍布全球。计算机给人们的生活工作带来便捷的同时，也将美国的价值观念漂洋过海植入了各地，西方的价值观念、生活方式、消费方式和"欧美中心主义"深刻影响着我国的马克思主义意识形态。

智能手机媒体是高速兴起的新兴媒体，在学生中的占有率几乎为100%，影响不容忽视。手机媒体里的众多领域充斥着西方的价值观念和思想意识，相较之下，马克思主义在网络中的发展就显得十分滞后。手机领域中马克思主义意识形态的缺位，迫切地要求我们用马克思主义占领手机传媒领域的阵地，建设宣传社会主义核心价值观的手机信息传播阵地，用主流的声音和向上的精神文化抢夺手机网络传播阵地。要用社会主义核心价值理论体系和中国梦指导高校思政教育理论和网络平台的构建，让马克思主义在手机媒体领域是"实心"的而不是"真空"的，满足大学生多样化、多层次的精神需求，教育广大学生坚持走社会主义道路，树立中国特色社会主义意识形态，坚定不移地拥护党、追随党。

其二，引领舆论氛围的要求。大学生容易被西方宣扬的所谓的"自由""民主"的价值观影响，滋生享乐主义、拜金主义和极端个人主义，导致其产生对西方政体的盲目崇拜和对西方意识形态的向往，进而淡化社会主义政治意识形态，甚至道德意识下滑，最终丧失崇高的共产主义理想和社会主义信念。网络中的各种虚假信息和失真新闻为网络谣言的滋生提供了温床，虚假消息会严重损害媒体的权威性，甚至会危害安定有序的社会秩序，不利于营造良好的社会舆论氛围。负面的传媒信息长期干扰着大学生的价值判断，"噪音"的游离使其兴奋点和注意力都被"杂、乱、怪、奇"的信息吸引，许多网络中"漂浮"的信息还未经学生的理性分析就被转化为潜在意识。少数意见领袖，即所谓的公知们有意影响和操纵舆论信息，以牟取自身利益。互联网革新了一直以来以灌输为主的教育方式，使网民成为舆情的主体，使其表达思想的方式更直接、真实、流畅。但不可否认的是，网民因其个人素质高低不同，舆情表达也存在差异。其中包括因网络虚拟化而忽视法律制约和道德规范的手机网民，因现实生活压力而恣意发表言论或散布谣言的手机网民。手机媒体中各种信息鱼龙混杂，各种言论层出不穷。有些网络言论不堪入耳，对文字的亵渎，对文明的曲解更是令人愤慨，污染了网络环境。这种情况下，大学生更是直接受害者。

充分重视智能手机媒体的舆论导向作用，必须要在教育方式上与时俱进，在教育内容上贴合现实、贴近学生情感，完善思政教育监管机制，净化手机网络环境。除此之外，不能忽视影视作品的健康发展，毕竟思政教育观念的渗透，除了条条框框的灌输外，更需要通过文艺作品来演绎和传达。在"三网融合"的大背景下，手机视频用户规模快速增长，随着智能手机的普及，移动网络流量资费的下降，手机视频契合了大学生碎片化生活的需求。推动中华优秀传统文化和当代精品网络化传播，创作适于新兴媒体传播的、格调健康的网络文化作品势在必行。要大力宣传弘扬中华民族优良传统，歌颂民族英雄，传播具有正向价值观念的影视作品，如《建国大业》《建党大业》《潜伏》《老有所依》等。这对激发大学生的爱国意识，增强其集体观念，强化其理想信念，提升大学生的民族自豪感和凝聚力将起到重要作用。在手机媒体大行其道的紧迫形势下，高校思政教育必须引领网络舆论，给大学生营造一个健康、活泼、向上的网络环境。

（三）智能手机媒体作为思政教育载体的可行性

1.智能手机媒体的功能为拓展思政教育阵地提供了技术平台

智能手机媒体承载量大、移动性强、传播速度快、覆盖面广、互动性突出的优势，扩宽了高校思政教育的教学阵地。高校思政教育工作既可以借助手机媒体丰富的信息源，又可以借助传统媒介和传统教育手段来开展思政教育活动，从而可以大范围地、快速地、主动地向大学生传播正向的思想观念、政治观点和价值理念。如对相关理论政策的解读，可以在第一时间让学生知晓；学生在学习哲学经典、马克思主义经典著作及相关理论时，如果遇到难题和困难，可以随时随地利用智能手机媒体上网查询相关资料，并和老师、同学互动交流。智能手机媒体这种得天独厚的优势为高校思政教育内容和手段的不断创新创造了条件。智能手机媒体的发展，催生了各种应用程序，中国知网、维普网等知名学术网站都有自己的手机 App 程序。利用手机媒体新技术，随时了解学科前沿理论，掌握第一手热点资讯，有利于提高思政教育工作的效率。

学校的中心工作是教学。长期以来，这一中心工作任务未曾发生过改变，学校的工作重点始终紧紧围绕着课堂教学展开。大学是一个集开放性、社会性、实践性于一体的大课堂，这就意味着仅仅依靠课堂教学是不能满足学生发展的需要和时代发展的要求的。手机媒体将人际传播和大众传播有效地集于一身，大幅度地为信息传播提速、增道、扩路，特别是各种手机应用的开发，各项手机业务的开展，丰富了手机媒体的功能，将刻板的思政教育内容以更为形象、生动、鲜活的形式呈现给广大受众。这样的教育方式使学生乐于学习，愿意接受。在重大节日里和热点事件中，思政教育工作者及时给学生推送信息，让学生了解相关情况，避免其受到不良信息的干扰和误导，增强了大学生的思辨能力。借助移动互联网平台，教育者能充分发挥主观能动性，以饱满的激情和对学生真挚的关怀，搭建切实可行的校园手机办公平台，并通过不断增强平台操作性，确保思政教育工作取得实效。

2. 智能手机媒体的特点为增强思政教育的针对性奠定了基础

传统思政教育的对象通常是群体，很难针对学生的个体情况开展思政教育。究其原因，一是学生个人信息状况有隐蔽性和私密性，难以悉数掌握；二是没有足够的人力物力，难以深入介入学生生活实际。以往思政教育工作者在实际工作中经常会出现为了某个学生、某件事情"跑断了腿，磨破了嘴"的现象。现如今手机信息传播是"点对点""点对面"的传播方式，教育工作者发送信息的对象是固定的学生群体，对信息发送的内容、结果和效果都可以很好地进行预判，这在很大程度上提高了思政教育的实效性。智能手机媒体让信息的及时送达、反馈成为可能。随着高速网络的普及，智能手机媒体的广泛运用，及时交互的手机通信软件、网络空间和微博等都可以成为思想教育工作者及时捕获学生思想动态的工具，教师一旦发现不良苗头，便可以果断出击，及早做好学生思政教育工作，确保学生群体思想积极向上、情绪乐观稳定，让思政教育工作更具有针对性。手机媒体的个性传播方式，避免了教育过程中千篇一律的信息传播模式。世界上每一个个体都是独立的个体，每一个学生都是独一无二的学生。重共性、轻个性的教育方式与新时期广大青年的发展趋势相逆，也不利于创新型人才的培养。为此，教育工作者应顺应形势，利用智能手机媒介功能为不同的学生个体量体打造不同的教育方案，为学生个性化的发展创造条件。手机媒体的个人私密性让彼此间的交流成为隐匿在手机媒体背后的"人—机—人"交流，相较于传统的面对面的心理辅导方式，更易于被学生接受。过去很多学生由于个性腼腆，性格内向，表达含蓄，或顾忌过多等不敢向老师吐露内心情感和思想上的困惑，致使很多老师难以全面获知学生情况，不能为学生制定有针对性的个体治疗方案，并由此形成恶性循环。运用智能手机媒体，通过在线情感交流、咨询、互动能够有效克服上述障碍，并为大学生提供一个隐秘的，能真实表达自己、宣泄自己内心情感的场所，可以让辅导老师及时了解到学生的个人情况，并与代课教师、学校相关责任部门通力合作，帮助学生攻克难关，最终成长为对社会有益的人。

3. 教育对象的接受习惯使他们对智能手机媒体有着天然的亲近感

移动通信网络环境下的手机媒体已经当之无愧地成为第五媒体，无论是网络还是手机都对青少年有着一种难以名状的吸引力。

首先，浅阅读模式符合新时期大学生的需求。正是由于个众对信息的渴求和关注，智能手机媒体才拥有了更大的舞台。手机媒体的个性化特征，App 软件的个性化运用，都让充满好奇心，对信息有强烈渴求愿望的大学生向而往之。生活的压力、繁忙的工作、焦虑的心情和复杂的人际关系导致人们很难有多余的精力接触视线以外的信息，而智能手机媒体的发展，多种新闻应用工具的成熟商用，改变了传统的阅读方式。新型的碎片化的阅读模式让人们随时随地可以了解时事新闻、娱乐八卦和生活趣闻。

其次，自我参与意识滋润了手机媒体在学生中发展的土壤。随着社会的发展，人们的自主意识、独立意识和参与精神都得到了空前的增强。人们更加重视个人价值，话语权增加，人人都想成为公众焦点，这一点恰好迎合了当代大学生敢于表现、善于表达的个性。手机网络的普及更是为广大青年提供了个性发展的广阔空间，手机媒体存储的海量信息和可以及时获取信息的特点，不但扩大了大学生的视野，更重要的是正在改变着大学生获取信息的方式，同时使得解决问题的方式也更快捷、更简单。

再次，智能手机媒体体积小、隐秘性强，这是它受到学生欢迎的重要原因之一。手机媒体的便携性，改变了过去面对面式的谈话方式，让话题涵盖的范围更广，内容更丰富。大学生生活在一个集约化程度、受关注程度相对较高和网络高度发达的社会，小错误会被无限放大，这给大学生带来了很大的不安全感。而手机媒体始终不遗余力地保护着用户的隐私。很多隐私保护类 App 应运而生，如隐私管理大师、隐私卫士、隐私空间、隐私锁屏和隐私日记等，尽管这些应用程序还存在一些问题，但是不可否认的是这些软件的开发与运用确实在很大程度上改善了人们私人空间被侵犯的现状。手机媒体已经改变了大学生的生活，网络购物、网络交友、网络娱乐、网络学习都可以通过小小的手机来实现。方便快捷的一站式服务，使智能手机媒体吸引的对象不再局限于商务人士、大学生，越来越多的普通人，都真真切切地体会到了智能手机媒体给人们生活带来的便利。

总之，智能手机媒体成为思政教育载体不仅可以为之，而且必须为之。这不仅是高校思政教育载体与时俱进的表现，是充分发挥手机媒体思政教育作用的基础，是满足当代大学生信息需求的条件，也是高校思政教育顺应时代要求，全面贯彻党的路线、方针、政策的题中应有之义。高校思政教育载体必须不断创新，智能手机媒体必须为思政教育所用。

三、以智能手机媒体为载体加强高校思政教育的对策

随着科技的发展，智能手机媒体的功能及其对大学生的影响将会更加强大和深远，高校思政教育面对的环境也会更加复杂。面对挑战，高校思政教育工作者应趋利避害，充分利用智能手机媒体这一新载体，将智能手机媒体的传播、示范、沟通等功能有效引入教学领域，切实增强高校思政教育的实效性。

（一）依托智能手机媒体构建高校思政教育平台

首先，运用智能手机媒体进行"一对一"思政教育。思政教育工作者可积极运用手机收发信息的隐秘性、便捷性等特征，基于手机微信实施"一对一"思政教育和心理指导。利用手机微信这样种不需要面对面、立即做出反应的沟通方式，通过亲切的语言、精练的内容来展开师生交流，这种摆脱有限空间的非面对面沟通方式，可以充分缓解学生的紧张情绪，更好地减轻他们的心理负担，也更有利于拉近师生间的距离，以及促进两者间的和谐交流。此外，利用手机微信来强化信息的搜集与反馈，能够让思政教育融入到学生日常

学习生活当中，有利于教师全方位地照顾学生，并掌握学生的思想动态，了解他们的真实情况，从而提高思政教育的针对性及实效性。

其次，依托微信公众平台扩大思政教育的覆盖范围。随着思政教育的积极创新，单方面的信息发布已经无法满足当代大学生的学习需求，原有的网站及博客等方式的信息传送无法保证每位学生都会查看。对此，高校可利用微信公众号，将相关信息及时推送给每位学生，提高学生的阅读量，让他们更乐于接受思政教育。与此同时，高校可以利用公众号发布一些广大学生较为关注的信息内容，包括学生课程安排、专业考试等方面的信息，还可以指定专门人员针对学生提出的问题及时进行回复，在沟通交流过程中进一步提升高校思政教育水平及质量。

（二）利用智能手机媒体推动他律与自律机制的结合

由于大学生社会经验较少，心智发育尚未成熟，他们对好多事物的判断力及识别能力还存在明显不足，难以对复杂多样的媒体信息进行理性的审视和客观的接纳。再加上社会、院校对智能手机媒体缺少严格的监控与管理，这在一定程度上导致了当代大学生在筛选智能手机媒体信息时会出现错误的选择，进而产生道德行为上的不良现象。针对这样的情况，推动他律体制与自律体制的相互融合，不失为有效提高广大学生认知分辨能力的重要途径。从他律体制角度来看，应加强对运营商、手机网站等方面的监控，仔细审查智能手机媒体中各个层面的内容，从源头上加强对手机媒体的管理；规范并完善手机媒体的管理机制，倡导积极向上的意识与行为，抵制消极、偏激的观念及做法；主动开发手机媒体安全性能方面的先进技术，创建信息防火墙，优化智能手机媒体环境，通过技术来解决智能手机媒体不良信息的控制问题。从思政教育工作者的角度来说，要加强智能手机媒体道德的建设力度，将我国社会主义核心价值观作为引领智能手机媒体发展的主旋律，促使大学生个人道德素养的提升，帮助他们树立正确的社会荣辱观，主动抵制负面信息及不良风气。从自律体制层面上看，教师要引导广大学生高度重视并加强学习，使其学会定期自我总结与反省，检查个人思想行为是否违背法律和道德的基本要求；要规定学生时刻注意自己的言行，小心谨慎，努力提高个人修养。

（三）发挥智能手机媒体在校园文化建设中的作用

在高校校园文化建设过程中，应始终坚持先进文化的前进方向，宣传主旋律，大力推广展现主流价值形态的当代媒体文化，以良好的人文环境来构建积极向上的校园文化环境。思政教育工作者可以将智能手机媒体文化中健康、正能量的内容以当代大学生喜欢的方式，生动形象地呈现在他们面前。这样才能让思政教育内容变得更加丰富有趣，才能在无形中让广大学生的思想及精神得到升华。此外，也要积极组织丰富多彩的校园文化活动，努力拓展校园文化建设的途径及空间，引导与鼓励大学生参与手机媒体文化相关活动，将主流意识和道德标准融入到大学生思想体系中，让智能手机媒体文化与校园文化有机结合、相互影响、相互促进，打造培育当代大学生高尚情操、优秀品格的大课堂。

第二节　主题网站在高校思政教育中的创新应用

一、主题网站与高校思政教育的概念厘清

（一）网络的界定

对网络的界定，有一个不断认识、发展和深化的过程。在《现代汉语词典》中，"网"字有以下几种含义："第一，用绳线等结成的捕鱼捉鸟的器具；第二，像网的东西；第三，像网一样的组织或系统；第四，用网捕捉；第五，像网似的笼罩着。"《现代汉语词典》中对网络是这样界定的："在电的系统中，由若干元件组成的用来使电信号按一定要求传输的电路或这种电路中的部分，叫作网络。网络的种类有很多，具有不同的形式和功能。"

（二）网络的特点及其对当前思政教育的影响

计算机网络作为一种新型的信息载体，具有传播速度快、信息容量大、覆盖范围广、可进行多媒体传播、高开放性和全球交互性等特点，这些特点超越了传统思政教育工作媒体的优势，对当前的思政教育工作具有以下影响：

第一，网络信息传播的快捷性和即时性，为加强和改进高校思政教育工作提供了可能性，增强了高校思政教育工作及时性和强力渗透性的优势。高校思政教育工作贵在及时，要求信息的收集、传递和使用要快。只有做到"快"，才能将工作做到前头，取得思政教育工作的主动权。计算机网络被喻为信息的"高速公路"，它的应用与快速发展为快速、便捷地掌握高校思政教育工作领域的信息提供了可能。由于信息传递方便、快捷，即使万里之外，也可以"当面"讨论问题、交流思想、传递信息，克服了自然条件和地理环境所造成的障碍，缩短了时空距离，大大提高了高校思政教育工作中信息资源的利用率和工作效率。

第二，网络信息内容的广泛性和跨时空性，为加强和改进高校思政教育工作提供了广阔的教育空间，增强了思政教育工作的辐射力、说服力和感染力。一项有效的教育，一堂成功的思政课，总是需要大量的信息。现今高校思政教育工作普遍存在的问题是信息容量小，视野不够开阔，内容不够丰富，很难引起学生思想的共鸣，因而缺乏教育的说服力和有效性，使得教育效果大打折扣。而网络信息的传播内容是非常丰富的，它涉及政治、经济、文化、科技、教育和卫生等各大领域，覆盖面很广，从而丰富了高校思政教育工作资源，开阔了学生视野，扩展了高校思政领域，为切实加强和做好学生思政教育工作提供了新的开放性环境和广阔的空间。

网络信息的跨时空性体现在三个方面：一是信息传播没有时间的限制，一天 24 小时几乎都可以上网，这就为高校思政教育工作的开展打破了时间上的限制，拓展了工作时间

的范围；二是网络信息传播没有地理空间上的界限，高等学校的"围墙"概念将逐步消失，不同高校、不同地区乃至不同国家的学生均可以通过网络共享思政教育资源，还可以在网上就任何感兴趣的问题向教师咨询或与教师、同学、网友共同探讨、交流；三是通过网络可以使学校教育、家庭教育、社会教育三者形成真正意义上的合力。

第三，网络信息形式的灵活性和互动性，为加强和改进高校思政教育工作提供了新的方式和手段，增强了高校思政教育工作的趣味性、针对性和实效性。高校传统的思政教育工作方式，基本上是一块黑板、一支粉笔，外加教师的一张嘴。面对日益现代化的信息传播手段和伴随着信息时代一道成长起来的学生，这样的思政教育工作方式很难有吸引力和感染力。网络信息的传播形式已不仅是文字，还包括声音、图片、动画甚至是图文音像并茂的影视画面，这种多媒体技术为思政教育工作的手段、方式、条件和效果等带来了全新的变化和拓展，它可以同时触发学生的多种感官，使之犹如身临其境，大大改变了沿袭多年的高校思政教育工作的方式和手段，收到了极佳的思政教育工作效果。在网上，每个学生都有很大的自由空间，自主接收信息的意识也越来越强。因此，充分利用好网络技术，能彻底改变高校思政教育工作手段滞后的现象，其过程中所蕴含的对思政教育工作知识的感知、对思政教育工作情感的体验等都是传统思政教育工作手段所无法比拟的。

第四，网络信息使用的自由性和可选择性，能够凸显以学生为主体的思政教育工作模式，彻底改变传统、封闭的育人方式。在高校思政教育工作中，将网络思政工作与高等学校面对面的教育方式有机结合起来，能改变学生以往在教育中的从属地位，使之摆脱时间和空间的限制。学生可利用课余时间，通过有效的媒体，自主地选择教师和教育内容，并在自己与教师及其他学生之间建立起多向互动的学习网络。另外，网络思政教育工作有机互动性强，可以突出学生在教育中的主体地位，有助于调动学生的主观能动性，加强其人际沟通能力，从而充分体现大学生在思政教育工作中"自我教育""自我帮助"的本质特征。

第五，网络信息的资源共享的特点，扩大了高校思政教育工作的范围。网上的信息为全人类所共有，每一个人都可以获得、拥有。同时，网上信息共享还有另一层含义，即每个人也应尽自己的可能向别人提供信息。网络的资源共享性使高校思政教育工作在网络中占有了市场，并可以通过网络对大学生进行思政教育，这在一定程度上克服了传统思政教育工作影响面较小的缺点。

总之，网络的快速发展，使思政教育工作在内容、形式、方式方法和手段等诸多方面发生了巨大的变化。网络使思政教育工作从集中统一的"一刀切"模式，转变为分散的多样化形式；从自上而下的单向灌输和被动接受，转变为双向、多向的直接交流和互动；从单调的指示、命令、说教，转变为图文并茂、多媒体并用、生动活泼的思想和情感的交流；从工作周期较长，效果反馈较慢，转变为跨越时空障碍，即时性强、周期短、见效快的工作模式。在"数字化生存"的社会里，由于新生事物层出不穷，社会竞争日趋激烈，高等院校又是中国社会"网络化"的发展前沿，随着网络信息教育的普及和发展，互联网对高校大学生的行为模式、价值取向、政治态度、心理发展和道德观念等将产生越来越大的影响。因此,作为"生命线"的思政教育工作更应当在网络世界发挥其"教书育人"的作用。

(三)思政教育进网络的必要性

互联网作为一种新兴信息传媒工具,越来越成为当代大学生获取知识和各种信息的重要渠道。面临新形势、新情况,努力创新思政教育工作是十分必要的。

1. 思政教育进网络是加强高校思政教育工作的需要

近些年来,互联网在我国发展迅速。到目前为止,我国所有高等院校基本上都已经建立了自己的局域网,大学生们在图书馆、教学楼、实验室,甚至在宿舍里都能够上网学习、交际和娱乐。网络在当代大学生的学习和生活中发挥着越来越重要的作用,它不仅是大学生们获取知识和信息的一个重要来源和渠道,也日益成为他们自由表达思想和进行感情交流的主要场所,对大学生的学习、生活乃至思想观念产生了广泛而深刻的影响。高校思政教育工作者应该清醒地认识到,一方面,网络技术的发展和普及,拓展了高校思政教育工作的渠道和手段,为加强和改进高校思政教育工作带来了新的机遇。通过网络,可以快捷、准确地了解师生的思想状况和他们关心的热点问题,并促进彼此间的沟通、交流;可以及时获取大量有价值的信息,丰富思政教育的资源,开阔学生的视野;利用网络开放性、交互性、及时性等特点,可以开展形式多样、生动活泼的思政教育活动等。另一方面,网络技术的发展和普及也带来了一些新的问题。例如,网上鱼龙混杂的信息,增加了人们特别是青年学生辨别信息真伪的难度;一些人在网上发表的不负责任的言论易引发人们产生某些思想混乱;敌对分子利用网络进行煽动,可能影响高校和社会的政治稳定等。因此,如何用正确、积极、健康的思想文化占领网络阵地,同时防止一些人利用网络传播错误的思想和言论,已经成为高校思政教育工作非常重要而又紧迫的课题。党和国家非常重视互联网给高校思政教育工作带来的机遇和挑战。多方强调,要充分重视运用信息网络技术,促使思政教育工作提高实效性,扩大覆盖面,增强影响力;要高度重视互联网的舆论宣传工作,做到积极发展、充分运用、加强管理、趋利避害,不断增强网上宣传的影响力和战斗力,使之成为思政教育工作的新阵地和对外宣传的新渠道。中共中央、国务院印发的《关于加强和改进新形势下高校思想政治工作的意见》指出:"要加强对校园各类思想文化阵地的规范管理,加强校园网络安全管理,营造风清气正的网络环境。"目前,全国许多高校建立了主题网站,制定了网络管理办法和实施细则,并尝试运用网络手段对学生进行思政教育。几年来,高校思政教育进网络的工作取得了很大的成绩,但从总体上看仍处于初始阶段。对思政教育进网络的规律还缺乏认识,采取的方法和手段也显得有些简单,网络上存在的大量问题更是远没有得到解决,而且各高校此项工作的开展程度也参差不齐。因此,总结经验,分析问题,提高认识,对于进一步做好思政教育进网络工作具有重要的现实意义。

2. 思政教育进网络是用先进文化占领新的思想阵地的迫切要求

美国著名未来学家阿尔文·托夫勒曾经说过:"谁掌握了信息,控制了网络,谁就将拥有整个世界。"这话虽然说得有些夸张，但它也从一个侧面说明了网络这种新的信息传播方式对社会生活的巨大影响。当前，网络已经成为一个重要的思想阵地，随着互联网覆盖面越来越广，受众越来越多，网络这一思想阵地的影响也会越来越大。网络的受众主要集中在知识层次较高、思维较活跃、年纪较轻的人群中，因而大学生被认为是目前最有影响力的受众人群。做好这部分人的思政教育，不仅关系到他们的思想道德素质的提高，而且对提升其他人群的思想道德素质也会产生重要影响。因此，高校领导和教育工作者应该把握好这一时代特征，高度重视和充分利用网络这一新的信息传播手段，抓紧构建网络这一新的思政教育阵地，以更好地教育、引导青年去开拓自身发展的新空间。

不难看出，构建网络思政教育阵地的任务十分紧迫。这种紧迫性表现在：其一，西方国家目前在网络信息传播中处于强势地位，他们是网络信息的主要"制造"者，其网页的日均访问量远远超过我国新闻宣传网站网页的点击人数。而这些网站所传播的内容是以宣扬资本主义精神和价值观为核心的，其中虽然有反映资本主义国家社会化大生产的内容，即健康、有益的信息，但也有大量与我国社会主义文化相抵触的内容，即消极、有害的信息，这些有害信息给我国人民尤其是青年人世界观、人生观、价值观的形成带来了严重的负面影响。其二，更有甚者，国内外敌对势力正竭力利用互联网对我国进行意识形态的渗透。西方一些政治家视互联网为"中国和平演变的源泉"。美国前国务卿奥尔布赖特说过："中国将随着信息流通而民主化，我们要利用互联网把美国的价值观送到中国去。"她所说的民主实质上就是要使中国资本主义化。可见，某些西方政要是非常重视互联网意识形态的渗透功能的。与此同时，国内某些敌对势力也在利用互联网对我国的社会主义制度和党的领导进行攻击和诋毁，影响十分恶劣。其三，除以上两种情况外，网上的信息污染也不容忽视。由于互联网是开放的，因而它在为人们提供大量进步、健康、有益信息的同时，也带来了许多"垃圾信息"，如虚假信息、黄色信息等，这些信息对青少年造成的负面影响必须引起高度重视。

上述情况表明，在网络这一新思想阵地上的争夺必将日趋激烈。如果不用先进文化占领网络阵地，那么，"黑色文化""黄色文化"就会在网上大行其道。从某种意义上讲，思政教育的过程就是传播先进文化的过程，是用先进文化影响人的思想观念和精神状态，培养"四有"新人的过程。因此，网络的发展和普及拓展了思政教育的空间和渠道，增加了思政教育的资源，同时也对新时期的思政教育发展提出了新的挑战。只有敢于突破传统思政教育工作的条条框框，继续加大思政教育进网络的力度，才能牢牢地占领这块阵地。

二、高校思政教育主题网站的建设

随着信息时代的到来，计算机网络日益走进人们的生活。尽管计算机网络进入人们生活的时间不长，但是，大到国际互联网小到局域网，网络正在以惊人的速度发展着，人们可以足不出户，只要打开电脑，进入互联网就可以获得来自世界各地的信息，感受"网络"

那无边无际的影响力。计算机网络正以其传播的快捷性、内容的广泛性、功能的多样性、使用的普及性、环境的开发性、作用的双重性、资源的共享性等特点，改变着人们的学习、工作、生活、交往与思维方式。计算机网络的迅速发展，给高校的思政教育工作带来了前所未有的冲击和挑战，同时也给其带来了更多的发展机遇。

（一）高校思政教育主题网站的产生

1998 年清华大学汽车工程系汽 71 班的党课学习小组制作了一个理论学习的网页，起名为"红色网站"，并将网站的建站宗旨确定为"宗马列之说，承毛邓之学，怀寰宇之心，砺报国之志"。这就是最早的"红色网站"。自其诞生以来，深受学生的欢迎。"红色网站"在栏目建设上以党建宣传为中心，以服务同学为目标，用同学们喜闻乐见的形式把党的思想宣传工作做得有声有色。访问"红色网站"的不仅仅有清华本校的学生，还有来自兄弟院校的大学生，更有来自社会的人民群众。人民日报、新华网、中央电视台"焦点访谈"节目、中央人民广播电台、中国教育报、中国青年报和北京电视台等多家媒体相继对"红色网站"进行了系列追踪报道。在"红色网站"众多栏目中，讨论区是最有特色，最具红网魅力的，它是一个以党建为主要话题的论坛。在这里，能够充分感受到网友对提高理论修养的迫切愿望，能够读到对某些问题的精彩分析。网友可以自由地发表自己的观点，可以充分地交流思想。这里也是许多积极分子寻求帮助的园地，经常有人在讨论区里求助，询问如何写入党申请书，如何写思想汇报等。很多党课学习小组都把党课学习放到网上进行，在网上进行交流和辩论。在探讨和争论过程中，正确的言论始终发挥着引领作用，参加讨论的网友也会从中得到教育和提高。可见，利用网络技术开展思政教育大有可为。网络在思政教育领域的应用，是一种新的尝试。"红色网站"出现和发展的事实说明，这种传统形式和新的科技手段的结合正是思政教育的发展趋势。"红色网站"的成功创办为北京高校乃至全国高校网络思政教育工作吹响了号角，此后全国掀起了一股"红色网站"的建设热潮，并不断涌现出大批如"红色网站""红旗"这样的优秀思政教育网站。

（二）高校思政教育主题网站的积极作用

网络在给高校思政教育工作带来巨大挑战的同时，也提供了新的机遇。互联网以其独有的特性和方式，引发了一场新的技术和信息革命，它极大地丰富了人们生活、工作和学习的内容，使高校思政教育工作多姿多彩，大有可为。同时，网络的开放性、交互性、高速性及自由性也为思政教育带来了全新的发展机遇。在这种形势下，"红色网站"在高校发挥了极大的作用。

1.高校思政教育主题网站提高了思政教育工作的社会化程度

传统的大学生思政教育往往限于课堂说教和校园文化的陶冶。网络的出现，破除了横亘在学校和社会之间的围墙，同时把偌大的世界变为了极易"涉足"的地球村。学生不再被围于象牙塔内，他们可以在广阔的网络天地里驰骋纵横，充分领略种种思想观点、文化思潮、学术流派，乃至风土人情。这使得思政教育的社会化程度大大提高，从而有助于拓展思政教育工作的新思路，消除学校教育和社会实际脱节的弊端，进一步夯实思政教育的效果。

2. 高校思政教育主题网站打破了思政教育的时空限制

网络的发展打破了思政教育的时空界限，进一步增强了思政教育的影响力。传统的思政教育一般是集中在同一时间、地点，进行同一内容的教育，具体表现在以"两课"教学为主渠道，以课堂讲授、政治学习、师生谈心等形式来进行，由于受时间、空间的影响，其覆盖面有限。而网络的发展则打破了这一时空限制，学生可以在网上自由地与老师、家长、同学交流思想问题，及时了解社会上各种资讯。这就有利于把大学生思政教育与学校、社会、家庭融为一体，通过网络，把社会的要求、学校的期冀、家长的希望传递给学生，使原先相对狭小的思政教育空间变成全社会性的、开放的思政教育空间，使原先滞后于学生思想发展的思政教育内容变得更具有前瞻性、时空性，从而使思政教育的空间扩展到整个网络，网络空间即是思政教育的空间。

3. 高校思政教育主题网站使受教育者变被动为主动

通过网络可以掌握学生更加真实的思想动态，使思政教育工作更具有针对性。通过网络进行思政教育，由学习者自己操作客户终端浏览教育者提供的学习资源，实质上是变被动学习为主动学习，变"说教"为自主探索求证。学习内容由过去的单层次的资源变成多层次的大量文章，图文并茂的各种资料使各层次的受教育者在同一时间里都有适合自己的内容可选择；另外，在丰富的学习资料中，再穿插大量生动的娱乐内容，制造鲜明清晰的视觉印象，可以使受教育者在十分放松的心情下，自由地、松弛有度地选择浏览对象，在主动搜索新的视觉内容的过程中，潜移默化地接受教育者的观点。同时，对一些普遍关注的校园和社会热点问题，大学生会在网上发表自己的观点和意见，进行交流及讨论，这些都是学生真实思想的流露。思政教育工作者可以把网络作为了解学生思想动态的重要渠道，也可以把它作为师生交流思想的重要渠道。通过对网络上各种信息的收集、整理和分析，找出对策，既可以不失时机地、有针对性地做好教育引导工作，也可以直接与学生进行网上聊天、对话，有针对性地组织主题讨论，引导学生思考和探索，使思政教育工作向深入、细致、高效的方向发展。例如，中南大学为了加大校园网络建设和思政教育工作力度，先后投入近4000万元，建成跨越长沙市三个校区的千兆高速光纤互联校园网，入网主机近万台，注册网络用户15000余个，将所有的计算机教学机房、多功能教室和绝大部分学生宿舍都联入了校园网；在此基础上，学校根据"修好路、造好车、供好货"的工作思路，积极构建网上思政教育工作体系，不断增强网上思政教育工作的吸引力，发挥网络教育形式多样、形象直观的优势，实施网上教学，用科学的理论教育学生；学校还组织有关专家编辑制作了一系列多媒体网络课件，推动思政课教学内容进网络，其中，"两课"教学部编制的"毛泽东思想概论""邓小平理论概论""马克思主义哲学""马克思主义原著选读"等十多门思政课课件，使严肃抽象的理论教育变得鲜活生动，受到了学生的广泛欢迎。

4.高校思政教育主题网站充实了思政教育的资源和内容

互联网是交互性的多媒体网络载体，它将分散在全世界的信息和资源汇集在一起，使之成为容量大、速度快的数据传输系统。网络媒体的及时性、交互性、高容量性等特征，为思政教育带来了极其丰富的教育资源。丰富的信息资源为人们的工作和学习提供了巨大的便利，开阔了人们的眼界。这些丰富的资源不仅包含了马克思、恩格斯、列宁、毛泽东、邓小平、江泽民、胡锦涛和习近平等领袖人物的经典著作和思想体系，还包含了党和国家现阶段的方针、政策及各种政治理论、经济理论、科技知识、文化知识和国际国内形势等内容。这些取之不尽的信息资源，极大地丰富了思政教育的内容，为思政教育提供了丰富的材料来源。同时，网络技术可以提供多媒体画面，使人们犹如身临其境，受到更多的感染和陶冶。网络技术超越了时间和空间，将许多历史的、抽象的内容生动形象地呈现在学生的面前，使学生产生更为深刻的情绪体验。网络也可以把党的方针政策、改革开放的重大成就等内容，以学生喜闻乐见的形式阐释、展现出来，在轻松愉悦的氛围下提高学生的政治思想水平和道德境界。因此，网络传播的多媒体特性可以使思政教育发挥更大的作用和产生更大的效果。

三、加强高校思政教育主题网站建设的对策

新时期思政教育工作要着眼于人的全面发展，最大限度地调动人的积极性，发挥人的潜能，满足人们实现自身价值的合理需求。网络的发展为思政教育工作实现这一根本目标提供了更为广阔的空间和有效的途径。网络作为高校开展思政教育工作的重要载体，为加强和改善高校思政教育工作带来了新的机遇。网络不仅构筑起一种全新的网络生活方式和生存方式，而且深刻地影响并潜移默化地改变着师生，特别是当前学生的认知、情感、思想与心理。大学生不单单是网络信息的获取者，同时也是新的网络空间的开拓者，这给高校思政教育工作者的工作理念、模式、方法和途径等各方面都带来了新课题和严峻挑战。面对这一形势，新时期思政教育工作者要认真剖析思政教育工作面临的新情况、新问题，努力提高自身素质，转变思想观念；要加强思政教育队伍的建设；要加强高校网络思政教育管理；要充分运用网络技术开展思政教育。

（一）转变思想观念

网络的发展有利于大学生解放思想、更新观念、提高素质；网络的发展拓宽了人们的视野，使人们可以更好地了解世界；网络的发展为人们自觉学习新知识，培养科学的思维方式，提高自身素质提供了更大的空间；同时，网络的发展为加强对外宣传，树立良好的国际形象，增强民族自信心与自豪感，提供了更好的舞台。如今，思政教育不再是居高临下的训导，而是平等的研究与探讨；思政教育不再是教师和学生工作者的专职，而是必须树立学校全员育人的思想，树立学校管理者的一举一动都对学生具有更大的时机教育功能的意识；思政教育不再是背诵几条原理进行宣传，而是依事说理、敢于直面不同意见和反

对意见，在现实中显示思政教育的威力；思政教育不再是按部就班地运作，而是要培养反应迅速、能打硬仗的学者和战士；思政教育工作者不再是依赖教材、照本宣科的"教书匠"，而是意识形态领域的大师，关心青少年成长的指导者。

因此，新形势下，要改变传统思政教育工作中的说服型教育模式，向务实型教育模式转变，要正视网络条件下思政教育管理面临的机遇和挑战，消除对网络的不信任感和距离感，要充分认识网络技术的发展和普及给思政教育管理工作带来的各种影响，不断更新观念，这样才能保持与时俱进的精神风貌，才能赋予思政教育鲜活的时代特征；要利用好网络信息量大、功能突出、生动而富有感染力的优势，坚持趋利避害的原则，不断进行网络教育内容和方式的创新，在网上创造一种轻松自由、民主平等、相互尊重、相互学习的环境，使思政教育真正收到实效；要坚持输导结合，网络条件下思政教育管理工作是长期和艰巨的，由于网络的开放性，在网络面前思政教育工作者不再具有信息上的优势和权威，因此重要的是要善于引导，在尊重和维护学生主体地位的前提下，引导学生正确地分析和利用信息，引导学生以积极的姿态开展网上讨论，正确进行思考和判断。

（二）加强队伍建设

21世纪网络教育已是大势所趋，网络教育在未来的教育中必将占据主导地位。要运用网络开展思政教育，最重要的条件是要有一大批能够利用网络教育信息，并熟练地运用计算机网络的思政教育工作者。没有这样一批人才，网络思政教育就无从谈起。

首先，网络环境中的教师角色需要重新定位。随着全球范围内计算机、通信和网络成为一个整体，从某种意义上来说，不同层次的教育工作者将成为受教育者和教育资源之间的联系人，成为不同于传统教师的新型教育工作者。在网络教育中新型思政教育工作者必须能够承担以下三种角色：①信息咨询员。这一角色要求对互联网上的各种教育信息进行观察、整理，以帮助受教育者区分各种信息的先进与落后、新颖与陈旧、正确与谬误，同时教会他们如何筛选有用的信息。②信息分析员。网络时代的思政教育工作者应能够为受教育者提供具有较高使用价值、较高技术含量的信息。在网络空间里，信息提供者为了达到自己的目的，往往会发布一些无用的，或用以混淆他人视听等的信息，这就需要教育工作者不停地向网上投放注意力，及时向受教育者澄清信息。③系统管理员。网络时代的新型教育者在具备上述两项素质的同时，还应当能够对网络自动化系统的各个环节，如系统的规划、设计、安装、调试、运行、维护和受教育者培训等环节进行管理，在本系统与外部信息网络之间起到衔接和协调作用，确保信息公路的畅通无阻，同时必须对大量的应用软件具有很强的操作能力。

其次，要对思政教育者进行计算机网络基本知识和技能的普及性培训。在计算机网络日益普及的情况下，思政教育工作者必须更新观念，强化自身网络素质修养。这不仅是开展网上思政教育的需要，也是做好网下思政教育的需要。因为现今网络已经深入社会生活的各个层面，影响着人们的思想观念、思维方式、工作方式、生活方式乃至人们的语言习惯，一个全然不懂计算机网络的教育者，在与教育对象特别是面对青少年教育对象进行交流和沟通时就会出现掣肘现象，从而影响其工作成效。因此，有关部门应对思政教育工作者进行计算机网络知识普及性培训，以增强思政教育的有效性：一是要帮助思政教育工作者了解和掌握网络的体系构架和工作原理，包括网络的基本技术参数和术语、网络的基本类型及特点、网络的基本体系结构及网络的工作原理等，只有对这些技术和知识有了基本的了解和掌握，教育者才能深入"网民世界"，对其思想状况有切实的把握，从而有针对性地开展网上思政教育；二是要帮助教育者熟悉和掌握常用网络软件工具和有关技术，包括电子邮件的收发工具、网络浏览工具、网络下载工具、搜索引擎及网页制作技术、网络信息视觉效果技术、服务器网站建设技术等，只有较为熟练地掌握这些工具和技术，才能自如地开展网上思政教育，促进思政教育网络化的发展。

再次，要重点培养一批能够熟练运用和管理思政教育网络的师资人才。要建设和运用好思政教育网站，除了普遍对广大思政教育工作者进行网络知识培训外，还要重点培养一批既具有较高的思政素质和思政教育理论素养，又具有较高的计算机网络技术水平的思政教育工作者，使其成为网络思政教育的骨干。为此，要加大人力、物力、财力的投入，在上述思政教育网络知识普及性培训的基础上，挑选出一批骨干，通过送往高校计算机专业进行学习，或参加专门培训班等形式，对他们进行更为专业化的网络知识教育，使他们具备自主运用网络工具制作思政教育网页、建设思政教育网站的能力以及开发运用思政教育网络软件的能力。有了这样一批思政教育"网络专家"，思政教育与计算机网络的有机结合才有可能实现，"红色网站"的建设才有了最基本的保障，网络思政教育就能顺利进行。网络能改变人，作为网络的主体——人，也可以改变网络。思政教育工作者可通过网络阵地提高青年学生的思政教育水平，再通过有着较高思政素养的青年学生进一步改变网络，如此形成良性循环。因此，应大力培养既有思政教育工作经验又掌握网络理论和操作经验的，具有创新能力的复合型师资人才。

最后，高校思政教育工作者要转变工作方法。传统的思政教育教学模式通常是以教师为中心，知识的传递主要靠教师对学生的灌输，教师填鸭式地讲解，学生被动地接受，作为认知主体的学生在教学过程中自始至终处于被动状态。这种教学模式很难激发起学生的学习兴趣，很难使其发挥主观能动性，不利于培养学生的发散性思维、批判性思维和创造性思维，也不利于创造型人才的培养。另外，在传统教学的课堂里，教师面对的是全班学生，往往满足不了学生个体差异性的要求，致使教师提供的信息量不仅有限，而且缺乏针对性。新时期，面对新形势，必须不断创新思政教育方法，积极开展双向交流活动，拓展人与人之间的交往渠道，使教师与学生的交往、沟通趋向多样平等。这里需要注意的是，由于这种平等而双向的交往是依靠"人—机—人"的交往方式实现的，必然会造成通过机器相连的人之间认知的缺失、情感的缺失以及师生之间情感交流的减少。在这种情况下，一方面，教育者应该充分利用自己高尚的道德品质、渊博的专业知识、高超的教育教学艺术和优秀的人格魅力来建立以情感沟通为核心的教学交往模式，形成师生双方的心智交流、情感交流；另一方面，利用网络论坛或网上对话，通过教育者与受教育者彼此敞开心扉进行深层次的心理交流，来解决受教育者在其心理成长过程中所遇到的问题。由于网络的匿名性，学生通过网络可以把平时不便说、不敢说和不愿说的话吐露出来，包括学习上、生活上的困惑，同学之间的矛盾，对老师和学校的意见，对校园和社会上普遍关注的热点问题的看法等。教育者可以从中了解到学生的真实情感、真实思想，及时发现问题并及时做出针对性的引导和教育。

（三）加强网络思政教育管理

充分发挥网络的思政教育功能，对思政教育网站的管理是必不可少的。要加强对网络的监控和管理，建立网络信息管理的常设机构，制定网络行为准则，通过审查、监控来规范大学生的网络行为，防止有害信息对大学生思想的侵蚀，以提高大学生的综合素质，增强其自身抗干扰能力和免疫能力；通过分析监控，及时发现大学生中存在的思想问题并及时进行针对性教育，做到"防微杜渐"，从而在高校校园形成一种健康的、是非分明的、惩恶扬善的网络环境；要提高网络宣传的针对性和宣传质量，及时了解网上信息状态，对网上的一些有害信息，要针锋相对地澄清是非曲直，进行"解毒""消毒"。在长期的思政教育工作中，高校积累了丰富的思政教育管理经验。这些经验对网络思政教育的管理当然也具有指导意义，但由于网络思政教育的管理活动与一般思政教育管理有所不同，因而在一般思政教育管理制度的基础上，探讨网络思政教育管理，是非常必要的。

网络思政教育必须在法制的轨道上进行，因此必须首先遵守相关法律法规，在此基础上再逐步完善网络思政教育管理的基本制度。这些管理制度至少应包括以下几个方面：第一，网络思政教育管理的职权制度。要有效地对网络思政教育进行管理，就必须用制度的形式确立思政教育网络管理者的地位及其对思政教育网络运行的职责、权利，使管理者各就其位、各司其职、各尽其责，从而将网络思政教育的管理落到实处。第二，网络思政教育的交流制度。要充分运用网络的特点，建立思政教育各网站之间、思政教育网站和各相关网站以及和整个网络之间的信息交流制度，以便及时、全面地获取各种教育信息，使网络思政教育的内容更丰富、更充实、更具有实效性。第三，网络思政教育效果的评估制度。网络思政教育的效果最终当然要体现在现实生活中受教育者的思想和行为上，因而其评估和一般思政教育效果的评估有相同之处。但作为一种独特的思想教育过程，网络思政教育效果的评估又有其特殊性，应制定一些特殊的评估规则和方法。例如，网络思政教育信息被点击的次数，网络思政教育活动的举办次数、参加人数，网络思政教育平台上网民发言的踊跃程度和发言的质量等，都可以作为评估的基本参数，因而应及时缓冲下载加以留存。第四，网络思政教育信息的监控制度。如前所述，互联网上的信息是非常复杂的，其中一些不良信息会对网络思政教育造成严重干扰。为了使高校网络思政教育得以顺利进行并取得成效，首先要加强网络责任教育，网络上由各种行为引发的各类问题均涉及道德责任教育，如黑客行为、网上侵权行为、网络暴力行为、网络欺诈行为等，这些行为对学生的影响很大，易造成道德失范，影响新时期大学生的人格培养；其次要积极引导大学生正确认识计算机网络的作用，提高其网络信息识别能力，特别是对于那些带有政治目的和意识形态领域倾向性的信息，应引起足够的重视，坚持教育广大学生提高政治观察力，自觉防范不良网络内容的侵袭，从而带动整个校园文化的繁荣发展。第五，网络思政教育安全管理制度。为了防范国内外敌对势力利用网络技术对思政教育网站进行破坏和网络黑客利用黑客软件或程序对思政教育网站进行袭击，必须建立思政教育网络安全管理制度。要采取技术措施，规范上网行为：严格审查在网上发布的各类信息，在网络信息入口处设置一个过滤装置，把所有不利于社会稳定和发展的信息滤出在外；提供免费使用服务的网站应该采取定期检查、实时监控等措施，对不符合网站使用相关规定的内容进行剔除；论坛需要安排专业人员进行管理，以防止论坛里出现"乌烟瘴气"的情况，确保思政教育网络正常运作。

综上所述，高校思政教育网站的发展离不开制度的保障。当然网络思政教育才刚刚起步，其管理还在不断地探索和架构，相信随着网络思政教育的发展和成熟，随着人们对其认识的不断深入，网络思政教育的管理制度会更加健全与完善。

（四）充分运用网络技术开展思政教育

思政教育应该有针对性、前瞻性和预测性，不能老是"马后炮""讲旧闻"，要随时更新"网页"的内容，增加吸引力和说服力，提供丰富多彩、形式多样、生动活泼的内容，使受众能从中受益，还能得到乐趣。这样，思政教育工作才能收到预期的成效。

第一，高校思政教育网站要以充实的页面内容为受众提供精彩、全面、及时的教育信息。思政教育网络信息只有精彩、全面、及时，才能吸引广大网民的关注，提高网站的点击率。思政网站应借鉴现有门户网站的信息结构模式，将当日重要的信息置顶网站首页，旗帜鲜明地展现网站信息的思政教育导向；要将首页中的思政教育信息按照不同的主题进行科学的分类，使网民能够较为方便、全面地获取教育信息；要尽量减少信息标题与具体内容之间的衔接环节，争取"一链到位"，以缩短搜寻信息的时间，提高思政教育信息传输的速度，以方便快捷的特性留住网民。

第二，充分利用网络论坛开展思政教育的双向互动。电子公告板为大学生网上信息交流提供了便捷的条件，大学生思政教育工作者应利用好这一平台，以实现平时面对面教育所不能达到的良好效果。论坛、聊天室等交流平台，常常可以使教育工作者化身为"网友"，从而以更成熟的思想，平等地与大学生朋友恣意沟通和交流。没有居高临下，也没有震慑强迫，有的只是娓娓道来的引导。这种四两拨千斤的指点，往往收效更好，因为它解除了当面进行思想教育时学生的排斥、防备心理。心贴得越近，言语说得越直接，成效也就越显著。

第三，加强和改进高校思政教育网站的建设。首先，高校领导要真正重视思政教育进网络工作，将建设思政教育网站由"务虚"变为"务实"。要将思政教育网站建设列入党委工作议事日程，切实解决网站建设所需人员、技术、设备、资金和场地等问题；通过书记信箱、校长信箱等途径，以及在网上举办"校领导接待日"等活动，广泛听取意见；尽量抽出时间亲自参与到论坛乃至聊天室中去，与师生网民交朋友，取得开展思政教育工作的第一手资料。其次，高校思政教育的主体不能缺位，但可以泛化。谈到思政教育工作的主体和对象，必然要涉及教育过程的主体和对象。长期以来，教育主体是与受教育者矛盾对立的特定教育者，他们是高高在上的思想权威，其主要职责是进行思想灌输。在教育过程中，形成了教师教、学生学的过程，即教师（广义）是主体，学生是对象。这不仅在客观上确立了一种不科学的主客体关系，而且给思政教育工作的开展带来了诸多矛盾和问题，进而影响了这一工作的成效。事实上，开展高校思政教育工作是一项浩大的系统工程，它需要全体师生的共同努力，甚至需要全社会的共同努力。在完成这一系统工程过程中，高校里的每一个人既是主体，又是对象，教师和学生在思政教育工作中是一种良性的社会关系。也就是说，在高校思政教育工作的主体、对象问题上，没有绝对的主体，也没有绝对的对象，大家都是积极的参与者（当然这里有主次之分）。只有对主体、对象及其关系有了科学的认识，才能使高校思政教育工作取得理想的效果。

最后，思政教育能否在网络上顺利开展并取得效果，一个重要的检验标准就是看相关信息的点击率。思政教育信息的点击率高，说明网上思政教育的影响力大；反之，则说明其影响力小。因此，在网站设计理念上应坚持特色化，避免做成"大而全"。各校应从本校实际出发，在立足政治宣传的基础上，结合本校办学理念、人才培养目标、校训、校风和校园文化等，创建出具有本校特色的、与其他院校风格迥异的特色主题网站，让网民感受到"此网站非彼网站"；建立健全以思政教育为主题的网站，以精彩的动感画面和丰富的内容吸引受众，以提供方便快捷的服务赢得人们的信赖；同时，还可以开发和运用其他网站的思政教育信息资源，以形成全方位的网上思政教育新态势。

参考文献

[1] 李欣 . 网络环境下学校思政教育的改革与发展 [M]. 长春：东北师范大学出版社，2018.

[2] 施索华，裴晓涛 . 新时代高校思政课的"打开方式"[M]. 桂林：广西师范大学出版社，2018.

[3] 曾学龙，等 . 民办高职院校思政课协同育人教学模式创新的实践 [M]. 广州：广东高等教育出版社，2018.

[4] 滕飞 . 思行致新：高校思政育人工作的探索与实践 [M]. 北京：中国经济出版社，2018.

[5] 许文新 . 金融教育教学改革和创新论文集 [M]. 上海：立信会计出版社，2018.

[6] 刘文红 . 新闻传播课程思政论文集 [M]. 北京：知识产权出版社，2018.

[7] 杨如恒 . 新时代大学生思政教育 [M]. 石家庄：河北人民出版社，2018.

[8] 本书编委会 . 2017 高等教育改革发展专题观察报告 [M]. 北京：北京理工大学出版社，2018.

[9] 王军政 . 新时代研究生教育改革发展与实践探索 [M]. 北京：北京理工大学出版社，2018.

[10] 王成端，刁永锋 . 实践教学行与思第 5 辑 [M]. 成都：四川大学出版社，2018.

[11] 梁捍东 . 高校思政教育科学化探索 [M]. 延边大学出版社，2019.

[12] 刘舒洁，杨建强 . 高校思政教育创新实践研究 [M]. 武汉：武汉大学出版社，2019.

[13] 余晓宏 . 传统文化与高校思政教育探索 [M]. 哈尔滨：黑龙江人民出版社，2019.

[14] 王刚 . 高校思政教育和生命教育的契合研究 [M]. 江西高校出版社，2019.

[15] 向宜 . 全媒体环境下高校思政教育 [M]. 沈阳：辽海出版社，2019.

[16] 叶坤燚 . 高校网络思政教育发展研究 [M]. 天津：天津人民出版社，2019.

[17] 穆牧 . 高校学生管理与思政教育融合探索 [M]. 北京：北京工业大学出版社，2019.

[18] 杨伯成 . 高校网络思政教育平台的构建及其应用研究 [M]. 北京：中国纺织出版社，2019.

[19] 曹克亮 . "生活教育，实践思政"视角下高校学生谈心谈话理论与实务 [M]. 北京：中国农业出版社，2019.

[20] 齐艳 . 中国传统文化与高校思政教育的融合性研究 [M]. 中国广播影视出版社，2019.